TRANSFORMAÇÃO DIGITAL E INDÚSTRIA 4.0

Blucher

Organizadores

Márcia Terra da Silva

Rodrigo Franco Gonçalves

José Benedito Sacomano (*in memoriam*)

Silvia Helena Bonilla (*in memoriam*)

TRANSFORMAÇÃO DIGITAL E INDÚSTRIA 4.0

Produção e sociedade

Transformação Digital e Indústria 4.0: produção e sociedade

Publisher Edgard Blücher
Editores Edgard Blücher e Jonatas Eliakim
Coordenação editorial Andressa Lira
Produção editorial Ariana Corrêa
Preparação de texto Maurício Katayama
Diagramação Fabiana Seto
Revisão de texto Marco Antonio Cruz
Capa Laércio Flenic
Imagem da capa iStockphoto

Blucher

Rua Pedroso Alvarenga, 1245, 4º andar
04531-934 – São Paulo – SP – Brasil
Tel.: 55 11 3078-5366
contato@blucher.com.br
www.blucher.com.br

Segundo o Novo Acordo Ortográfico, conforme 6. ed. do *Vocabulário Ortográfico da Língua Portuguesa*, Academia Brasileira de Letras, julho de 2021.

Dados Internacionais de Catalogação na Publicação (CIP)
Angélica Ilacqua CRB-8/7057

Transformação Digital e Indústria 4.0 : produção e sociedade / Rodrigo Franco Gonçalves... [et al] ; organizado por José Benedito Sacomano... [et al]. - São Paulo : Blucher, 2023.

284 p.: il.

Bibliografia
ISBN 978-65-5506-732-3

1. Inovações tecnológicas 2. Indústrias - Inovação 3. Revolução industrial I. Gonçalves, Rodrigo Franco II. Sacomano, José Benedito

23-3756 CDD 303.483

Índice para catálogo sistemático:
1. Inovações tecnológicas

APRESENTAÇÃO

Este livro foi escrito a várias mãos, com a cooperação de especialistas de diferentes áreas, cada qual registrando sua visão do que está acontecendo e do que está por vir. Essa pluralidade de pontos de vista sempre foi um objetivo nosso, pois entendemos que as transformações pelas quais estamos passando são fruto de um conjunto de mudanças em aspectos diferentes da sociedade, sendo que cada um impacta os outros aspectos e a situação geral.

Assim, os consumidores pedem produtos adaptados a seu gosto e necessidade, as fábricas implantam ferramentas que possibilitam a customização em massa, há um crescimento de empreendedores de inovação tecnológica; o aumento de inovadores amplia também a criação de inovações que facilitam a interação social e a sociedade entra em outro patamar de comunicação e interação. Não se pretende discutir onde a transformação começa nem o que causa o quê – o importante aqui é visualizar um conjunto de mudanças em diversos campos para se ter uma ideia, ainda que fragmentada, da complexidade da transição.

A ordem de leitura não é mandatória neste livro. Ele está dividido em quatro partes, cada uma delas com capítulos girando em torno de um foco:

A Parte I conceitua e discute a transformação que se desenrola a partir do final do século passado e que recebeu o epíteto de 4ª Revolução Industrial, sendo dividida em três capítulos para revelar as questões econômicas e sociais que puxam e são puxadas pelas inovações tecnológicas. O primeiro capítulo debate as revoluções industriais e da sociedade de maneira a expor as revoluções econômica, tecnológica e social ao longo do tempo. O segundo capítulo discute a Indústria 4.0 e apresenta tecnologias e princípios de produção; pretende-se com esse capítulo facilitar a inserção do leitor leigo nas discussões que se seguem, mas mesmo os especialistas podem aproveitar a análise sobre a importância dessas tecnologias e quanto contribuem para a evolução de patamares tecnológicos. Já o terceiro capítulo contrapõe a transformação digital à digitização, conceituando os termos e trazendo para o centro do debate o modelo de negócio. Esse capítulo é, portanto, essencial para entender a implementação da tecnologia digital nos negócios, não só como uma escolha entre tecnologias de produção, mas também como parte da lógica de decisões empresariais.

A Parte II apresenta algumas tecnologias de informação e comunicação (TICs) de alto potencial disruptivo em voga no mundo atual, iniciando no Capítulo 4 com o esclarecimento do que são essas tecnologias e qual a sua importância para a revolução que atravessamos. O Capítulo 5 trata da inteligência artificial como uma tecnologia disruptiva, apresentando algumas técnicas e suas aplicações; mostra que, embora não seja uma tecnologia recente, suas aplicações se alastraram há pouco tempo e trazem mudanças no nosso dia a dia que bem representam o termo "disruptiva". O capítulo seguinte explora o blockchain e suas aplicações, principalmente os criptoativos, apontando mais uma vez a capacidade de novos negócios baseados em tecnologias (novas ou antigas) romperem as estruturas tradicionais da economia e/ou sociedade.

Na Parte III diferentes aspectos do projeto e gestão da produção são descritos e comentados para diferentes setores econômicos. O uso de robôs na produção industrial aparece no Capítulo 7, com histórico e aplicações atuais. A servitização da manufatura em meio à digitização de processos é tema do Capítulo 8, ressaltando mais uma vez o modelo de negócio como central na decisão de implantar novas tecnologias. Já o texto seguinte, Capítulo 9, diz respeito ao problema da logística no agronegócio, desafio fundamental para a produção agrícola brasileira. Ainda na Parte III, o Capítulo 10 discute o uso de novas tecnologias para a solução de antigos problemas de logística em trecho determinante para a eficiência da produção – a última milha, ou o trecho final para a chegada do produto às mãos do cliente. Finalmente, o último capítulo da Parte III propõe-se a discutir conceitos clássicos da gestão da produção à luz dos preceitos da Indústria 4.0. Para isso, explora a evolução das definições e ferramentas da qualidade para diferentes paradigmas de produção e contrapõe essas definições às condições da Indústria 4.0, criando um cenário plausível do futuro da gestão da qualidade e produtividade.

A quarta e última parte do livro está centrada na relação entre a transformação digital e questões socioambientais, iniciando com o Capítulo 12, sobre economia circular. Nesse capítulo, os autores apresentam os princípios e práticas da economia circular e discutem como a aplicação das novas tecnologias pode contribuir para a redução de resíduos descartados no meio ambiente. O Capítulo 13 trata do ensino de conteúdos técnicos para os futuros profissionais da Indústria 4.0 e defende o ensino prático, centrado em laboratórios. Essa é uma tendência encontrada em escolas de engenharia em diversos países e também em espaços compartilhados entre aprendizes e profissionais em processo de criação de novos produtos – o espaço *maker*. O Capítulo 14 também trata de educação, mas do ponto de vista do uso da tecnologia de comunicação e informação para aproximar professores e alunos fisicamente distantes, por meio das plataformas de ensino. Já o Capítulo 15 analisa as mudanças na forma como trabalhamos e busca identificar as competências e qualificações necessárias para o novo trabalhador.

O Capítulo 16 encerra essa parte com uma explanação sobre as cidades inteligentes, em que é ressaltada a busca pela eficiência dos serviços para benefício do cidadão. Nas qualificações das cidades inteligentes se encontram, entre outras, a sustentabilidade, o ambiente de aprendizagem e o cidadão no centro do processo.

Resumidamente, esses são os tópicos compreendidos pelo livro, escrito com a finalidade de esclarecer questões tecnológicas e instigar o debate sobre os benefícios e os problemas dessa transição.

PREFÁCIO

Em 2018 lançamos o livro Indústria 4.0: conceitos e fundamentos. A ideia era consolidar de forma simples e didática o conhecimento gerado por nosso grupo de pesquisa em Indústria 4.0, composto por quatro professores do Programa de Pós-graduação em Engenharia de Produção da Universidade Paulista (Unip) e alunos de mestrado e doutorado.

Esse grupo cresceu, com a entrada de novos alunos, e se modificou com a aquisição de novos conhecimentos. Os estudos e pesquisas acadêmicas avançaram e aprendemos muito com palestrantes convidados com atuação marcante em empresas e visitas a plantas industriais e laboratórios. Como nesse campo tudo acontece muito rápido, decidimos que era hora de fazer um novo livro, avançar em conceitos e trazer novos elementos e, principalmente, abrir o foco para a Transformação Digital.

No entanto, este livro foi escrito num período estranho e triste das nossas vidas. No decorrer de dois anos, perdemos três pessoas queridas: Ataíde Pereira Cardoso Jr., aluno de doutorado e importante especialista em cibersegurança, que muito contribuiu e nos enriqueceu com seu conhecimento; o colega e amigo de longa data professor José Benedito Sacomano, fundador, líder do grupo e idealizador do primeiro livro; como se não bastasse, foi-se também a querida colega professora Silvia Helena Bonilla, que nos guiava pelo universo da sustentabilidade e produção mais limpa. Foi difícil continuar o trabalho de escrita e, a cada tecla tocada, vinham lembranças e saudades.

Além disso, a pandemia de Covid-19 e o isolamento social decorrente implicaram em mudanças nas nossas tarefas cotidianas, como lidar com a invasão do trabalho em nossas casas e a adaptação às novas formas de relacionamento nas atividades a distância, que mudaram profundamente nosso dia a dia. Como consequência, as pessoas tiveram que passar por um processo de adaptação e apresentaram diferentes graus de dificuldade: para alguns, o trabalho a distância provocou maior eficiência e rapidez do que em tempos normais, enquanto outras precisavam de maior tempo para seus afazeres.

Justamente por conta desses eventos, a velocidade de difusão das tecnologias digitais nesse período foi enorme, impulsionada pela necessidade de comunicação a distância e resultando na pressão sobre a nossa equipe para lidar com um tema em constante mudança que estava no centro das transformações do nosso dia a dia.

Do ponto de vista pessoal, para o grupo dos professores coordenadores deste livro o efeito foi devastador. Além da enorme tristeza pela perda de amigos queridos que freou nosso entusiasmo, a redação do livro foi adiada várias vezes e seu conteúdo teve que ser adaptado. Assim, a conclusão desta obra é mais do que uma conquista acadêmica, é também uma homenagem a amigos e colegas, que, mesmo ausentes, contribuíram sobremaneira para a sua elaboração.

Márcia Terra da Silva

Rodrigo Franco Gonçalves

CONTEÚDO

PARTE I

OS FUNDAMENTOS

CAPÍTULO 1
Introdução

Rodrigo Franco Gonçalves

1.1 REVOLUÇÕES NA SOCIEDADE E NA PRODUÇÃO

Falar de Transformação Digital e de Indústria 4.0 requer, antes, discutir um pouco o contexto maior no qual estas estão inseridas. É nítida a mudança pela qual a sociedade vem passando, mas, ao olhar por uma perspectiva ampla, essa mudança faz parte da evolução da humanidade que se desdobra desde a revolução neolítica. Este capítulo pretende discutir o contexto socioeconômico no qual os assuntos tratados ao longo de todo o livro se encaixam.

1.2 TRANSFORMAÇÕES NA AGRICULTURA, INDÚSTRIA, SERVIÇOS E SOCIEDADE

A primeira grande transformação social da humanidade, para o que alguns hoje chamam de Sociedade 2.0 (DEGUCHI *et al.*, 2020), foi a Revolução Neolítica, na qual a humanidade inicia a passagem da condição de caçadores-coletores e vida essencialmente nômade (Sociedade 1.0) para os primeiros assentamentos fixos e dá início ao cultivo agrícola e criação de animais em aldeias, que depois evoluirão para as primeiras cidades.

A sociedade formada a partir das transformações da Revolução Industrial (Sociedade 3.0 ou Sociedade Industrial) é caracterizada fundamentalmente pela relação entre trabalho e capital. O trabalhador das fábricas perde a posse dos meios de produção e passa a contar somente com a venda de sua força de trabalho para garantir sua subsistência, em condições sociais precárias (HUBERMAN, 1986).

O século XX surge com grandes descobertas científicas e inovações tecnológicas. Vale destacar, no campo da ciência, a mecânica quântica, que, por um lado, permite a criação dos transistores e, com estes, dos *chips* dos computadores e outros equipamentos eletrônicos e, por outro lado, proporciona à humanidade o poder de aniquilação global por meio das armas nucleares. A chamada Sociedade da Informação (Sociedade 4.0) inicia-se por volta da segunda metade do século XX, mas estende-se até o século XXI, de forma que ainda estamos nela. O mundo passa a ser conectado pelas tecnologias de informação e comunicação (TICs). Os processos produtivos tornaram-se, em grande parte, geridos a partir de sistemas computadorizados, o mesmo valendo para o dia a dia da sociedade, como o uso de serviços bancários e a gestão dos transportes de massa, por exemplo. Com os avanços na área da saúde e melhoria geral das condições sanitárias, a humanidade atinge a maior expectativa de vida de sua história.

A Sociedade 4.0 é também uma sociedade de consumo, seja de serviços, seja de bens produzidos globalmente em escala industrial. Esse consumo, aliado ao crescimento demográfico, tem efeitos: nunca antes os recursos naturais, seja para prover as necessidades humanas, seja para sorver os resíduos destas, foram tão demandados, e parece que atingimos um ponto crítico.

Assim, a Sociedade 4.0 enfrenta dilemas: conciliar as melhorias sociais e os índices de desenvolvimento humano alcançados em relação à 3.0, embora não de forma igualitária em todos os países, com os impactos ambientais causados pelas atividades humanas. O impacto das TICs tem também seus efeitos positivos e adversos, como será discutido mais adiante.

A chamada Sociedade 5.0 é um conceito proposto pelo governo japonês como um modelo para lidar com essas mudanças, seja em relação à dinâmica de uma sociedade de consumo conectada, à maior longevidade (e redução da natalidade) ou aos impactos ambientais. A proposta da Sociedade 5.0 é a utilização massiva de tecnologias como Internet das Coisas, *Big Data Analytics* e inteligência artificial para aprimorar a qualidade de vida e as demandas sociais nas cidades por meio da construção de um espaço cibernético sincronizado ao espaço físico (na Indústria 4.0 esse conceito é conhecido como sistema ciberfísico e gêmeo digital), seja nos macroespaços urbanos em geral, seja nos microespaços residenciais e de trabalho.

Ao olhar a evolução da humanidade desde a Sociedade 1.0, percebe-se que Sociedade 5.0 surge em atendimento a novas demandas humanas e sociais que antes não existiam. Ela é pensada para dar apoio e qualidade de vida para uma expectativa de vida de 100 anos, quando nas sociedades primitivas esta mal chegava aos 40 anos. Também foca atender novas estruturas sociais, com redução dos núcleos familiares e convivências tanto físicas quanto virtuais. Assim, a Sociedade 5.0 não deve ser vista como simplesmente novos serviços, aplicativos ou funcionalidades criadas pela tecnologia para melhorias pontuais da vida nas cidades, mas uma transformação digital que afeta em profundidade a estrutura da sociedade e as bases da vida humana.

1.3 AS REVOLUÇÕES INDUSTRIAIS

Retomando a história das revoluções industriais, vemos que na 1ª Revolução, a produção industrial busca escala de produção, visando baixar custos e produzir em grandes quantidades. Para tal, adota-se o trabalho especializado, com cada trabalhador executando poucas funções na produção, ao contrário do artesão no modelo precedente, que dominava todas as etapas da produção. Utiliza-se a automação mecânica, movida a energia gerada a vapor (ou quedas-d'água, quando possível). Do ponto de vista sócio-político-econômico, verifica-se a separação profunda entre capital e trabalho, com o surgimento da classe proletária, geralmente em péssimas condições sociais. A *proletarização* do trabalho caracteriza-se pela alienação do trabalhador em relação à produção e pela sua expropriação dos meios de produção, restando-lhe como única opção para subsistência a venda de sua força de trabalho em troca de um salário, em geral miserável. O capital passa a ter cada vez mais relevância no campo político, enquanto na era pré-revolução era a condição aristocrática a mais determinante. No campo socioambiental, a poluição do ar e das águas pela fumaça do carvão e resíduos das fábricas e a ausência de instalações sanitárias nos bairros proletários criaram cidades cinzentas e insalubres, com graves crises sanitárias, como a epidemia de cólera em 1829. Tem início a emissão de gases de efeito estufa pelas indústrias. Embora seja chamada de Revolução *Industrial*, verifica-se que a agricultura ainda tem papel preponderante na economia mundial e que a maioria dos países ainda está longe da industrialização. Os produtos industriais são, em geral, básicos e com muito pouca ou nenhuma diferenciação, como tecidos rústicos para produção de roupas populares; a estética não era um objetivo da produção industrial na 1ª Revolução.

A 2ª Revolução Industrial surge com os princípios da administração científica de Taylor, com o máximo de especialização das funções de trabalho e alienação do trabalhador, que não deveria pensar, mas somente executar as tarefas manuais prescritas para ele (o chamado "homem bovino"). As tarefas deveriam ser projetadas, controladas e otimizadas para extrair o máximo de produtividade. Ford desenvolve o conceito de linha de montagem, com padronização das etapas produtivas e componentes. Do ponto de vista da energia, os trabalhos extraordinários de Nikola Tesla e Thomas Edison (a despeito da concorrência entre eles) permitiram o emprego do motor elétrico como força motriz nas fábricas. No campo sócio-político-econômico verifica-se que o capitalismo industrial e financeiro passa a exercer maior controle, mas também as classes proletárias ou populares passam a ter maior força de expressão política, ao ponto de fazer revoluções "à esquerda", como a de 1917 na Rússia, porém criando regimes autoritários e opressores, ao invés de libertadores. O mesmo se verifica "à direita", com os movimentos populistas do nazifascismo. O século XX ficará marcado pelo conjunto indescritível de atrocidades cometidas nesses extremos.

No sentido contrário, conquistas democráticas também surgem, com o sufrágio mais amplo e as primeiras conquistas da emancipação feminina. As mídias de comunicação em massa, principalmente por meio dos jornais e do rádio, chegam às classes mais populares, exercendo um papel influenciador significativo, que nem sempre vai no sentido democrático. A industrialização avança por países antes desindustrializados, como Brasil, União Soviética, Itália e Japão. A indústria passa a ter papel preponderante na economia mundial, mas o setor de serviços começa a despontar. Os produtos da 2ª Revolução Industrial continuam básicos, com pouca (ou nenhuma) diferenciação, como dito na célebre frase de Ford: "Pode-se comprar um Ford modelo T de qualquer cor, desde que seja preto". A estética ainda não é um objetivo da produção, mas, em contrapartida, um movimento artístico-estético conhecido como *art nouveau* (final do século XIX) busca retomar o estilo dos produtos artesanais do período pré-revolução. Esse movimento vai influenciar o surgimento do design industrial na década de 1920, tendo como principal expoente a Escola Bauhaus, na Alemanha, que procura integrar a estética à função do produto industrial (equilíbrio entre forma e função).

A 3ª Revolução Industrial introduz a automação eletrônica e, a partir dos anos 1970, o computador passa a ser mais acessível e ter um papel importante na produção industrial. Surgem os sistemas para planejamento de recursos de materiais (MRP), depois para toda a produção (MRP II) e depois para todas as funções corporativas (*enterprise resource planning* – ERP). Máquinas antes manuais ganham comandos eletrônicos com o controlador lógico-programável e os trabalhadores precisam lidar com essa tecnologia. Assim, o trabalho passa a ser especializado também intelectualmente. Na indústria, a Toyota dá início ao conceito de *produção enxuta*, com redução de desperdício, otimização do tempo e resposta à demanda. Entretanto, a produção industrial permanece presa à chamada "diagonal volume-variedade", enfrentando o *trade-off* de ou produzir em grande quantidade, sem diferenciação, ou produzir com diferenciação em pequena quantidade. No campo sócio-político-econômico verifica-se o papel influenciador das mídias de comunicação em massa, principalmente por meio da televisão. O setor de serviços começa a ultrapassar a indústria na economia mundial. O produto industrial passa a ter diferenciação, para atender aos mais diversos gostos da sociedade, que também exige qualidade; o design passa a ser um diferencial relevante. Materiais plásticos tornam-se comuns, seja como matéria-prima direta, seja para embalagens, e seus resíduos pouco biodegradáveis criam impacto global. O mesmo se dá com os resíduos de materiais e compostos químicos e radioativos nunca antes utilizados. A 3ª Revolução Industrial talvez esteja incorreta no nome. A partir da segunda metade do século XX, observa-se um crescimento expressivo do setor de serviços, a ponto de a economia mundial entrar no século XXI com esse setor sendo responsável pela maior parte do PIB nas economias mais desenvolvidas (WITT; GROSS, 2020). Ou seja, a 3ª Revolução não é mais "industrial", no sentido da produção da indústria extrativa e de transformação, mas produtiva, de forma geral; o mesmo vale para 4ª Revolução. O termo *industrial* pode ser entendido a partir daqui no sentido amplo da palavra *indústria*, como designação das atividades produtivas em todos os setores econômicos. Entretanto, a literatura corrente de Indústria 4.0 predominantemente associa esta à indústria manufatureira, ou *fabril*.

A 4ª Revolução "Industrial" é um pouco mais difícil de ser analisada por conta da falta de perspectiva histórica, visto que estamos inseridos nela. Mas é fortemente caracterizada pelo surgimento da internet como meio de comunicação e depois como plataforma de interação e oferecimento de serviços digitais. Estruturas produtivas passam a ser integradas tanto horizontal (do fornecedor primário ao cliente final) como verticalmente (do chão de fábrica à alta direção). Busca-se flexibilidade para produzir para nichos de mercado cada vez mais segmentados, com grande variação de demanda. As tecnologias de produção permitem que as fábricas "escapem" da diagonal volume-variedade, podendo chegar à *customização em massa*, ou seja, produzir em massa, mas com cada unidade do produto personalizada para um cliente específico. O meio físico da produção encontra-se com o meio informacional digital, criando-se sistemas ciberfísicos de produção. As diferentes mídias de comunicação convergem para a internet, que também oferece interatividade e descentralização, colocando a produção de conteúdo ao alcance de todos, democraticamente. Por meio das mídias sociais, o antes consumidor de conteúdo midiático torna-se também um produtor de conteúdo. *Blogger* e *youtuber* passam a ser profissões, às vezes muito bem remuneradas. Por outro lado, os algoritmos de IA das plataformas midiáticas reforçam bolhas de interesses e o ideal inicialmente democratizante previsto para a internet parece seguir para um caminho contrário. As fake news se disseminam em larga escala, a ponto de concorrer e colocar em risco a imprensa tradicional. Plataformas de intermediação como o Uber criam novas relações de trabalho, ainda pouco legisladas, mas, segundo alguns, estabelecendo uma nova forma de capitalismo; a plataforma não produz nem consome, mas aproxima e intermedeia as partes. Os produtos tornam-se ainda mais sofisticados, mas também se "virtualizam", passando a interagir com o meio digital. Serviços e produtos confundem-se cada vez mais. A conscientização das questões ambientais e mudanças climáticas levam a sociedade a cobrar por produtos e processos com menor impacto ambiental e responsabilidade socioambiental das empresas.

Quadro 1.1 – Características das revoluções industriais

Revolução Industrial	Princípios produtivos	Tecnologias aplicadas à produção	Estrutura sócio-político-econômica	Produto
1ª	Divisão do trabalho. Produção em massa. Especialização da produção.	Energia mecânica Máquina a vapor, com queima de carvão. Máquinas automáticas. Transporte terrestre por tração animal.	Proletarização do trabalho. O capital torna-se uma força política. A mídia impressa permanece inacessível às classes baixas, não alfabetizadas. Impactos ambientais e sanitários decorrentes da produção.	Produtos básicos Nenhuma diferenciação. Estética ruim. Produto barato, em geral de baixa qualidade.

(*continua*)

Quadro 1.1 – Características das revoluções industriais (*continuação*)

Revolução Industrial	Princípios produtivos	Tecnologias aplicadas à produção	Estrutura sócio-político--econômica	Produto
2ª	Maior divisão e especialização do trabalho. Produção em massa, com administração científica. Linha de produção. Padronização do produto e do processo de produção.	Energia motriz elétrica. Ferramental especializado. Materiais sintéticos. Comunicação por telégrafo, rádio e telefone. Veículos automotores. Transporte ferroviário e rodoviário.	Proletarização com reivindicações de classes e revolução. O capital torna-se a força política predominante. As mídias chegam às massas.	Produtos industriais complexos (carros, por exemplo), mas com pouca ou nenhuma diferenciação. Estética precária.
3ª	Automação. Produção enxuta, restrita à diagonal volume-variedade.	Controlador lógico--programável (PLC). Robôs. Os computadores e microcomputadores chegam às fábricas. MRP, MRP II e ERP. Novos materiais. Mídias de comunicação em massa eletrônicas.	A democracia se estende pelo mundo, com exceções. Emancipação feminina. Melhoria das condições socioeconômicas, com exceções. Comunicação em massa global. Capitalismo financeiro. O setor de serviços passa a predominar na economia mundial. Graves impactos ambientais.	Produtos complexos, de alta tecnologia, com diferenciação. O design torna-se um diferencial. Começam os primeiros *mixes* de produtos e serviços.
4ª	Integração vertical e horizontal. Estrutura flexível. Customização em massa. Plataformas de intermediação. Produção mais limpa.	Internet; IoT, IoP, IoS. Sistemas ciberfísicos. *Big Data Analytics.* Inteligência artificial. Outras...	Convergência midiática para a internet. Democracia em risco. Sociedade segmentada em múltiplos nichos, com representatividade e direitos de expressão. Conscientização ambiental crescente.	*Smartproducts,* produtos virtuais. Servitização digital. *Ecodesign.*

1.4 CONCLUSÃO

Procurou-se aqui caracterizar, embora de forma bastante limitada, o contexto no qual a Transformação Digital e a Indústria 4.0 têm seu papel na criação de modelos de negócios inovadores e estruturas produtivas para suprir as demandas crescentes de uma sociedade que deve enfrentar os seus dilemas e desafios com recursos limitados.

Por um lado, o desenvolvimento técnico-científico da 3ª e da 4ª Revolução Industrial propiciou ganhos em termos de desenvolvimento humano e melhorias nas condições sociais, mas também criou meios para o próprio colapso dessa sociedade, seja por meios nucleares, cibernéticos ou por mudanças climáticas. A pandemia de Covid-19 mostrou o quão vulneráveis ainda somos. Enquanto as TICs promovem o acesso à informação de forma global, também criam sua antítese nas redes sociais e com os algoritmos de busca e filtragem.

REFERÊNCIAS

DEGUCHI, A. *et al.* Whatissociety 5.0. *Society*, v. 5, p. 1-23, 2020.

HUBERMAN, L. *História da riqueza do homem*. Rio de Janeiro: LTC, 1986.

WITT, U.; GROSS, C. The rise of the "service economy" in the second half of the twentieth century and its energetic contingencies. *Journal of Evolutionary Economics*, v. 30, p. 231-246, 2020.

CAPÍTULO 2
Fundamentos da Indústria 4.0

Rodrigo Franco Gonçalves

2.1 INTRODUÇÃO: DESCONSTRUINDO ALGUNS MITOS

Muito se fala hoje na Indústria 4.0 e seu potencial transformador. O termo se popularizou tanto que o termo "4.0" já foi "exportado" para vários outros contextos, como se fossem todos derivados da Indústria 4.0. Nesse cenário, seria interessante tentar desconstruir alguns mitos e colocar as coisas em seus lugares.

A visão predominante que se tem da Indústria 4.0 é de um modo de produção industrial criado pela tecnologia. Algumas vezes fala-se em tecnologias como Internet das Coisas (IoT), *Big Data Analytics* ou blockchain como sendo tecnologias da Indústria 4.0, como se essas tecnologias tivessem sido criadas *para* a Indústria 4.0 ou até como se tivessem sido criadas *pela* Indústria 4.0. Nada mais errado... Em realidade, o melhor termo, que aparece em alguns trabalhos acadêmicos, é tecnologias habilitadoras da Indústria 4.0 pois não somente o conceito de Indústria 4.0 é posterior a muitas destas tecnologias (como a IoT, por exemplo), como também muitas dessas tecnologias nasceram ou foram primeiramente utilizadas em contextos muito diferentes da Indústria, como o blockchain por exemplo, que nasceu com a criptomoeda bitcoin, para a área financeira.

Outro mito que é importante desconstruir é o de que a 4ª Revolução Industrial é formada ou criada somente a partir de tecnologias. Para tal, é interessante dar uma breve analisada na 1ª Revolução Industrial. Não foi a máquina a vapor de James Watt ou o tear automático de Jacquard que criaram a 1ª Revolução Industrial, embora tenham sido inovações importantes para a época e intensivamente utilizadas na produção industrial nascente. As causas da 1ª Revolução Industrial são, em realidade, socioeconômicas. É preciso lembrar que o século XVIII é marcado por um grande crescimento demográfico (ALVES, 2013) bem como pela abertura de novos mercados consumidores globais. Houve um avanço da urbanização e muitas outras condições que ampliaram a demanda por vários produtos, mas especialmente por tecidos. A antiga forma artesanal ou semiartesanal de produção de tecidos em teares manuais, com fiação manual, não dava mais conta. Havendo mercado consumidor para tecidos produzidos em larga escala e baixo custo, havia a primeira condição para a industrialização. A segunda condição era a existência de capital para investimento nas fábricas; este existia a partir da acumulação primitiva de capital da era mercantil. A terceira condição era a disponibilidade de mão de obra para as fábricas; esta foi criada com o êxodo rural, algumas vezes forçado, e fechamento dos ateliês familiares. Essas condições, de mercado, capital e mão de obra, podem ser chamadas de condições estruturais; a tecnologia de produção, seja a máquina a vapor ou o tear automático, é mais um fator conjuntural.

Apenas como um reforço ao argumento: a tecnologia de utilizar vapor para criar movimento (princípio da máquina a vapor) foi criada por Arquimedes, por volta dos anos 200, e Leonardo da Vinci já projetava máquinas automáticas no século XV. A 1ª Revolução Industrial é chamada de *revolução* porque provocou profundas mudanças nas relações sociais, econômicas e também políticas da época.

De forma análoga, podemos procurar os fundamentos da Indústria 4.0 não somente na tecnologia, mas em fatores estruturais. A sociedade contemporânea demanda produtos e serviços customizados. Os mercados tornam-se cada vez mais formados por nichos específicos, com demandas muito peculiares. Pode-se dizer que por trás de cada comunidade nas redes sociais há um mercado consumidor com características próprias. As chamadas plataformas de intermediação, como o Uber, fazem com que o valor de posse se torne cada vez mais um valor de uso. Muitos jovens da nova geração não se preocupam mais em ter um carro (que era o maior sonho de seus pais nessa idade), e sim em ter mobilidade. Com o Airbnb, para que ter uma casa de praia? São muitos os exemplos de serviços que baseiam suas propostas de valor nessas mudanças de mercado. Assim, se na 1ª Revolução Industrial buscava-se a produção em grande escala com baixo custo, agora se buscam a diversificação e personalização. Em suma, vemos que há uma causa de mercado para a Indústria 4.0.

Outro mito a ser quebrado, que talvez tenha ficado confuso nas linhas acima: Indústria 4.0 e 4ª Revolução Industrial são coisas diferentes, embora em muitos trabalhos sejam considerados sinônimos. O termo *Indústria 4.0* refere-se a uma nova organização da produção industrial, habilitada por tecnologias da informação e comunicação, visando certos objetivos de produção, como maior eficiência, flexibilidade, agilidade e customização (BONILLA *et al.*, 2018). A 4ª Revolução Industrial refere-se à mudança revolucionária nas estruturas produtivas, envolvendo indústria, serviços e agricultura, como também nas relações sócio-político-econômicas. Em outras palavras, o conceito de Indústria 4.0 está contido no conceito de 4ª Revolução Industrial, que é bem mais amplo e complexo. Como argumento adicional nesse sentido, basta considerar que atribuir toda a transformação pela qual nossa sociedade e estrutura produtiva estão passando somente à indústria não teria fundamento econômico. Do ponto de vista econômico, a produção industrial, incluindo a indústria de extração e a construção, é responsável por 26% do PIB mundial, enquanto a manufatura - atividade que mais se enquadraria com a Indústria 4.0 –, por apenas 16% do PIB mundial. A maior parte do PIB mundial provém do setor de serviços, com cerca de 65% em 2019.[1] A realocação das atividades produtivas da indústria de transformação para o setor de serviços torna-se marcante com o processo de globalização da economia após 1990 (WITT; GROSS, 2020).

2.2 TRANSFORMAÇÃO DIGITAL E INDÚSTRIA 4.0

Embora a tecnologia possa ter um papel conjuntural na transformação da produção industrial para a Indústria 4.0, seu papel transformador em toda a estrutura sócio político-econômica é profundo, principalmente no tocante à internet. Não é possível discutir o papel transformador das tecnologias digitais sem analisar mais profundamente a internet.

O surgimento da internet e da *web*[2] no final do século XX como meio de comunicação e, logo em seguida, como plataforma de aplicações e serviços online teve particular relevância. O século XXI começa conectado globalmente. Empresas podem, através do *e-commerce*, negociar produtos e serviços em todo o mundo. Pessoas passam a se informar, acessar serviços públicos e privados e comprar produtos online para, logo em seguida, transferir boa parte de seus relacionamentos sociais para as redes sociais. Objetos e equipamentos (*coisas*) ganham conexão e podem trocar informações com pessoas e outras coisas. Assim, a internet, que no século XX era tipicamente uma tecnologia para comunicação de informação, que pode ser chamada de Internet de Conteúdo (*Internet of Content* - IoC) passa a ser com as redes sociais uma Internet das Pessoas (*Internet of People* – IoP), das coisas conectadas (*Internet of Things* – IoT) e dos serviços

1 Fonte: Banco Mundial. Dados da participação da indústria (incluindo a construção) no PIB mundial em 2020: https://data.worldbank.org/indicator/NV.IND.TOTL.ZS. Dados da participação da manufatura no PIB mundial: https://data.worldbank.org/indicator/NV.IND.MANF.ZS. Dados do setor de serviços: https://data.worldbank.org/indicator/NV.SRV.TOTL.ZS. Acessos em: 19 mar. 2023.

2 Embora muitas vezes confundidas, internet e *web* são coisas diferentes. A internet é a rede mundial de computadores, criada inicialmente nos Estados Unidos, como uma forma descentralizada de proteção da informação em caso de ataque nucleares, conectando centros de pesquisa, universidades e órgãos militares. A internet abriga toda uma gama de aplicações, como e-mail, transferências de arquivos e, entre elas, a *world wide web* (WWW). A *web* nasceu no Cern (Europa) como uma aplicação para compartilhamento de conteúdo na forma de páginas hipermídia (texto, imagens, vídeos e *links* com outras páginas na rede) por meio da internet. Assim, a *web* é uma das ferramentas da internet.

disponibilizados, configurados, automatizados, adquiridos e pagos online por meio de plataformas interativas (*Internet of Services* – IoS).

Com a IoP, o conteúdo informacional, que nas mídias anteriores de comunicação em massa (Internet de Conteúdo, televisão, rádio etc.) partia de uma fonte centralizada (emissor) para múltiplas fontes (receptores), passa a ser produzido por múltiplas fontes também. Cada usuário das redes sociais é, ao mesmo tempo, produtor e consumidor de conteúdo. Algoritmos identificam preferências e direcionam os usuários para conteúdos que "mais lhes interessam" (na concepção dos criadores dos algoritmos), criando bolhas de informação. Os impactos sociais e, principalmente, políticos são perceptíveis com o crescimento das polarizações, disseminação de fake news e discursos de ódio.

A Internet das Coisas apresenta grande potencial em termos de automação e integração, tanto produtiva quanto doméstica ou urbana, mas ainda está em estágios iniciais. A perspectiva é de integrar processos e serviços por meio das coisas conectadas, gerando aumento de produtividade e flexibilidade da produção, redução do impacto ambiental com rastreabilidade de resíduos sólidos, melhoria das condições de vida nas cidades, com melhor mobilidade urbana, segurança e lazer.

A IoS permite a criação de serviços autoconfigurados e produzidos automaticamente, acessíveis online, reduzindo (ou realocando?) muitos postos de trabalho, como em bancos, por exemplo. Permite ainda as plataformas de intermediação, como o Uber, dando origem a novos modelos de negócio e aproximando prestadores de serviços de consumidores.

Vislumbra-se para o futuro uma Internet de Tudo (*Internet of Everything* – IoE), na qual IoP, IoC, IoT e IoS estejam combinadas de forma semântica (com entendimento do significado dos conteúdos, interpretados por máquina) e auto-organizada a partir de algoritmos de inteligência artificial (Figura 2.1).

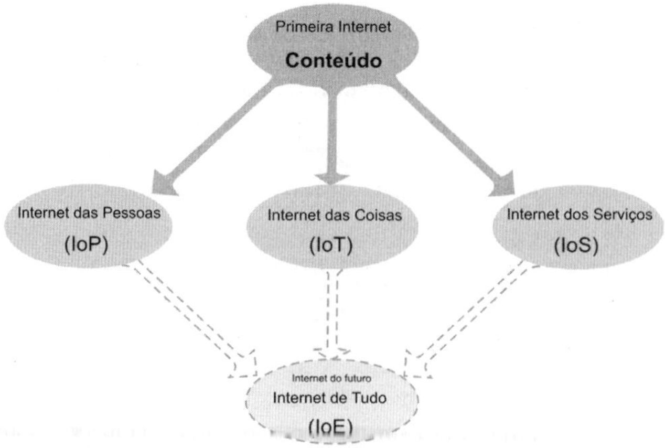

Figura 2.1 – Evolução da internet.

No sentido da transformação proporcionada no tecido sócio-político-econômico pelas tecnologias digitais, a internet é o grande paradigma. Mas outras tecnologias combinadas com a internet também apresentam impacto relevante:

- *Big Data Analytics*. A obtenção de informações valiosas a partir de grandes bases de dados criou a noção de dados como um ativo (no sentido contábil-financeiro). Algumas *startups* passaram a valer centenas de milhões, mesmo sem ter qualquer tipo de operação rentável, apenas por possuir dados. Em outro sentido, o uso indiscriminado de dados pessoais por organizações levou à reação da sociedade/governo para criar limites legais. No Brasil, surgiu a Lei Geral de Proteção de Dados (LGPD).
- *Inteligência artificial*. Embora antiga como área de pesquisa, a IA passou mais recentemente a fazer parte do "arsenal" tecnológico acessível para empresas. Algoritmos inteligentes podem interpretar padrões de consumo e preferências, criando serviços ou propagandas personalizadas para os usuários. Também permitiu reduzir funções desempenhadas por humanos, como serviços de atendimento ao consumidor.
- *Blockchain*. O blockchain surge para viabilizar a criptomoeda descentralizada (sem estar atrelada a um governo), com o Bitcoin e depois outras criptomoedas. Entretanto, o blockchain vai muito além das aplicações em criptomoedas, viabilizando diferentes tipos de aplicações nas quais autenticação e inviolabilidade são requeridas.

Em realidade, não é possível dizer o quanto as novas tecnologias impulsionam ou desencadeiam as mudanças no tecido sócio-político-econômico ou se são essas mudanças que impulsionam o desenvolvimento das novas tecnologias. Ou seja, não é possível estabelecer uma relação estrita de causa e efeito; seria mais adequado entender como um sistema de reforço mútuo. Nessa relação sistêmica entre as novas tecnologias digitais e o tecido sócio-político-econômico, emerge o que se chama Transformação Digital, que pode ser entendida como a criação de novos modelos de negócio ou aplicações sociais ou governamentais de tecnologia para a sociedade.

Figura 2.2 – A Transformação Digital emerge das necessidades de mudança para adequação ao contexto social e das possibilidades oferecidas pelas tecnologias digitais.

Entre todas as transformações que estamos vivenciando, não se pode esquecer as mudanças no meio ambiente, de causa antrópica, como o aquecimento global e o esgotamento de recursos naturais. Nesse sentido, a Transformação Digital pode desempenhar um papel relevante e positivo, gerando tecnologias e modelos de negócios sustentáveis, como também no sentido inverso, com o aumento de lixo eletrônico ou o elevadíssimo consumo de energia gerado pelo processamento de blockchains, por exemplo.

Pode-se dizer que *a Indústria 4.0 é a Transformação Digital da produção industrial.* Da mesma forma, alguns autores chamam de Agricultura 4.0 a transformação digital da agricultura (no Brasil, usa-se mais o termo "agricultura de precisão"), o mesmo ocorrendo em relação a serviços, gerando inúmeros "filhotes", como: Educação 4.0 ou Saúde 4.0 (Figura 2.3).

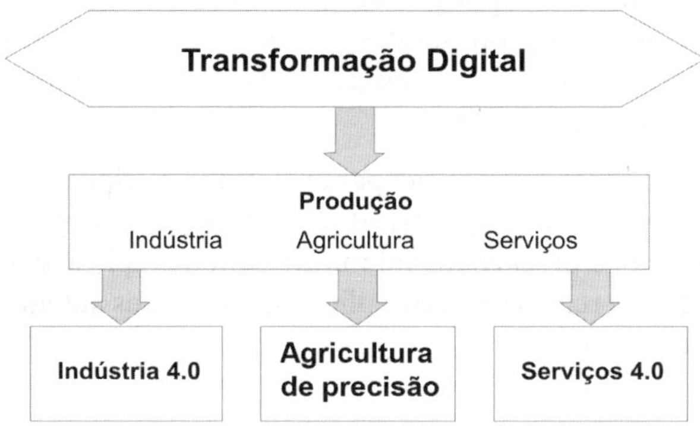

Figura 2.3 – Transformação Digital da produção.

Entretanto, a Transformação Digital não está ocorrendo somente na produção; ela abarca todos os campos da sociedade. As chamadas cidades inteligentes (*smart cities*) podem ser entendidas como a transformação digital das utilidades oferecidas por uma cidade para a melhoria das condições de vida de sua população. Como *utilidades*, entende-se: abastecimento de água, energia e gás; saneamento e limpeza; transporte; informações e serviços públicos; segurança, entre outras. Vê-se também a Transformação Digital no governo (*e-Gov*), com canais de comunicação digital ao cidadão, saúde e educação públicas, serviços de documentação e registros de pessoas físicas e jurídicas, serviços tributários e jurídicos, entre outras esferas da administração pública. No caso particular das mídias de comunicação e entretenimento, a Transformaçã Digital caminha para a convergência de todas as mídias para a internet, oferecendo acesso e interatividade a partir de todo lugar e por diferentes dispositivos, do *smartphones* aos *wearables.*[3] Produtos de uso doméstico tornam-se "produtos inteligentes" (*smart*

3 Dispositivos conectados à internet vestíveis, como óculos, relógios, tênis e outros.

products), com conexão à internet, captura de dados e interatividade com o usuário e com outros produtos; a própria moradia torna-se uma "casa inteligente" (*smart home*).

Mas há um lado sombrio.

A atenção a aspectos éticos e de segurança torna-se cada vez mais importante, com riscos elevados em relação a valores sociais e humanos, como democracia, liberdade de expressão e privacidade. *Hackers* podem roubar fortunas maiores que ladrões de bancos e ciberterroristas passam a ter potencial de destruição e dano comparável ao de armas de destruição em massa.

No campo psicossocial, muitas pessoas passam a viver vidas alternativas nas redes sociais, constroem uma identidade alternativa própria (ou várias identidades, ou *avatares*) e às vezes parece que a sua "pessoa digital" é mais importante que a real, podendo assumir caráter patológico. Postar tudo que acontece a sua volta ou qualquer bobagem que venha à cabeça torna-se mais importante do que vivenciar o momento real ou refletir mais profundamente sobre um assunto; "Posto, logo existo"[4] é o novo lema. Princípios básicos de respeito ao próximo e de convívio social são ignorados por pessoas que se escondem por trás de avatares. Bolhas de opinião fortalecidas por algoritmos de redes sociais potencializam discursos de ódio e extremismos.

É nesse cenário e tendo como mercado esta sociedade que a Indústria 4.0 cria produtos e serviços.

2.3 INDÚSTRIA 4.0: TECNOLOGIAS E PRINCÍPIOS

No Quadro 1.1 do Capítulo 1 fizemos uma distinção entre princípios produtivos e tecnologias de produção. Entende-se por princípios formas ou técnicas de se produzir, no sentido de planejamento e organização dos recursos de mão de obra, materiais e equipamentos, bem como dos meios de controle. Suponha a preparação de um prato culinário. Um cozinheiro pode realizar todas as etapas do preparo, começando com a higienização dos utensílios e ingredientes *in natura*, cortando e separando os ingredientes na forma adequada e realizando a cocção. Em geral, a qualidade do prato varia de acordo com o humor, disposição ou tempo do cozinheiro. O mesmo prato poderia ser preparado em um restaurante, em cuja cozinha todos os utensílios são, em conjunto, higienizados por um auxiliar, de acordo com as normas da vigilância sanitária; todos os ingredientes *in natura* são higienizados por outro auxiliar; o *sous chef* prepara os cortes e separações e o *chef* cozinha. O *chef* atenta para que o prato tenha sempre a mesma qualidade, todos os dias. Nas duas situações, o prato é o mesmo, mas os processos são diferentes. A primeira situação baseia-se em um princípio artesanal, enquanto a segunda adota princípios de especialização e divisão do trabalho, serialização e padronização. Os princípios de produção visam adequar a produção às

4 Trocadilho baseado na máxima cartesiana "Penso, logo existo" (*Cogito, ergo sum*). É o ato de postar nas redes sociais que leva à construção da "pessoa digital".

condições de mercado, como demanda dos consumidores, competição com concorrentes e regulamentações do governo. Princípios tendem a ser perenes, mudando lentamente conforme evoluem as relações socioeconômicas, ou um pouco mais rapidamente, antevendo essas mudanças. A padronização, por exemplo, evoluiu do final do século XIX ainda restrita à fábrica para padrões normativos como DIN e ISO no século XX, e ainda está em evolução. A produção em linha criada por Ford ainda perdura na indústria automobilística e em muitos outros setores industriais. Entretanto, novos princípios podem ser agregados à produção, como o *just-in-time* na indústria automobilística.

Tecnologias de produção, por outro lado, tendem a mudar mais rapidamente, à medida que novas tecnologias são criadas, muitas vezes para outras aplicações ou outras áreas que não a produção industrial. Com o ritmo atual do desenvolvimento tecnológico, as tecnologias de produção acabam, muitas vezes, tornando-se efêmeras; novas tecnologias substituem tecnologias anteriores em ritmo acelerado, muitas vezes superando a capacidade financeira das empresas de atualizarem-se tecnologicamente. O tear automático de Jacquard é uma tecnologia de produção da 1ª Revolução Industrial, assim como um robô de solda o é da 3ª Revolução.

Nem sempre é simples distinguir entre princípios e tecnologias. O planejamento de recursos empresariais (ERP, na sigla em inglês), por exemplo, é uma tecnologia, mas incorpora certos princípios produtivos na medida em que gerencia processos. O planejamento da produção, baseado no modelo do planejamento de recursos de manufatura II (MRP II), torna o ERP mais adequado à produção empurrada do que à produção puxada, típica da produção enxuta. A separação entre princípios e tecnologias proposta aqui tem mais uma finalidade didática.

Como dito, a Indústria 4.0 é uma transformação da estrutura da produção industrial, voltada para atender às novas dinâmicas do tecido sócio-político-econômico. A sociedade cada vez mais segmentada em nichos de interesses e consumo demanda maior diversidade e customização de produtos e serviços. A produção industrial deve responder a isso com flexibilidade da produção, visando a customização em massa, e capacidade para amortizar flutuações de demanda, ficando mais responsiva. A sociedade demanda maior responsabilidade ambiental e a indústria deve responder a isso com o *ecodesign*, processos de logística reversa e rastreabilidade do ciclo de vida de seus produtos e, muitas vezes, de toda sua cadeia de fornecimento. Em um mundo mais complexo, as decisões da alta administração também se tornam mais complexas. Sistemas de apoio à decisão, com análises de grandes massas de dados e emprego de IA, permitem identificar tendências de mercado, projetar produtos e orientar ações de marketing, além de otimizar processos internos.

Princípios e tecnologias de produção devem garantir que os objetivos sejam atingidos. Toda indústria tem seus objetivos, como melhora de produtividade, de qualidade, conquista de novos mercados, redução de impactos ambientais etc. De forma ampla, os objetivos de produção estão alinhados com as estratégias de operações. No caso da Indústria 4.0, os objetivos de produção são mostrados no Quadro 2.1. Verifica-se que muitos desses objetivos coincidem com os objetivos da produção enxuta.

Os objetivos podem ser centrais em termos de benefícios esperados ou podem gerar benefícios marginais.

Quadro 2.1 – Estratégias básicas de operações

	Estratégia de operação	Objetivos de produção da Indústria 4.0
Custo	Foca na redução dos custos e ganhos de produtividade, visando maior lucro ou maior mercado. Exemplo: indústrias de *commodities.*	Eficiência, com: • Redução de *lead time.* • Redução de perdas e paradas. • Otimização do fluxo de informação ao longo da cadeia de suprimentos. • Rapidez na tomada de decisão. • Automação inteligente.
Qualidade	Foca obter um produto de alta qualidade, por meio do controle de qualidade do produto final e seus componentes, ou do controle e garantia da qualidade do processo produtivo. Exemplo: indústria aeronáutica, equipamentos médicos ou artigos de luxo.	Qualidade: • do produto. • do processo. Sustentabilidade. Visibilidade, aprendizagem e melhoria contínua.
Tempo	Foca entregar o produto ao cliente o quanto antes. Exemplo: correios	Idem a Eficiência Dados de tempo-real
Confiabilidade	Foca entregar o produto ao cliente exatamente no prazo acordado e com as características acordadas. Exemplo: autopeças em esquema de *just-in-time.*	Previsibilidade. Simulação. Dados de tempo-real.
Flexibilidade	Foca a facilidade para modificações e customizações nos produtos, produção em lotes pequenos ou unitários, adaptação dos processos e equipamentos para criação de novos produtos bem como resposta rápida a flutuações de demanda. Exemplo: na pandemia de Covid-19 algumas indústrias rapidamente passaram a produzir máscaras.	Flexibilidade e agilidade. Customização. Modularização.
Serviços	Foca a criação de um *mix* de produtos e serviços para aumentar o valor percebido pelo cliente. Pode chegar à servitização. Exemplo: máquinas copiadoras.	Customização. Rastreabilidade.

Fonte: adaptado de Slack *et al.* (2009) e Bonilla *et al.* (2018).

Em uma obra anterior, apresentamos a "casa da Indústria 4.0" (SACOMANO *et al.*, 2018), representando os elementos desta a partir de uma hierarquia de tecnologias: elementos básicos ou fundamentais, elementos estruturantes e elementos complementares. Em geral, esses elementos eram tecnologias, como IoT, mas alguns elementos também poderiam ser classificados como princípios, como "segurança cibernética" ou "automação". Agora propomos uma visão da Indústria 4.0 que incorpora a classificação de tecnologia e princípios. Assim, a "casa" torna-se tridimensional, com uma fachada representando as tecnologias e outra fachada representado os princípios.

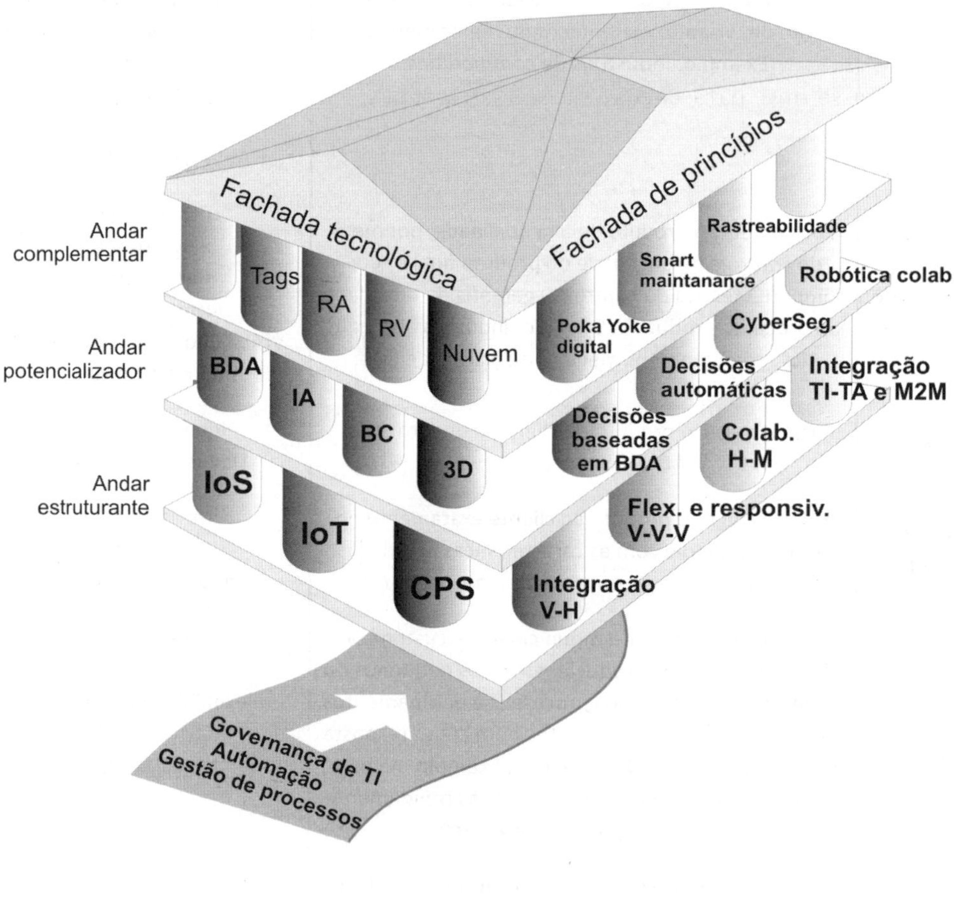

Figura 2.4 – Princípios formadores e tecnologias habilitadoras da Indústria 4.0. "Templo" da Indústria 4.0.

A organização do modelo é a seguinte:

- Andar estruturante: representa tecnologias sem as quais a Indústria 4.0 não consegue se estabelecer e os princípios fundamentais que a caracterizam, não existentes em conjunto no paradigma precedente.
- Andar potencializador: embora não fundamentais, as tecnologias e princípios deste andar potencializam a Indústria 4.0 para atingir seus objetivos de produção mais flexível, responsiva, limpa e integrada.
- Andar complementar: apresenta tecnologias e princípios adicionais que auxiliam a Indústria 4.0 a atingir seus objetivos.

Destaca-se que, para chegar na Indústria 4.0, a indústria precisa percorrer um caminho de maturidade, que envolve o desenvolvimento de competências de governança de tecnologia da informação, o que inclui a digitalização de sistemas, para poder lidar com o arsenal de TICs que a Indústria 4.0 envolve; automação, para poder usufruir os benefícios da integração de sistemas de informação com as máquinas do chão de fábrica; a gestão de processos é uma precondição, na medida em que os processos devem ser revistos e melhorados antes de automatizá-los ou da implantação de sistemas de informação (como ERP, por exemplo) para evitar o que se chama de "automatizar o errado". A manufatura enxuta (*lean manufacturing*) é um exemplo de forma de gestão de processos para buscar a otimização de processos e a redução de desperdícios com a integração e automação dos sistemas produtivos.

O Quadro 2.2 apresenta os princípios da Indústria 4.0. Os princípios visam atingir benefícios e objetivos. Em outras palavras, os princípios caracterizam *o que* a Indústria 4.0 faz, enquanto os benefícios e objetivos caracterizam o *por que* faz. O Quadro 2.3 apresenta as tecnologias habilitadoras da Indústria 4.0, que são utilizadas para suportar ou habilitar os princípios, ou seja, *como* a Indústria 4.0 faz.

Quadro 2.2 – Princípios da Indústria 4.0

Princípio	Descrição	Benefícios esperados e objetivo de produção
	Princípios estruturantes	
Integração vertical-horizontal	Na Indústria 4.0 a informação deve fluir verticalmente do chão de fábrica à alta direção e vice-versa, passando por diferentes camadas de sistemas, como MES (*manufacturing execution system*), ERP e BI (*business intelligence*). Deve fluir horizontalmente por toda a cadeia de suprimentos, desde o fornecedor de última camada até o consumidor final e, às vezes, até mesmo à disposição final do produto no final de seu ciclo de vida ou à logística reversa deste.	Eficiência. Decisões mais rápidas e acertadas. Maior responsividade e velocidade na cadeia de suprimentos. Transparência, visibilidade e rastreabilidade.
Flexibilidade e responsividade (volume-variedade-variação)	Dadas as instabilidades de um mercado cada vez mais fluido, a Indústria 4.0 deve ser capaz de responder rapidamente a variações da demanda. Como esse mercado demanda customização, a Indústria 4.0 deve ser capaz de produzir tanto em grande volume como com variedade de produtos, alvejando a customização em massa.	Flexibilidade e agilidade. Atendimento a nichos de mercado. Customização em massa. Adequação a flutuações rápidas de demanda. Modularização.
Colaboração homem-máquina	A Indústria 4.0 não pressupõe a automação total, mas a colaboração entre o humano e as máquinas, cada um fazendo o que faz melhor: os humanos são mais flexíveis, adaptáveis e capazes de tomar decisões complexas; as máquinas são mais rápidas, fortes, cometem menos erros e não se cansam. Na Indústria 4.0, veem-se muitas atividades combinadas, nas quais os humanos interagem com robôs colaborativos, supervisão eletrônica etc.	Eficiência. Flexibilidade. Qualidade. Melhoras na ergonomia e saúde do trabalhador.

(*continua*)

Quadro 2.2 – Princípios da Indústria 4.0 (*continuação*)

Princípio	Descrição	Benefícios esperados e objetivo de produção
	Princípios estruturantes	
Integração entre tecnologia da informação (TI) e tecnologia de automação (TA) e comunicação máquina a máquina (M2M)	A TI e a TA desenvolveram-se desde os anos 1970 por caminhos diferentes e acabaram baseadas em protocolos difíceis de serem combinados. Um dos maiores desafios para a Indústria 4.0 é integrar os sistemas de informação e comunicação (TI) com as máquinas e equipamentos automatizados (TA) com segurança e confiabilidade. Mas não somente os sistemas de informações devem se comunicar com as máquinas; estas também devem comunicar-se entre si (o que se chama M2M) para que, por exemplo, um braço robótico saiba o momento de colocar e retirar uma peça de um centro de usinagem, sem intervenção humana. Novos modelos de arquitetura e protocolos como RAMI 4.0 e OPC UA contribuem nesse sentido. As máquinas com comandos numéricos podem realizar operações diferenciadas em cada peça fabricada.	*Smartfactory*: automação e coordenação "inteligentes" ao longo da cadeia produtiva. Dados em tempo real. Previsibilidade. Simulação. Customização. Modularização.
	Princípios potencializadores	
Decisões baseadas em análises de dados	Decisões tomadas com base em análises de grandes volumes de dados (*Big Data Analytics*) ocorrem na Indústria 4.0 desde o chão de fábrica, como na manutenção preditiva, por exemplo, até os níveis estratégicos e de projeto de produtos e serviços com base em análises de comportamento do consumidor.	Qualidade de produto e do processo. Decisões mais rápidas e acertadas. Previsibilidade. Simulação.
Decisões automáticas	Algoritmos de inteligência artificial podem automatizar decisões humanas, tornando-as mais rápidas e acertadas. Ajustes em processos podem ser realizados sem intervenção humana.	Eficiência. Qualidade de produto e do processo. Decisões mais rápidas e acertadas.
Cibersegurança	Dado o grau de utilização de TI e, principalmente, da internet, a Indústria 4.0 demanda cuidados intensivos com segurança digital.	Estabilidade e confiabilidade de todo o sistema.

(*continua*)

Quadro 2.2 – Princípios da Indústria 4.0 (*continuação*)

Princípio	Descrição	Benefícios esperados e objetivo de produção
	Princípios potencializadores	
Robótica colaborativa	A robótica colaborativa é uma das formas de promover a integração homem-máquina. Ao contrário da robótica convencional, que mantém o humano afastado do robô por questões de segurança (requisitos da norma NR-12 e, mais especificamente, da série ISO10218), na robótica colaborativa o robô move-se "com delicadeza", percebendo a presença do humano e parando seu movimento se necessário para não machucá-lo. O robô colaborativo é projetado para trabalhar junto com o humano, realizando operações de força ou movimentos que, para o humano, poderiam ser antiergonômicos.	Flexibilidade. Qualidade do produto e do processo. Customização. Melhoras na ergonomia e saúde do trabalhador.
	Princípios complementares	
PokaYoke digital	O *PokaYoke* digital é uma forma de garantir a correta execução de tarefas de trabalho, como a seleção e colocação de componentes com a supervisão de sensores e indicadores que orientam o operador com sinais luminosos ou sonoros quando uma operação incorreta é executada.	Qualidade do produto e do processo. Melhoras na ergonomia e saúde do trabalhador.
Manutenção inteligente	A manutenção na indústria é, em geral, preventiva ou corretiva. A primeira é realizada para evitar a pane em máquinas e equipamentos; a segunda é realizada para consertar e reparar máquinas e equipamentos quando danificados. O problema com a primeira é que pode não haver real necessidade dela; o problema com a segunda é que não se deveria esperar o problema ocorrer, comprometendo a produtividade, para corrigir. A Indústria 4.0 almeja a *manutenção preditiva*, identificando, por meio de análises de dados e padrões com algoritmos de IA, quando uma máquina ou equipamento está próximo de um problema para realizar a manutenção. Ainda, a manutenção pode ser realizada com apoio de realidade aumentada ou virtual.	Previsibilidade. Eficiência.

(*continua*)

Quadro 2.2 – Princípios da Indústria 4.0 (*continuação*)

Princípio	**Descrição**	**Benefícios esperados e objetivo de produção**
Princípios complementares		
Rastreabilidade e visibilidade	A rastreabilidade é um princípio que permite acompanhar um componente ou produto ao longo de toda a cadeia produtiva. Permite saber onde um componente ou produto está e por onde passou, dentro da planta industrial ou mesmo fora dela, algumas vezes até no momento do descarte, para fins de manejo sustentável dos resíduos. A rastreabilidade também se aplica aos processos produtivos e à gestão, permitindo resgatar o histórico de operações executadas e de todas as decisões tomadas, nos diferentes níveis. Visibilidade significa o acesso à informação histórica ou de tempo real.	Sustentabilidade. Visibilidade, aprendizagem e melhoria contínua.

Quadro 2.3 – Tecnologias habilitadoras da Indústria 4.0 e princípios suportados ou habilitados por elas

Tecnologias		
Tecnologia		**Princípio habilitado ou suportado**
IoT – Internet das Coisas	A IoT permite que máquinas, equipamentos e objetos comuniquem-se com a internet por meio de placas de conexão com endereço IP próprio. Em geral, a IoT vem acompanhada de sensores e/ou atuadores, para que as coisas conectadas interajam com o mundo físico.	Integração vertical-horizontal. Integração TI-TA. Rastreabilidade e visibilidade. Manutenção inteligente.
IoS – Internet dos Serviços	A IoS "empacota" funcionalidades completas na forma de serviços online, que podem ser encontrados e acessados tanto por máquinas como por humanos. Os serviços pressupõem entradas de dados que os parametrizam, gerando saídas "personalizadas" de acordo com a entrada. A partir da IoS, conjuntos completos de aplicações online podem ser montadas, como um Lego.	Integração vertical-horizontal. Rastreabilidade e visibilidade. Flexibilidade e responsividade. Manutenção inteligente.

(*continua*)

Quadro 2.3 – Tecnologias habilitadoras da Indústria 4.0 e princípios suportados ou habilitados por elas (*continuação*)

Tecnologias		
	Tecnologia	**Princípio habilitado ou suportado**
CPS – Sistemas ciberfísicos	São sistemas que interconectam o mundo físico e o virtual, contando com sensores e atuadores. Sistemas de informação como o MES (*manufactoring execution system*) e o ERP podem "acompanhar" em tempo real o que está acontecendo no chão de fábrica. Uma aplicação de CPS particularmente relevante na Indústria 4.0 é o *gêmeo digital*, que cria um modelo virtual do chão de fábrica, permitindo que simulações sejam realizadas sem intervenção no mundo físico.	Integração vertical-horizontal. Integração TI-TA. Rastreabilidade e visibilidade. Flexibilidade e responsividade. Colaboração homem-máquina. Decisões baseadas em análises de dados. *PokaYoke* digital. Manutenção inteligente.
BDA – *Big Data Analytics*	A análise de dados a partir de grandes bases, formada por dados de todas as fontes, desde os sistemas de informações, como dados de tempo real coletados por sensores e dados externos de mercado, permite a tomada de decisão por análises ou mineração de dados. As decisões tomadas podem ser desde decisões humanas no nível estratégico da organização como decisões no nível operacional tomadas por IA.	Integração vertical-horizontal. Flexibilidade e responsividade. Integração TI-TA. Decisões baseadas em análises de dados. Manutenção inteligente.
IA – Inteligência artificial	A importância da IA na indústria cresceu nos últimos anos. Vários sistemas de informação passaram a incorporar algoritmos inteligentes. A IA pode aprender, por exemplo, a otimizar a rota de um veículo autônomo dentro da planta industrial para, em um *layout* flexível, levar componentes para alguma estação de montagem. Pode minerar dados e encontrar informações relevantes para o negócio. Pode realizar decisões como um humano especialista na área (sistemas especialistas).	Flexibilidade e responsividade. Colaboração homem-máquina. Decisões baseadas em análises de dados. Robótica colaborativa. Manutenção inteligente.

(*continua*)

Quadro 2.3 – Tecnologias habilitadoras da Indústria 4.0 e princípios suportados ou habilitados por elas (*continuação*)

Tecnologias		
	Tecnologia	**Princípio habilitado ou suportado**
BC – Blockchain	O uso do blockchain na indústria ainda é incipiente e está longe de atingir seu potencial. O blockchain foi criado como um livro de registros distribuído e criptografado para viabilizar a criptomoeda Bitcoin por acreditação. Algoritmos mineradores em computadores distribuídos pela internet processam códigos e "acreditam" uma transação. Cada nova transação acreditada é criptografada com um *hash* (criptografia de mão única), juntada em um bloco com o *hash* do bloco anterior. Dessa forma, para "quebrar" o código de um bloco, teria que quebrar o código de todos os blocos precedentes, com um esforço computacional praticamente impossível de ser realizado. O blockchain oferece, assim, transações acreditadas e seguras, podendo ser usado para pagamentos ou mesmo registros de contratos entre clientes e fornecedores.	Rastreabilidade e visibilidade. Integração vertical-horizontal. Integração TI-TA (M2M).
Impressão 3D e manufatura aditiva	A manufatura aditiva produz formas dos mais diversos tipos de materiais a partir da deposição em camadas, ao contrário da usinagem, que retira material para gerar a forma. A manufatura aditiva, além de poder criar formas complexas, muito difíceis de serem reproduzidas por outras técnicas, permite extrema flexibilidade, podendo gerar formas personalizadas a cada impressão. Isso pode ser extremamente útil em segmentos que demandam personalização extrema, como a indústria de próteses ortopédicas, por exemplo. A manufatura aditiva também é muito utilizada na indústria aeroespacial.	Flexibilidade e responsividade. Integração TI-TA.

(*continua*)

Quadro 2.3 – Tecnologias habilitadoras da Indústria 4.0 e princípios suportados ou habilitados por elas (*continuação*)

Tecnologias		
Tecnologia		**Princípio habilitado ou suportado**
Tags	As *tags* são elementos identificadores de produtos, componentes ou *containers* que os identificam de forma única e individual, dentro da fábrica ou mesmo fora dela, ao longo de toda a cadeia de suprimentos e às vezes até sua deposição final. O tipo mais simples de *tag* é o código de barra ou *QRcode*, impresso em etiqueta adesiva. Mas as *tags* de identificadores de radiofrequência (RFID) podem facilitar a leitura e identificação ao longo de linhas de montagem ou grandes espaços. As *tags* de RFDI ativas, com emissão de sinal, permitem que elementos móveis ou vivos (bois no pasto, por exemplo) sejam continuamente rastreados em grandes áreas.	Integração vertical-horizontal. Rastreabilidade e visibilidade. Flexibilidade e responsividade. Integração TI-TA. *PokaYoke* digital.
RA – Realidade ampliada (ou aumentada)	A RA sobrepõe uma informação do mundo virtual sobre o mundo físico. Assim, um técnico pode, por meio de um tablet ou smartphone, olhar uma imagem da planta, linha de montagem ou de uma máquina específica e visualizar, sobrepostos a esta, dados e gráficos de desempenho. Pode facilitar atividades de manutenção e instalação de equipamentos, monitoramento de equipamentos e processos, bem como projeto de produtos.	Rastreabilidade e visibilidade. Colaboração homem-máquina. *PokaYoke* digital. Manutenção inteligente.
RV – Realidade virtual	A realidade virtual envolve uma imersão sensorial profunda no mundo virtual, minimizando as impressões sensoriais do mundo real. Utiliza óculos e fones de ouvido, sensores de movimentos corporais. Muito utilizada na Indústria 4.0 para treinamento, projeto de produto, controle remoto de robôs ou drones, monitoramento de processos ou instalações periculosos.	Flexibilidade e responsividade. Colaboração homem-máquina. Manutenção inteligente.

(*continua*)

Quadro 2.3 – Tecnologias habilitadoras da Indústria 4.0 e princípios suportados ou habilitados por elas (*continuação*)

Tecnologias		
	Tecnologia	**Princípio habilitado ou suportado**
Nuvem	A computação em nuvem permite a redução dos custos de TI, adotando serviços e plataformas oferecidos por empresas especializadas, não localizados em centros de processamento específicos, mas distribuídos através da internet. Entretanto, problemas de segurança e questões estratégicas são considerados entraves para adoção de nuvem.	Integração vertical-horizontal. Rastreabilidade e visibilidade.

Vale ressaltar que os princípios identificados e descritos aqui não são exaustivos. A Indústria 4.0 é ainda um conceito aberto e outros princípios que tenham passado despercebidos nesta análise podem ser identificados. Em relação às tecnologias, o cenário é ainda mais aberto (embora haja mais trabalhos e pesquisas neste sentido) e novas tecnologias aplicadas no contexto da Indústria 4.0 podem surgir.

2.4 CONCLUSÃO

Não são as novas tecnologias que criaram a Indústria 4.0; elas tão somente capacitam ou habilitam as configurações produtivas, seja da indústria de manufatura, da agricultura ou dos serviços, a se adequarem às novas demandas de uma sociedade e seus mercados. A Indústria 4.0 está inserida em um contexto sistêmico complexo de Transformação Digital, característico da 4ª Revolução Industrial. Nesse contexto, não é possível estabelecer com clareza uma relação de causa-efeito: se são as tecnologias que modificam a sociedade ou se é a dinâmica do tecido sócio-político-econômico e ambiental que demanda o desenvolvimento tecnológico e faz surgir novas tecnologias, criando uma retroalimentação de reforço, do tipo bola de neve.

A Indústria 4.0 não é somente um aparato tecnológico. É um conjunto de princípios de produção e gestão suportados por tecnologias que também são utilizadas em outros contextos que não somente a indústria. Esses contextos tanto criam como demandam novos mercados, novos modelos de negócios e utilidades públicas que parecem não ter limites. Mas o meio ambiente, este, sim, tem limites, e parece que já estamos próximos de um limite insustentável. Esperamos que as transformações aqui discutidas caminhem em direção à sustentabilidade.

REFERÊNCIAS

ALVES, J. E. D. Enxame humano? Universidade Federal de Juiz de Fora, 28 set. 2013. Disponível em: https://www.ufjf.br/ladem/2013/09/28/enxame-humano-artigo-de-jose-eustaquio-diniz-alves. Acesso em: 18 mar. 2023.

BANCO MUNDIAL. Manufacturing, value added (% of GDP). Disponível em: https://data.worldbank.org/indicator/NV.IND.MANF.ZS. Acesso em: ago. 2021

BONILLA, S. H. et al. Industry 4.0 and sustainability implications: a scenario-based analysis of the impacts and challenges. Sustainability, v. 10, n. 10, p. 3740, 2018.

SACOMANO, J. B. et al. Indústria 4.0. São Paulo: Blucher, 2018.

SLACK, N. et al. Administração da produção. São Paulo: Atlas, 2009.

WITT, U.; GROSS, C. The rise of the "service economy" in the second half of the twentieth century and its energetic contingencies. Journal of Evolutionary Economics, v. 30, n. 2, p. 231-246, 2020.

CAPÍTULO 3

Transformação Digital

Jacqueline Zonichenn Reis

Rodrigo Franco Gonçalves

3.1 O QUE É TRANSFORMAÇÃO DIGITAL?

A Transformação Digital pode ser definida como uma mudança nas formas de trabalho, funções e ofertas de negócios causadas pela adoção de tecnologias digitais em uma organização ou no ambiente operacional da organização (PARVIAINEN; TIHINEN, 2017).

Se lembrarmos como era o mundo no final do século XX, não imaginaríamos que haveria tanta mudança no início do século XXI. Netflix, Spotify, Uber, iFood, Airbnb – todos esses nomes, que hoje fazem parte do nosso dia a dia, possuem modelos de negócios inovadores que quebraram as regras do jogo nas suas respectivas indústrias (TOTVS, 2016). Se analisarmos o que essas empresas têm em comum, vamos concluir que é o uso da tecnologia para transformar o modo de fazer negócios.

A infraestrutura de tecnologia da informação e comunicação (TIC) desempenha um papel substancial em catalisar o crescimento econômico, especialmente na era atual da internet e das telecomunicações móveis (PRADHAN; MALLIK; BAGCHI, 2018).

O que se vê, no entanto, é que mesmo empresas que usam um grau elevado de tecnologia não estão imunes às disrupções. É o caso das operadoras de telefonia móvel, que, de repente, se viram às voltas com clientes usando o celular para fazer praticamente tudo, menos para fazer ligações. A ascensão de aplicativos de conversa instantânea, como o WhatsApp, gerou uma mudança global na forma de comunicação.

A Uber também usou uma tecnologia relativamente simples para revolucionar o transporte mundo afora. Dentro de serviços já executados, novas modalidades surgiram, como o compartilhamento de corridas e de viagens de ônibus, serviços de aluguel de helicópteros etc.

A tecnologia possibilita a criação de novos modelos de negócios e novas formas de engajar clientes, funcionários e *stakeholders* de todo o sistema corporativo. Transformar-se digitalmente significa unir o mundo físico e o digital em uma única realidade.

Para Parviainen e Tihinen (2017), a Transformação Digital se refere a mudanças em vários níveis, incluindo:

- Nível de processo: adoção de novas ferramentas digitais e agilização de processos por meio da redução de etapas manuais.
- Nível de organização: oferecimento de novos serviços e descarte de práticas obsoletas, ofertando serviços existentes de novas maneiras.
- Nível de modelo de negócios: mudança de papéis e cadeias de valor nos ecossistemas.
- Nível da sociedade: mudança das estruturas da sociedade (por exemplo, tipo de trabalho, meios de influenciar a tomada de decisão).

Saarikko, Westergren e Blomquist (2020) ressaltam que as mudanças digitais na organização, em suas práticas de negócios ou em seus produtos e serviços não podem ser fins em si mesmos, mas devem ser meios para um fim. Para reduzir a ambiguidade do resultado, os esforços de Transformação Digital devem ser estabelecidos pela alta administração, firmemente arraigados na média e baixa administração e permeados por todos os aspectos da vida organizacional.

Outro termo recorrente na literatura é a "digitização" (*digitization*), muitas vezes entendida como sinônimo de Transformação Digital. Vamos entender aqui que a digitização se refere à transposição para o meio digital de processos, serviços ou produtos. Uma loja física pode passar a vender online os mesmos produtos, digitizando assim o serviço de venda e seus processos de *front-end*. Uma editora de livros começa a oferecer *e-books* de seus livros, digitizando seu produto. Um hospital passa a trabalhar com prontuário eletrônico.

Talvez esses exemplos de digitização impliquem em profundas mudanças no negócio da organização, impactando sua estrutura de custos, receitas, operações, gestão ou estratégia competitiva; talvez sejam melhorias pontuais, sem grandes impactos nesses aspectos. O ponto em questão é se ocorre ou não uma substancial transformação no modelo de negócio da organização (o conceito de modelo de negócio é tratado mais à frente neste capítulo). Assim, a Transformação Digital pode também ser entendida como uma digitização de processos, produtos ou serviços que leva à transformação do modelo de negócio. Vamos procurar desmistificar a Transformação Digital.

3.2 DESMISTIFICANDO A TRANSFORMAÇÃO DIGITAL

Uma percepção comum, porém, equivocada, sobre a Transformação Digital é a de que criar um site para a empresa nas redes sociais ou implantar uma das várias tecnologias digitais já seria o suficiente para dizer que houve uma transformação digital em seu negócio.

Como vimos, a Transformação Digital não é uma questão de tecnologia simplesmente, mas uma questão de mudança mais global. Em um universo digitalizado, as empresas precisam inovar e mudar suas organizações, incluindo seus modelos de negócios, estruturas, competências críticas e culturas. Na verdade, o relacionamento com os clientes depende da criação de novas formas digitais para eles interagirem com a empresa.

A Transformação Digital não é somente o digital. As tecnologias são o veículo. Visto que todas as empresas podem usar essas tecnologias digitais, elas nem sempre oferecem uma vantagem competitiva. O segredo é diferenciar seu negócio, oferecendo aos clientes algo novo e atraente, habilitado pelo veículo que o digital oferece e criando um destino que os clientes queiram visitar (TOTVS, 2016).

As estratégias de Transformação Digital diferem das voltadas somente para a tecnologia de informação. As de TI geralmente se concentram no gerenciamento da infraestrutura tecnológica dentro de uma empresa, com impacto limitado na condução de inovações e no desenvolvimento de negócios. Até certo ponto, isso restringe as oportunidades centradas no produto e centradas no cliente que surgem das novas tecnologias digitais e que muitas vezes cruzam as fronteiras das empresas. Tais estratégias, voltadas somente para a tecnologia, não representam necessariamente a transformação de produtos, processos e aspectos estruturais. As estratégias de Transformação Digital assumem uma perspectiva diferente e buscam objetivos diferentes. Vindo de uma perspectiva centrada nos negócios, essas estratégias focam a transformação de produtos, processos e aspectos organizacionais, devido às novas tecnologias. Seu escopo é mais amplamente projetado e inclui explicitamente atividades digitais na interface ou totalmente ao lado dos clientes (MATT; HESS; BENLIAN, 2015).

A recíproca também é verdadeira, ao afirmar que os negócios também não estão mais apenas interessados em design de mecanismos e modelos econômicos, mas estão totalmente voltados para a tecnologia. Essa é uma diretriz que está moldando o cenário do *e-business* e as decisões estratégicas, seja para se concentrar em oportunidades que mudam rapidamente ou abandonar as iniciativas perdidas. As capacidades atribuíveis digitalmente determinam quanto do valor, uma vez criado, pode ser capturado pela empresa e quanto será dissipado pela concorrência ou pelos parceiros da cadeia de valor (CHAO, 2016).

3.3 TRANSFORMAÇÃO DIGITAL E MODELO DE NEGÓCIO

A Transformação Digital está intrinsecamente relacionada ao conceito de modelo de negócio (*business model* – BM). O modelo de negócio pode ser entendido como a forma pela qual uma organização propõe, cria, entrega e captura valor.

O conceito de BM é antigo e pode, em última análise, ser atribuído a Peter Drucker nos anos 1950, sendo, entretanto, mais bem caracterizado por Magreta (2002) e Chesbrough e Rosenbloom (2002).

Uma visão mais recente do conceito de BM parte da visão simplificada de um plano de negócio denominado *business model canvas* (BMC), que é muito familiar aos ambientes de inovação de *startups*, incubadoras e aceleradoras. O BMC é uma representação em uma única tela (*canvas*), que pode ser uma folha de papel (em geral, maior que A4), um quadro branco ou lousa ou mídias digitais, divididas em áreas retangulares (*containers*) que representam aspectos específicos de um modelo de negócio. No centro fica o *container* de proposta de valor, que representa o que o BM oferece como valor a seus clientes e que, em essência, o caracteriza. No lado direito da proposta de valor ficam os *containers* que representam a parte de relacionamento com o cliente, canais de entrega e segmentos-alvo de clientes. No lado esquerdo ficam os *containers* referentes às operações de negócios, recursos operacionais e parcerias, que permitem que os valores oferecidos e entregues sejam produzidos. Na parte inferior do *canvas* ficam os *containers* referentes à estrutura de custos e fontes de receitas (OSTERWALDER; PIGNEUR, 2010).

O BMC é, essencialmente, uma ferramenta de trabalho para projetar, apresentar e discutir modelos de negócio, principalmente no segmento de inovação e tecnologia. É muito comum que eventos ou concursos de empreendedorismo de inovação solicitem a elaboração de BMC em uma das etapas, assim como é muito comum vermos BMCs com *post-its* coloridos grudados em aceleradoras de *startups* e ambientes universitários (Figura 3.1).

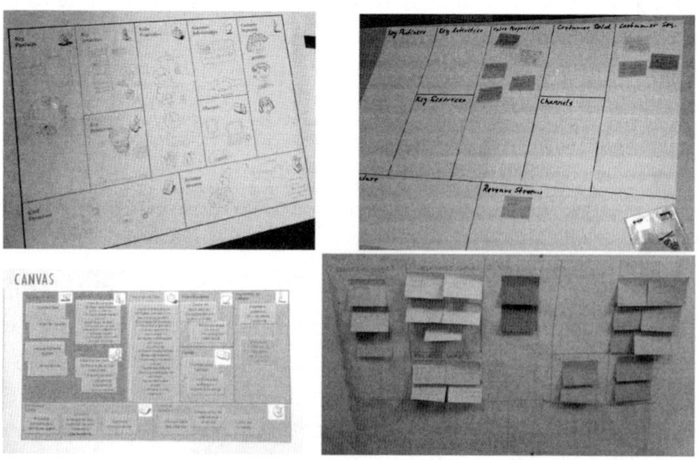

Figura 3.1 – Exemplos de BMC em elaboração.

Fonte: arquivo pessoal do autor.

Com base no BMC, Günzeland e Holm (2013) propuseram um conjunto de metacomponentes para agregar os *containers*, criando um modelo de quatro metacomponentes, a saber: proposta de valor, entrega de valor, criação de valor e captura de valor, que passou a ser adotado por muitos autores como um *framework* para a caracterização de modelos de negócio, mas principalmente para caracterizar a inovação em modelos de negócio (*business model innovation* – BMI) (REMANÉ *et al.*, 2019). A Figura 3.2 representa os metacomponentes agregando os *containers* do BMC.

A proposta de valor é a essência do BM. Representa o que o negócio oferece aos seus diferentes segmentos de clientes para atender às suas necessidades e desejos, gerando um valor não somente monetário, mas que incorpora vários elementos intangíveis. A entrega de valor representa como o valor proposto de fato chega ao cliente, seja na forma de produtos, serviços e/ou informações, concretizando a transação. A criação de valor representa o *back-end* operacional do negócio, com as operações e recursos necessários para produzir os produtos e/ou serviços e garantir a entrega destes. A captura de valor representa como o modelo de negócio monetiza a operação, seja por meio de redução de custos, seja por obtenção de receita, e ainda como captura formas intangíveis ou não diretamente monetizáveis de valor, por exemplo, por meio da valorização da marca, propriedade intelectual ou obtenção de dados e informações valiosos.

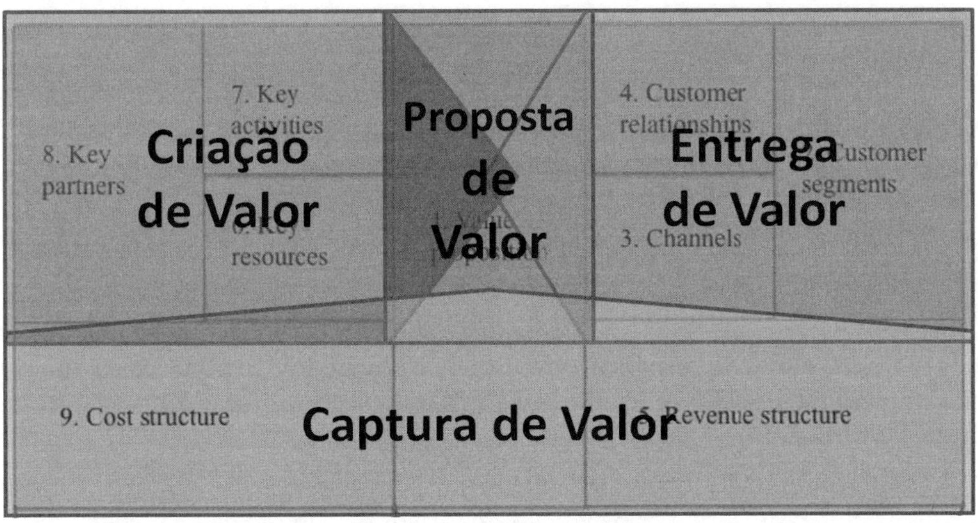

Figura 3.2 – Metacomponentes do modelo de negócio.

Fonte: adaptada de Reis *et al.*, 2021.

Com base nesse modelo, e sobretudo, na forma como os metacomponentes são utilizados para caracterizar uma inovação em modelo de negócio, podemos entender a Transformação Digital como o emprego das tecnologias digitais para alterar substancialmente ou criar novas formas pelas quais um negócio pode propor, entregar, criar e/ou capturar valor (Figura 3.3).

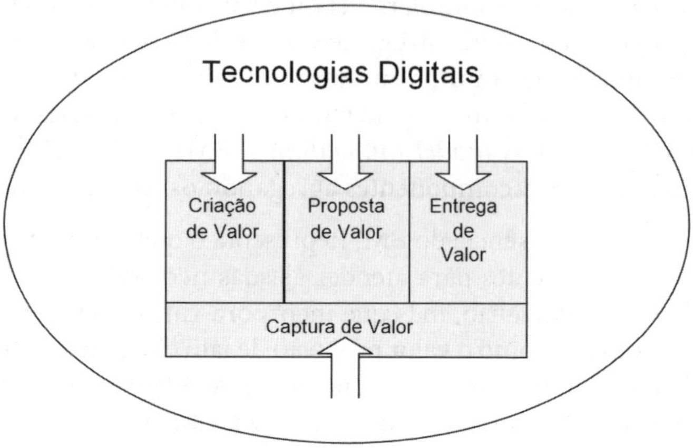

Figura 3.3 – Transformação Digital como o emprego das tecnologias digitais para inovação em modelos de negócio.

3.4 DESAFIOS PARA A TRANSFORMAÇÃO DIGITAL

Quanto mais os custos de hardware e software caem e o acesso à Internet cresce, maior é a disponibilidade e variedade de tecnologias e serviços digitais.

Para uma Transformação Digital, o acesso à tecnologia em si raramente é o problema. Ao invés disso, é a capacidade de desenvolver e implementar rapidamente modelos de negócios digitais viáveis que está no cerne da questão (HESS *et al.*, 2016).

Nesses momentos em que as condições mudam e existe a criação de um novo crescimento, faz-se necessária uma análise cuidadosa do seu modelo de negócios atual e a exploração das mudanças.

Para prosperar na era dos negócios digitais, as empresas buscam mudar e se adaptar. Tanto para um novo empreendimento que projeta seu modelo de negócios quanto para uma empresa estabelecida mudando seu modelo de negócios atual, é um empreendimento desafiador.

À medida que o mercado muda rapidamente para favorecer as estratégias de negócios digitais, maximizando os benefícios dos ativos de dados e da tecnologia, muitas organizações descobrem que não possuem um conhecimento sólido de seu modelo de negócios: sua premissa, pontos fortes, interdependências e limitações. Mas, para saber o que mudar, é preciso saber o que funciona.

Apesar do dinamismo, o que não pode se fazer é uma mudança no desespero, sem um estudo mais aprofundado. Primeiro é necessária a criação de uma espécie de *ranking*, cruzando a importância de cada processo nos resultados corporativos com a profundidade das transformações trazidas pelas novas tecnologias, sem deixar de lado o quanto será necessário despender de esforço e capital para implantar a mudança.

Isso indica que as empresas precisam desenvolver competências para alavancar a tecnologia digital para fins comerciais. É importante garantir o comprometimento de toda a organização e garantir que o desenvolvimento tecnológico seja garantido tanto na estratégia quanto na prática. Tal movimento, no entanto, implica ter uma visão clara do negócio e dos processos da empresa, incluindo as práticas corporativas, normas e valores empresariais. Além disso, requer liderança e endosso da alta administração (SAARIKKO; WESTERGREN; BLOMQUIST, 2020).

Outro problema é a chamada poluição tecnológica: hoje, são mais de cinquenta tecnologias com potencial disruptivo. Como escolher quais delas fazem sentido para cada negócio? Diante da fartura de tecnologias, algumas companhias acabam aceitando sugestões de parceiros, clientes ou promoções feitas por fornecedores (TOTVS, 2016). A decisão correta, no entanto, precisa levar em conta quais dessas tecnologias são mais aplicáveis aos processos que foram priorizados no *ranking*. Mesmo após definir os processos e tecnologias, ainda existe a tendência em apenas adquirir e implementar a tecnologia, sem dar atenção para a transformação propriamente dita. O principal desafio das empresas está justamente na integração de tecnologias digitais e seu uso em novos modelos de negócios (BOUNCKEN; KRAUS; ROIG-TIERNO, 2019).

Saarikko, Westergren e Blomquist (2020) ressaltam que limitar o processo de transformação digital à TI também não é um caminho recomendável. Uma única área, seja TI ou marketing, não possui sozinha os braços necessários para ser o único inovador. A Transformação Digital é uma construção coletiva.

A tecnologia precisa ser adotada em toda a cadeia de valor – abastecimento, fabricação, distribuição e venda. E ainda precisa ser combinada com a reestruturação dos fluxos internos, gestão, design, decisões e formação de mão de obra capacitada para lidar com os novos sistemas. Elevar o nível de consciência digital pode, assim, produzir uma melhoria substancial na capacidade da empresa de alavancar a tecnologia digital e assumir a mudança (SAARIKKO; WESTERGREN; BLOMQUIST, 2020).

3.5 TRANSFORMAÇÃO DIGITAL E SOCIEDADE

A Transformação Digital surge como resposta ao nascimento de um novo tipo de cliente, ativo, conectado, para quem o valor de uma experiência é, no mínimo, tão grande quanto o de um produto.

O maior acesso às redes sem fio (*wireless*) no final da década de 1990 impulsionou a mobilidade ao possibilitar que dispositivos móveis como celulares, tablets e outros pudessem ser interligados à internet, ampliando o seu campo de atuação e importância nas nossas vidas.

Hoje o indivíduo acorda, verifica o Facebook e o Twitter por meio de seus aplicativos, ouve música pelo seu smartphone utilizando mais um *app*. No trabalho verifica o seu e-mail e se conecta ao Skype para conversar, utilizando com isso mais dois *apps*. No final do dia, atende a uma *live* no Instagram ou Zoom e mal percebe que ficou o dia todo na internet.

Uma das práticas que mais ajudam as empresas em estratégias digitais, por exemplo, no crescimento das buscas em plataformas como o Google, são as ações voltadas ao acesso móvel. Considerando que nascem 490 mil crianças no mundo por dia, ao passo que 550 mil celulares com Android são habilitados no mesmo período, essa não é uma estratégia a ser desprezada. A mobilidade realmente é algo expressivo (MORAIS, 2015).

As tecnologias digitais proporcionam as ferramentas para a capacitação e inclusão na sociedade, para que todos possam se desenvolver e prosperar. Com isso, a área digital tem se mostrado como um novo centro vital das modernas economias e os países líderes têm se posicionado de forma estratégica em relação ao tema (MINISTÉRIO DA CIÊNCIA, TECNOLOGIA, INOVAÇÕES E COMUNICAÇÕES, 2017).

Os consumidores estão migrando para sites de comércio eletrônico, e tanto os clientes quanto os funcionários estão cada vez mais confortáveis operando online. Portanto, mais e mais empresas estão conduzindo seus processos de negócios, comprando, vendendo, fazendo marketing, comunicando-se pela internet.

O valor disso é a adoção viral pelos usuários e o maior nível de envolvimento do cliente. Customização em massa é a aplicação de recursos analíticos com base na microssegmentação de clientes e mercados para conduzir um diálogo com clientes individuais, ajudando-os a articular suas necessidades. Em seguida, são identificadas as ofertas precisas e produtos personalizados que as atendem.

Cidadãos, empresas e governos vivenciam a mudança tecnológica em seu ambiente, vida e trabalho. Portanto é esperado que as administrações públicas se adaptem de acordo e forneçam tecnologia semelhante na prestação de seus serviços públicos à sociedade.

Entre as prioridades das iniciativas de inovação pelo mundo estão a busca de competitividade em negócios digitais, a digitalização de serviços públicos, a criação de empregos qualificados na nova economia e políticas para uma educação melhor e mais avançada (MINISTÉRIO DA CIÊNCIA, TECNOLOGIA, INOVAÇÕES E COMUNICAÇÕES, 2017).

Isso foi ainda mais acentuado com a pandemia de Covid-19, que trouxe uma necessidade urgente de migração do trabalho e convívio social presencial para um formato virtual, impactando a sociedade como um todo.

A literatura sobre os processos de mudança fundamentais que podem ser resultado de abordagens de Transformação Digital para o cidadão é, em sua maioria, relacionada com termos como governo eletrônico (*e-Gov*), governo digital ou governo transformacional. Os próprios conceitos estão inter-relacionados e compartilham um terreno comum no exame de como o setor público usa as TIC para melhorar a prestação de serviços, mudar os processos e a cultura organizacional, bem como seu impacto na criação de valor (MERGEL; EDELMANN; HAUG, 2019).

REFERÊNCIAS

BOUNCKEN, R. B.; KRAUS, S.; ROIG-TIERNO, N. Knowledge and innovation-based business models for future growth: digitalized business models and portfolio considerations. *Review of Managerial Science*, 2019. DOI: https://dx.doi.org/10.1007/s11846-019-00366-z. Disponível em: https://link.springer.com/article/10.1007/s11846-019-00366-z. Acesso em: 21 mar. 2023.

CHAO, K.-M. E-services in e-business engineering. *Electronic Commerce Research and Applications*, v. 16, p. 77-81, 2016. DOI: https://dx.doi.org/10.1016/j.elerap.2015.10.004. Disponível em: https://www.sciencedirect.com/science/article/abs/pii/S1567422315000769?via%3Dihub. Acesso em: 21 mar. 2023.

CHESBROUGH, H.; ROSENBLOOM, R. S. The role of the business model in capturing value from innovation: evidence from Xerox Corporation's technology spin-off companies. *Industrial and Corporate Change*, v. 11, n. 3, p. 529-555, 2002.

GÜNZEL, F.;HOLM, A. B. One size does not fit all – Understanding the front--end and back-end of business model innovation. *International Journal of Innovation Management*, v. 17, n. 1, p. 1340002, 2013. DOI: https://dx.doi.org/10.1142/S1363919613400021. Disponível em: https://www.worldscientific.com/doi/abs/10.1142/S1363919613400021. Acesso em: 21 mar. 2023.

HESS, T. *et al.* Options for formulating a digital transformation strategy. *MIS Quarterly Executive*, v. 15, n. 2, p. 123-139, 2016.

MAGRETTA, J. Why business models matter. *Harvard Business Review*, v. 80, n. 5, p. 86-92, 2002.

MATT, C.; HESS, T.; BENLIAN, A. Digital transformation strategies. *Business & Information Systems Engineering*, v. 57, n. 5, p. 339-343, 2015. DOI: https://dx.doi.org/10.1007/s12599-015-0401-5. Disponível em: https://link.springer.com/article/10.1007/s12599-015-0401-5. Acesso em: 21 mar. 2023.

MINISTÉRIO DA CIÊNCIA, TECNOLOGIA, INOVAÇÕES E COMUNICAÇÕES (MCTIC). *Estratégia brasileira para a transformação digital (e-digital)*. [*S. l.*], 2017. Disponível em: http://www.mctic.gov.br/mctic/export/sites/institucional/arquivos/ASCOM_PUBLICACOES/estrategia_digital.pdf. Acesso em: 13 out. 2019.

MERGEL, I.; EDELMANN, N.; HAUG, N. Defining digital transformation: results from expert interviews. *Government Information Quarterly*, v. 36, n. 4, p. 101385, 2019. DOI: https://dx.doi.org/10.1016/j.giq.2019.06.002. Disponível em: https://www.sciencedirect.com/science/article/pii/S0740624X18304131?via%3Dihub. Acesso em: 21 mar. 2023.

MORAIS, F. *Planejamento estratégico digital*. São Paulo: Saraiva, 2015.

OSTERWALDER, A.; PIGNEUR, Y. *Business model generation*. Hoboken, NJ: John Wiley & Sons, 2010.

PARVIAINEN, P.; TIHINEN, M. Tackling the digitalization challenge: how to benefit from digitalization in practice. *IJISPM – International Journal of Information Systems and Project Management*, v. 5, n. 1, p. 63-77, 2017. DOI: https://dx.doi.org/10.12821/ijispm050104. Disponível em: https://revistas.uminho.pt/index.php/ijispm/article/view/3856. Acesso em: 20 mar. 2023.

PRADHAN, R. P.; MALLIK, G.; BAGCHI, T. P. Information communication technology (ICT) infrastructure and economic growth: a causality evinced by cross-country panel data. *IIMB Management Review*, v. 30, n. 1, p. 91-103, 2018. DOI: https://dx.doi.org/10.1016/j.iimb.2018.01.001.Disponível em: https://www.sciencedirect.com/science/article/pii/S0970389618300260?via%3Dihub. Acesso em: 21 mar. 2023.

REIS, J. Z. *et al.* Internet of services-based business model: a case study in the livestock industry. *Innovation & Management Review*, 2021.

REMANÉ, G. *et al.* The business model pattern database: a tool for systematic BMI. *In*: *Business model innovation in the era of the Internet of Things*. Cham: Springer, 2019. p. 89-144.

SAARIKKO, T.; WESTERGREN, U. H.; BLOMQUIST, T. Digital transformation: Five recommendations for the digitally conscious firm. *Business Horizons*, v. 63, n. 6, p. 825-839, 2020. Disponível em: https://dx.doi.org/10.1016/j.bushor.2020.07.005. Disponível em: https://www.sciencedirect.com/science/article/pii/S0007681320300975?via%3Dihub. Acesso em: 21 mar. 2023.

TOTVS. *Experience #6* – Transformação Digital – Como e por que este fenômeno está mudando todas as regras do jogo corporativo. [*S. l.*], 2016. Disponível em: https://www.totvs.com/experience. Acesso em: 21 mar. 2023.

PARTE II
TECNOLOGIAS DISRUPTIVAS

CAPÍTULO 4

Tecnologia de informação e comunicação disruptivas

Rodrigo Franco Gonçalves

4.1 INTRODUÇÃO

Conforme visto nos capítulos anteriores, a 4ª Revolução Industrial é impulsionada (ou apoiada) por tecnologias da informação e comunicação (TICs). Muitas dessas tecnologias potencializam evoluções importantes nas estruturas produtivas e sociais; outras oferecem potencial disruptivo. Mas o que é uma tecnologia disruptiva?

Entende-se por *disrupção* uma alteração pronunciada na linha de evolução, que aparece como uma descontinuidade e, a partir desta, uma nova linha de evolução é traçada. Ou seja, com a disrupção, uma trajetória evolutiva dá saltos (Figura 1), nos quais grandes avanços ocorrem em um tempo muito curto.

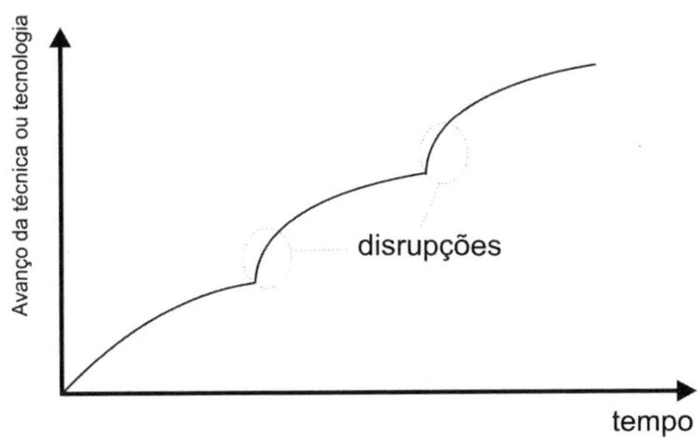

Figura 4.1 – Disrupções ao longo de uma trajetória evolutiva de uma técnica ou tecnologia.

Talvez a técnica[1] mais disruptiva na evolução da humanidade seja o domínio do fogo. O fogo permitiu a melhora da alimentação, fornecendo energia que levou ao aumento da capacidade cerebral e, por conseguinte, da capacidade cognitiva humana. Técnicas de confecção de ferramentas de pedra lascada também tiveram papel importante no consumo de proteína animal, contribuindo no mesmo sentido. Assim, alguns marcos disruptivos na história podem ser notados: o domínio das técnicas agrícolas e domesticação de animais, a invenção da escrita, a invenção da roda, a fundição do bronze e, posteriormente, o domínio do ferro. Para Mammana (1990), esses avanços decorrem dos mecanismos de descoberta: novos princípios físico-químicos; e da invenção: novas formas de uso e aplicação. Percebe-se assim uma relação íntima do desenvolvimento da tecnologia com a pesquisa científica, que se dá, normalmente, nos centros de pesquisa das universidades, empresas e unidades militares e governamentais.

Na visão de Bower e Christensen (1995), o termo "tecnologia disruptiva" é entendido no contexto da inovação,[2] ou seja, quando a tecnologia deixa os centros de pesquisa e chega ao mercado. Assim, a própria tecnologia se confunde com modelos de negócio e organizações. Uma tecnologia nova, de mais baixa performance, pode perder para a tecnologia em uso no momento corrente, que estabelece uma linha de evolução de performance esperada pelo mercado. Entretanto, a nova tecnologia estabelece uma nova linha de evolução de performance que ultrapassa a anterior e estabelece uma nova linha de performance (Figura 4.2).

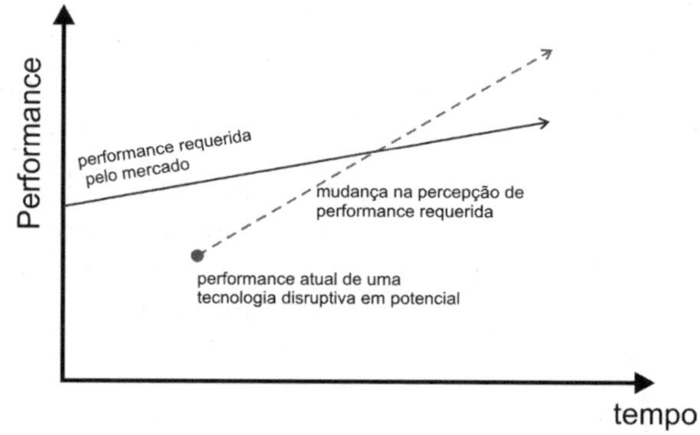

Figura 4.2 – Trajetórias das tecnologias disruptivas.

Fonte: adaptada de Bower e Christensen (1995).

1 Há uma diferença entre técnica e tecnologia, mas uma discussão apropriada disso está fora do escopo aqui. Vamos, de forma simplista, entender a tecnologia como sendo a técnica apoiada ou desenvolvida com base em fundamentos científicos; enquanto a técnica pura é desenvolvida de forma empírica ou apoia-se no senso comum.

2 A rigor, há uma diferença entre os conceitos de inovação radical e inovação disruptiva, cujo aprofundamento está fora do escopo aqui. Vamos considerar que o termo disruptivo, quando aplicado a uma tecnologia, e não necessariamente ainda uma inovação, pode dar origem a inovações tanto radicais como disruptivas, ou mesmo a inovações incrementais.

No século XX vimos a emergência das tecnologias digitais em substituição ao analógico, uma vez que o digital, por ser mais simples, proporcionava maior facilidade para processamento e armazenagem da informação. Mas tivemos algumas perdas, embora muitos nem se deem conta de algumas delas: hoje praticamente toda fotografia é digital e a tradicional fotografia por filme ficou reservada a meia dúzia de aficionados. Entretanto, um filme fotográfico tem resolução de ordem molecular, muito superior à da foto digital. Passamos a ver o mundo através de telas de computadores ou smartphones, perdendo de vista a bela cor violeta pura que tais dispositivos não conseguem reproduzir. Os saudosistas talvez sintam saudades de uma boa conversa por telefone e os românticos, das cartas de amor, ao invés das conversas por aplicativos de mensagem.

Mas será que o as TICs poderiam voltar ao analógico?

4.2 TICS E DISRUPÇÃO

As tecnologias de informação e comunicação, tais quais as conhecemos a partir do século XIX, são basicamente de natureza eletrônica. O telégrafo foi inventado por Morse em 1835 e era, em essência, a transmissão de um sinal elétrico simples (pulsos longos ou curtos) através de um fio condutor. O telefone de Bell foi um avanço em relação ao telégrafo, no qual o sinal deixou de ser binário para ser um som transformado em sinal elétrico modulado em amplitude e frequência. A invenção do rádio[3] foi disruptiva no sentido em que se eliminou o fio condutor, passando a utilizar ondas eletromagnéticas (*wireless*!). Vemos assim que a substituição que hoje fazemos de cabos por conexões sem fio, como wi-fi e *bluetooth*, começou há mais de um século. Em essência, troca-se o meio condutor do sinal de elétrons (corrente elétrica em um fio condutor) para fótons (ondas de rádio). Mas também fazemos, e com grande sucesso, a transmissão de fótons por cabos de fibra óptica. A fibra óptica é muito mais eficiente que um fio condutor elétrico para a condução de sinais a longas distâncias (da ordem de metros a quilômetros), visto que proporciona maior velocidade, menor dissipação de energia e menor nível de ruído e interferências no sinal.

No campo da computação, a evolução deu-se principalmente no século XX, com o surgimento da computação eletrônica. Os primeiros computadores a válvula eram enormes, podendo ocupar um prédio inteiro e com capacidade muito limitada. A invenção do transistor como substituto da válvula permitiu um enorme ganho de capacidade computacional; enquanto uma válvula era do tamanho de uma lâmpada e consumia muita energia, um transistor era do tamanho de um grão de feijão e podia operar com muito menos energia. Os transistores foram miniaturizados ao tamanho microscópico e hoje temos centenas de milhões de transistores em um único chip de processador. Vemos nisso uma disrupção com a invenção do transistor e outra no processo de miniaturização do transistor e confecção dos circuitos integrados.

3 A invenção do rádio é normalmente atribuída a Marconi, mas alguns estudos recentes procuram atribuí-la a Nikolas Tesla. Vale mencionar que o padre brasileiro Landel de Moura foi também um dos pioneiros neste campo.

Lembro-me de estar em uma aula de física do estado sólido em meados dos anos 1990 quando o professor comentou sobre a descoberta de uma técnica de dopagem de semicondutores (o material básico dos transistores) com cobre ao invés de alumínio, o que, segundo ele, daria um ganho de uma ordem de grandeza na velocidade dos processadores. Em menos de um ano surgiu uma nova geração de processadores operando na faixa de 2GHz, quando antes operavam na faixa de 200MHz.

A associação de computadores em redes, possibilitando a troca de dados e arquivos, armazenamento e processamento distribuídos representam outro marco disruptivo nas TICs. A internet é uma evolução das tecnologias de redes e protocolos, bem como das estruturas organizacionais e de governança que possibilitaram um alcance global. A *web* proporcionou uma forma simples de navegação no ciberespaço (um espaço informacional descentralizado) e hoje é um dos principais canais de acesso a informação e comunicação que utilizamos.

Atualmente, a comunicação global faz uso intensivo de satélites, também utilizados para os sistemas de geoposicionamento (GPS), mas estes não seriam possíveis sem as correções de sincronia de tempo baseadas na teoria de relatividade de Einstein.

Vemos assim que a disrupção nas TICs ocorre por conta de descobertas de novos princípios físico-químicos bem como da invenção de novas aplicações dessas descobertas. Mas o que está por vir?

4.3 NOVAS TICS POTENCIALMENTE DISRUPTIVAS

Os próximos capítulos tratam de duas TICs com grande potencial disruptivo e que já ganharam o mercado: a inteligência artificial e o blockchain. Vamos agora tratar brevemente, com propósito meramente ilustrativo, de algumas descobertas e invenções com potencial para disrupções nas TICs, mas que ainda não são a realidade corrente.

4.3.1 FOTÔNICA E SPINTRÔNICA

A base das nossas TICs atuais é a eletrônica. A eletrônica é a utilização de elétrons em movimento por diferentes meios para gerar efeitos. Mas e se, ao invés de elétrons, utilizássemos fótons? Essa é a ideia da fotônica: uma análoga da eletrônica que utiliza fótons ao invés de elétrons. Na verdade, já temos aplicações simples de fotônica: a fibra óptica e muitos de seus elementos periféricos. Processadores fotônicos podem operar de forma analógica e não digital,[4] com velocidades muito superiores aos processadores eletrônicos tradicionais (MISCUGLIO *et al.*, 2021)

4 Quando falamos em Transformação Digital, parece que o mundo digital pode oferecer muito mais que o mundo analógico (convencional). Mas na verdade é o contrário. A digitalização representa uma perda em relação à realidade, pois o nosso mundo real é analógico; o digital é sempre uma aproximação. Utilizamos as tecnologias digitais somente porque são mais simples e rápidas. Mas uma eventual computação analógica seria absurdamente mais poderosa que a computação digital.

Mas e se cada elétron (ou fóton) pudesse carregar ainda outra informação? E se, além de criar um código baseado em um fluxo de elétrons, pudéssemos inserir um código adicional virando alguns elétrons para cima e outros para baixo? Esse é o princípio da spintrônica, que considera o *spin*[5] de partículas subatômicas como um código para registro de informação (Figura 4.3). Princípios de spintrônica são utilizados em exames de ressonância magnética nuclear, a qual usa os *spins* dos núcleos de hidrogênio (prótons) das moléculas de água e de outros tecidos de nossos corpos para obter informação. Discos rígidos (HDs) de grande capacidade e pequenos o bastante para serem utilizados em notebooks também utilizam princípios de spintrônica.

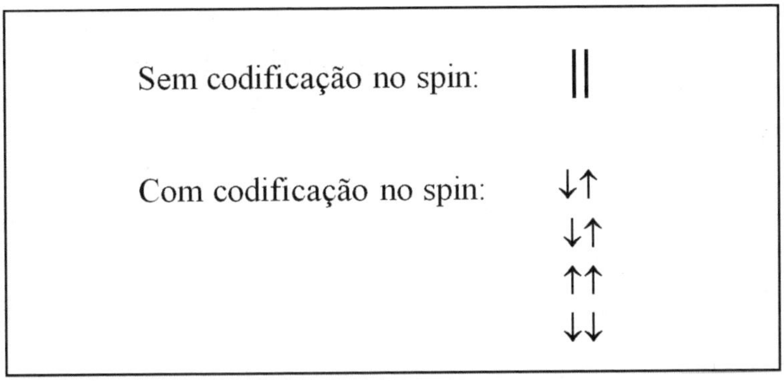

Figura 4.3 – A codificação da informação também no *spin* e não somente no fluxo de partículas permite um aumento de 2n vezes na informação.

4.3.2 COMPUTAÇÃO QUÂNTICA

Toda nossa tecnologia digital baseia-se em apenas dois números: zero e um. O mundo digital é formado por *bits*, que podem assumir apenas esses dois valores, também associados aos estados lógicos *falso* e *verdadeiro*. Do ponto de vista eletrônico, o um corresponde a um sinal elétrico, em geral superior a 3V, enquanto o zero corresponde à ausência de corrente elétrica.

A computação quântica introduz o conceito de *q-bit* (ou *qubit*) no lugar do *bit* digital convencional. O *q-bit* faz uso de propriedades intrínsecas dos estados da mecânica quântica, como o entrelaçamento e o princípio de incerteza. Segundo o princípio da incerteza, não é possível medir com precisão a posição e momento de uma partícula, senão dentro de um limite de intervalo.[6] O *qubit* possui dois estados fundamentais, denotados por $|0\rangle$e $|1\rangle$, que devem ser entendidos como vetores de norma 1, tais que:

5 De forma bem simplificada, o *spin* pode ser entendido como a orientação do giro de uma partícula.

6 Na equação de Heisenberg, isso é representado por $\Delta \times \Delta\rho = h/4\pi$.

$$|0\rangle = \begin{bmatrix}1\\0\end{bmatrix} \; e \; |1\rangle = \begin{bmatrix}0\\1\end{bmatrix}$$

A "conversa" dos *qubits* com os *bits* da computação digital pode ser realizada tomando-se o produto escalar dos *qubits* nos extremos, que resulta nos *bits* convencionais 0 ou 1:

$$\langle 0|0\rangle = 1, \quad \langle 1|0\rangle = 0, \quad \langle 0|1\rangle = 0 \; e \; \langle 1|1\rangle = 1$$

Entretanto, a grande diferença para a computação binária convencional é que, enquanto o *bit* binário pode ter somente os valores 0 ou 1, o *qubit* faz uso do princípio da incerteza, de forma que se estabelece um vetor de estado para o *qubit* dada por

$$|\psi\rangle = \alpha\,|0\rangle + \beta\,|1\rangle$$

onde $\alpha, \beta \in \mathbb{C}$, tal que $|\alpha|^2 + |\beta|^2 = 1$. As variáveis α e β são chamadas de amplitudes dos vetores $|0\rangle$ e $|1\rangle$. Por meio do princípio de incerteza, ao medir-se o estado quântico do *qubit*, há uma probabilidade $|\alpha|^2$ de ele estar em $|0\rangle$ e uma probabilidade $|\beta|^2$ de ele estar em $|1\rangle$. Na prática, isso significa que na computação quântica podemos ter estados intermediários entre 0 e 1, aproximando a computação quântica de uma forma analógica de computação, mas mantendo a versatilidade de processamento com elementos análogos à computação digital.

Atualmente, alguns processadores quânticos estão em desenvolvimento em laboratórios de pesquisa. Embora algumas empresas ofereçam computadores quânticos no mercado, há dúvidas se realmente fazem uso de todo esse potencial ou se utilizam apenas alguns recursos de computação quântica mais como marketing, rodeados de grandes recursos de computação convencional para fazer a maior parte do trabalho. Há também processadores no mercado que adotam o termo *quântico* simplesmente por possuírem transistores tão pequenos que estão no limite de dimensão espacial no qual alguns efeitos quânticos aparecem. Mas não são, de fato, processadores quânticos. Há também softwares que emulam a computação quântica em computadores convencionais, principalmente para fins de pesquisa em computação quântica.

De qualquer forma, o potencial disruptivo da computação quântica é colossal. É possível que ela avance ao longo do século XXI como a computação convencional avançou no século XX.

4.3.3 COMPUTAÇÃO BIOLÓGICA (OU ORGÂNICA)

A computação biológica, também conhecida como computação orgânica, busca seguir a forma como os organismos vivos realizam cálculos e armazenam informação, utilizando circuitos compostos por células vivas e moléculas orgânicas. Apenas como um exemplo do potencial disruptivo desse tipo de tecnologia, considere a possibilidade de armazenagem de dados não em HDs magnéticos como atualmente, mas em moléculas de DNA. Enquanto em um HD os dados são armazenados em *bits* de 0 ou 1, em um DNA os dados são armazenados nos pares de bases nitrogenadas AT GC. 1 g de DNA poderia armazenar 215 *petabytes* (215 milhões de *gigabytes*) de dados (SERVICE, 2017).

Os principais paradigmas da computação sempre foram a velocidade de processamento e a capacidade de armazenamento de dados. Enquanto a computação quântica oferece possibilidades disruptivas no primeiro aspecto, a armazenagem de dados em DNA oferece no segundo. Além da extraordinária capacidade de armazenagem da molécula de DNA,[7] destaca-se também sua propriedade de emaranhar-se a ponto de um fio de 2 m de DNA caber no núcleo de uma célula.

4.3.4 REDES DE ALTA VELOCIDADE

Em junho de 2021, pesquisadores do National Institute of Information and Communications Technology (NICT), no Japão, comunicaram ter estabelecido um novo recorde de velocidade de transmissão de dados, com 319 *terabits* por segundo (319 Tbps), ao longo de 3 km por fibra óptica utilizando o *space-division multiplexing* (SDM) (PUTTNAM *et al.*, 2021). No Brasil, a internet de banda larga mais rápida tem velocidade real em torno de 20Mbps. Ou seja, o resultado obtido pelos pesquisadores japoneses representa uma ordem de grandeza de 107 vezes a velocidade que temos hoje.

As tecnologias atuais de transmissão de dados por fibra óptica transmitem vários canais de informação por um mesmo cabo utilizando a divisão por frequência (*wavelength-division multiplexing* - WDM) ou a divisão por intervalos de tempo (*time-division multiplexing* - TDM). *Grosso modo*, a SDM utiliza fios de fibra óptica paralelos para transmitir o sinal em paralelo por vários fios ao mesmo tempo, cada qual com parte do sinal. Parece simples em termos de arranjo físico, e é; mas o desafio está na forma como o sinal é separado e depois juntado. Conforme a pesquisa *blockbuster* de Richardson; Fini e Nelson, (2013), a SDM definiria a última disrupção na evolução da transmissão de dados por fibra óptica (Figura 4.4).

7 Para mais detalhes, vide Ionkov e Settlemyer (2021).

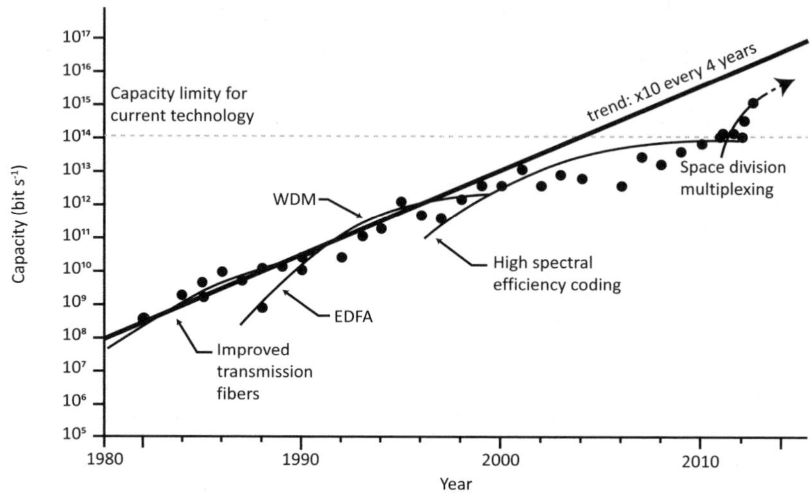

Figura 4.4 – Evolução da capacidade de transmissão por fibra óptica.

Fonte: Richardson, Fini e Nelson (2013).

Para se ter uma ideia do que representa essa capacidade de transmissão, podemos considerar que um serviço de *streaming* como a Netflix requer uma velocidade da ordem de 25 Mbps. Considerando que os pacotes comerciais de internet de banda larga que temos hoje oferecem muito mais velocidade para receber dados (download) do que para enviar dados (upload), o uso para jogos online muito interativos - quando se tem tanto download quanto upload de dados - requer uma velocidade um pouco maior, da ordem de 5Mbps de upload, o que representa uma velocidade total da ordem de 50 Mbps. As tecnologias de transmissão que falamos acima representam 107 vezes essa velocidade. Um filme de duas horas em *ultra HD* (4k) tem cerca de 100 GB, o que representa 800 *Gbits* (8×10^{11} *bits*). Em uma rede de alta velocidade de 100 Tbps (1×10^{14} *bits*/s), o download desse filme levaria 8 milissegundos (8×10^{-3} segundos); mais rápido que um piscar de olhos.

No que tange à comunicação sem fio, vemos hoje a instalação de redes de quinta geração (5G), com capacidade da ordem de 10 Gbps, sendo que uma sexta geração já está em desenvolvimento, com capacidade esperada da ordem de 1 Tbps. O grande problema na comunicação sem fio são os obstáculos à propagação das ondas de rádio. Quanto mais a frequência aumenta, mais se perde a capacidade de contornar obstáculos físicos, como paredes de edifícios, bem como reduz-se a capacidade de penetração. Além disso, à medida que a frequência de transmissão adentra na faixa de micro-ondas, aumentam-se os efeitos fisiológicos da radiação eletromagnética, como o aquecimento dos tecidos; efeitos biológicos também podem ocorrer, conforme a intensidade do campo eletromagnético.

O que as redes de alta velocidade podem trazer em termos de comunicação e interatividade ainda é objeto de conjecturas. Mas sabemos que algumas aplicações que estão surgindo, como uma extensa rede de IoT conectando indústrias e cidades, a Web 3.0 e o Metaverso, requerem uma velocidade maior que a temos hoje.

4.3.5 WEB 3.0 E METAVERSO

Conforme colocado no Capítulo 3, a *world wide web*, ou simplesmente *web*, é uma das ferramentas da internet. Foi criada como uma ferramenta simples para navegação por conteúdo multimídia (textos, *hiperlinks*, sons, imagens e vídeos) por meio de softwares navegadores (*browsers*) e para a publicação desses conteúdos em "locais" no ciberespaço, denominados websites. Atualmente a *web* e a internet se confundem, visto que muitas das aplicações da internet que antes estavam fora da *web*, como o e-mail, passaram a ser acessados por meio de serviços da *web* (*webmail*), como o Gmail da Google.

Nas palavras de seu criador (BERNERS-LEE *et al.*, 2006),[8] a *web* evoluiu no sentido de adquirir capacidade semântica, tornar-se multimodal e incorporar serviços (*web services*, algo similar ao IoS discutido neste livro). Em editorial, a revista *Wired* chegou a propor que essa evolução, principalmente com acesso por meio de *apps mobile*, representaria a morte da *web* como ferramenta, mas não da internet (ANDERSON; WOLFF, 2023). Mas Berners-Lee *et al.* (2006) estavam pensando algo maior. Para eles, a *web* deveria ser vista como um novo paradigma na sociedade midiática, devendo ser estudada como um ramo interdisciplinar da ciência, incorporando de forma orgânica as novas tecnologias e mídias e evoluindo com estas. O fato é que a *web* não morreu, mas a principal expectativa de seu criador, de que se tornaria semântica, ainda não ocorreu.

Em 2007, Tim O'Reilly cunhou o termo Web 2.0 para caracterizar uma *web* mais interativa e, principalmente, formada por redes sociais. Na Web 2.0, a produção de conteúdo deixa de ser de poucos para muitos e passa a ser de muitos para muitos. Além disso, a Web 2.0 serviria como plataforma para oferecimento de serviços completos, como compras, serviços bancários, serviços governamentais e outros serviços de valor agregado, e não somente para acesso a informação.

A Web 3.0 é vista como a fronteira atual na qual estamos entrando. Para Rudman e Bruwer (2016), a Web 3.0 permite que máquinas sejam capazes de entender e armazenar a informação de forma similar aos humanos. Seria a implementação da *web* semântica preconizada por Tim Berners-Lee.

Na *web* convencional, a informação é catalogada por meio de palavras-chave; os mecanismos de busca não são capazes de identificar e indexar significados. Assim,

---

8 Tim Berners-Lee é reconhecido como criador ou inventor da *web*. Ele era pesquisador no Conseil Européen pour la Recherche Nucléaire (Cern) – o maior centro de pesquisas em física nuclear de partículas de alta energia.

uma busca pela palavra "manga" pode resultar em conteúdos muitos diferentes: conteúdos sobre a fruta manga, sobre manga de camisa, sobre mangás (típica HQ japonesa), ou ainda como uma expressão da gíria "mangar" (caçoar). A *web* semântica trabalha com ontologias, que é uma forma de representar significado por meio de relações hierárquicas entre conceitos (Figura 4.5).

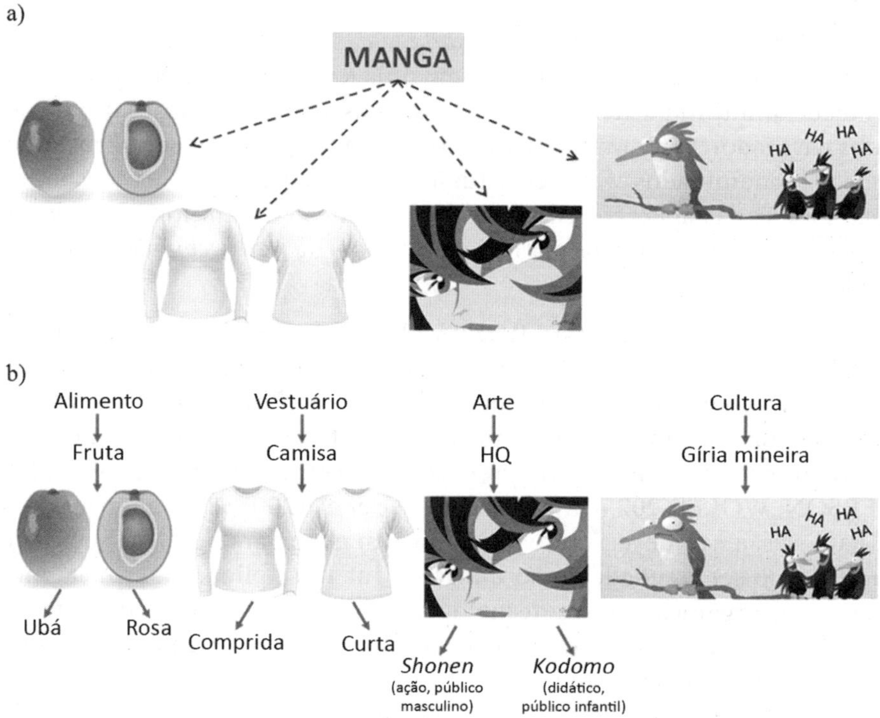

Figura 4.5 – a) Diferentes significados para a palavra "manga"; b) Ontologias estabelecidas.

Em uma formulação mais recente do conceito de Web 3.0, alguns autores acrescentam que esta deve ainda incluir também as redes de blockchain (Alabdulwahhab, 2018). Uma das ameaças vistas na Web 2.0 é a centralização de conteúdo e indexações por parte das grandes corporações. A *web* estaria perdendo seu caráter público e "anárquico" na sua forma mais visível (desconsiderando a *deep web* e a *dark web*) para ficar restrita ao que as grandes mídias (Google, Facebook, Twitter etc.) querem mostrar e sujeita à "tirania" dos algoritmos de seleção de conteúdo dessas empresas. Nesse sentido, o blockchain poderia trazer de volta a descentralização inicial da *web*, assim como permite fazer com as finanças descentralizadas (*DeFi* – vide o Capítulo 6).

Outra tecnologia potencialmente disruptiva que merece destaque é o Metaverso. O Metaverso ganhou certa notoriedade quando, em outubro de 2021, a empresa Facebook resolveu mudar seu nome para Meta. Mas o Metaverso não é uma exclusividade dessa empresa ou de qualquer outra; é um conceito que muitas empresas estão procurando explorar; talvez o Metaverso seja criado a partir de um consórcio de empresas e organizações; talvez tenhamos vários metaversos competindo entre si por público. O Metaverso não é um site, não é um aplicativo, não é um produto, mas um conceito.

Para Davis *et al.* (2009), o Metaverso é um mundo tridimensional virtual e imersivo, no qual as pessoas interagem entre si, como avatares, e com agentes de software, tendo um mundo real como uma metáfora, mas sem as limitações deste. Para a experiência imersiva, o Metaverso exige hardwares de interação como óculos de realidade virtual, *joysticks*, fones, ou ainda sensores de gestos e movimentos.

A ideia de um metaverso não é nova; nos anos 1990 já se pensava nisto. O filme *Matrix* expressa bem a ideia de um metaverso, numa forma distópica. O game *Second life*, criado em 2003, talvez tenha sido a protoconstrução do Metaverso.

Como tecnologia, o Metaverso exige um grande poder computacional, seja para a participação imersiva, seja na criação dos ambientes 3D interativos. Alguns estimam que a plena construção e uso do Metaverso, tal qual a forma como usamos a *web* atual, exigiria uma capacidade computacional mil vezes superior à existente hoje. Wang *et al.* (2022) colocam que o Metaverso dará origem a *metaempresas* e *metacidades*, gerando uma *metaeconomia* e demandando uma *metagestão*, que poderão interagir com o real, abrindo novas frentes de trabalho e lazer, ou ainda servir como modelos de simulação experimental para o mundo real.

Yang *et al.* (2022) discutem a fusão do Metaverso com as tecnologias de inteligência artificial (AI) e blockchain. A IA propicia a criação de agentes interativos totalmente computacionais que podem interagir com avatares que têm um humano por trás. Já o blockchain viabiliza transações financeiras dentro do Metaverso, como compra e venda de *metaimóveis* e acessórios, pagamentos de serviços, e também o registro de criações e propriedades intelectuais no ambiente 3D.

A breve pesquisa realizada aqui não identificou estudos que tratem de potenciais distúrbios sociocognitivos individuais ou problemas e implicações de natureza sócio-político-econômica relacionados ao Metaverso, mas vale registrar como um ponto a ser investigado.

4.4 CONSIDERAÇÕES FINAIS

Neste capítulo procuramos, sob o risco de certa imprecisão conceitual, trazer alguns conceitos na fronteira das TICs e da ciência em um ponto onde estas se encontram: os efeitos quânticos no trato da informação. Em realidade, fotônica, spintrônica, computação quântica e redes de alta velocidade estão intimamente relacionadas, pois todas se baseiam nos efeitos da mecânica quântica. O ponto central é: para qual direção esses avanços caminham? A resposta que temos para o momento é: a da passagem do digital para o analógico.

Na medida em que a computação caminha em direção ao analógico e os meios de comunicação passam a ter capacidade semântica de absorver novas capacidades sensoriais e imersivas semelhantes ao analógico, o termo *digital* começa a perder a conotação inovadora que a Transformação Digital atribui a ele. Talvez cheguemos a um ponto em que *digital* será um adjetivo que conote o obsoleto ou antiquado. As TICs passam a imitar a natureza, ou pelo menos seguir suas soluções. Nessas novas tecnologias, que ainda não são a realidade de mercado, reside, segundo alguns (PECCOUD, 2016), as bases de uma 5ª Revolução Industrial, de natureza mais bioquímica e analógica do que digital.

REFERÊNCIAS

ALABDULWAHHAB, F. A. Web 3.0: the decentralized web blockchain networks and protocol innovation. *In*: 2018 1ST INTERNATIONAL CONFERENCE ON COMPUTER APPLICATIONS & INFORMATION SECURITY (ICCAIS). IEEE, abr. 2018. p. 1-4.

ANDERSON, C.; WOLFF, M. The web is dead. Long live the Internet. Wired, 17 ago. 2010. Disponível em: https://www.wired.com/2010/08/ff-webrip/. Acesso em: 21 mar. 2023.

BERNERS-LEE, T. *et al.* Creating a Science of the Web. *Science*, v. 313, n. 5788, p. 769-771, 2006.

BOWER, J. L.; CHRISTENSEN, C. M. Disruptive technologies: catching the wave. *Harvard Business Review*, v. 73, n. 1, p. 43-53, jan.-fev. 1995.

DAVIS, A. *et al.* Avatars, people, and virtual worlds: Foundations for research in metaverses. *Journal of the Association for Information Systems*, v. 10, n. 2, p. 1, 2009.

Ionkov, L.; Settlemyer, B. DNA: The Ultimate Data-Storage Solution. Scientific American, 28 maio 2021. Disponível em: https://www.scientificamerican.com/article/dna-the-ultimate-data-storage-solution/. Acesso em: 21 mar. 2023.

KING, A. A.; BAATARTOGTOKH, B. How useful is the theory of disruptive innovation? *MIT Sloan Management Review*, v. 57, n. 1, p. 77, 2015.

MAMMANA, C. Z. Uma teoria da tecnologia. *Revista USP*, n. 7, p. 13-22, 1990.

MISCUGLIO, M. *et al.* Approximate analog computing with metatronic circuits. *Communications Physics*, v. 4, n. 196, 2021. DOI: https://dx.doi.org/10.1038/s42005-021-00683-4. Disponível em: https://www.nature.com/articles/s42005-021-00683-4. Acesso em: 21 mar. 2023.

O'REILLY, T. What is Web 2.0: design patterns and business models for the next generation of software. *Communications & Strategies*, n. 1, p. 17, 2007.

PECCOUD, J. *Synthetic biology*: fostering the cyber-biological revolution. *Synthetic Biology*, v. 1, n. 1, 1 jan. 2016. DOI: https://dx.doi.org/10.1093/synbio/ysw001. Disponível em: https://academic.oup.com/synbio/article/1/1/ysw001/2543666. Acesso em: 21 mar. 2023.

PUTTNAM, B. J. *et al.* 319 Tb/s Transmission over 3001 km with S, C and L band signals over> 120nm bandwidth in 125 μm wide 4-core fiber. *In*: 2021 OPTICAL FIBER COMMUNICATIONS CONFERENCE AND EXHIBITION (OFC). IEEE, 2021. p. 1-3.

RICHARDSON, D.; FINI, J.; NELSON, L. Space-division multiplexing in optical fibres. *Nature Photon*, v. 7, p. 354-362 2013. DOI: https://dx.doi.org/10.1038/nphoton.2013.94. Disponível em: https://www.nature.com/articles/nphoton.2013.94. Acesso em: 21 mar. 2023.

RUDMAN, R.; BRUWER, R. Defining Web 3.0: opportunities and challenges. *The Electronic Library*, 2016.

SERVICE, R. DNA could store all of the world's data in one room. *Science*, 2 mar. 2017. Disponível em: https://www.science.org/content/article/dna-could-store-all--worlds-data-one-room. Acesso em: ago. 2022.

WANG, F. Y. *et al.* Metasocieties in metaverse: Metaeconomics and metamanagement for metaenterprises and metacities. *IEEE Transactions on Computational Social Systems*, v. 9, n. 1, p. 2-7.

YANG, Q. *et al.* Fusing blockchain and AI with metaverse: a survey. *IEEE Open Journal of the Computer Society*, 2022.

CAPÍTULO 5
Inteligência artificial

Benedito Cristiano Petroni

Rodrigo Franco Gonçalves

5.1 INTRODUÇÃO

Conceituar o termo *inteligência* tem sido desafiador e fascinante em se tratando inicialmente do aspecto filosófico, da manifestação da inteligência nos seres vivos e, posteriormente, da análise científica destinada aos estudos da evolução dos sistemas computacionais.

A mecanização que começou com a Revolução Industrial permitiu melhorias significativas na saúde humana, bem-estar e qualidade de vida (CHUI *et al.*, 2020).

No contexto da 4ª Revolução Industrial (vide o Capítulo 1), poucas tecnologias despertam tanta curiosidade – e temores – quanto a inteligência artificial (IA), levantando questões complexas como: até que ponto a IA pode substituir o trabalhador humano? A IA promoverá desemprego em massa? A IA tirará nossa liberdade de escolha, escolhendo previamente por nós produtos, serviços ou informações sem que nem percebamos?

Tecnologias como a internet, *Big Data*, análises avançadas de dados, algoritmos, robótica e a inteligência artificial estão substituindo a mão de obra humana nos setores de manufatura, serviços, conhecimento e de entretenimento, conforme apontado por Rifkin (2016).

Especificamente a área conhecida como inteligência artificial, de acordo com Russell e Norvig (2013), é a capacidade dos sistemas cibernéticos (formados por computadores, softwares, sensores e atuadores) de imitar funções cognitivas dos seres humanos, funções estas que podemos resumir na resolução de problemas por meio do aprendizado apoiado na percepção.

Há dois mitos particularmente perniciosos a respeito de inteligência artificial que vez ou outra são abordados em algumas bibliografias, sendo o primeiro que a IA fracassou e que é considerada uma área impossível, e o outro que a IA teve sucesso produzindo uma torrente contínua de tecnologias que estão mudando a maneira como vivemos, conforme menciona Whitby (2004).

A realidade atual é inegável ao apontar que organizações (empresas privadas, instituições e governos) podem e devem tirar proveito da IA. Desde as menores *startups* até as maiores corporações, as empresas estão recorrendo à IA para melhorar tudo, desde o atendimento ao cliente até a pesquisa fundamental (OLIVEIRA, 2018).

É fácil pensar em IA como ficção científica futurística, mas não é; ela está aqui agora. As aplicações de IA estão por toda parte; todos nós as usamos muitas vezes ao dia. Ao pesquisar um site ou comprar algo de um varejista online, você está usando IA (ROB; ZIKOPOULOS, 2020).

Notadamente, pesquisas desenvolvidas na área de inteligência artificial buscam o desenvolvimento de sistemas que simulem capacidades humanas inteligentes como raciocínio, comunicação e aprendizagem. Ainda, nos estudos acalentados em inteligência artificial, existe uma subárea conhecida como agentes inteligentes, a qual concentra a maioria dos trabalhos aplicados em interfaces (PETRONI, 2006).

O propósito deste capítulo será mitigar alguns conceitos envolvidos nessa fascinante área conhecida como inteligência artificial, com técnicas específicas para a resolução de problemas e algumas aplicações dessas técnicas em modelos de negócios que estão sendo utilizadas.

5.2 INTELIGÊNCIA ARTIFICIAL

Atualmente conhecida como área de pesquisa da ciência da computação que é dedicada a buscar soluções computacionais que apresentem ou simulem a capacidade humana de resolver problemas, pensar, aprender ou se comunicar, a inteligência artificial (IA) ao longo dos anos conquistou pesquisadores pela sua capacidade heterogênea em propor soluções para problemas.

A IA se destaca como uma tecnologia transformadora de nossa era digital. Perguntas sobre o que é, o que já pode fazer – e o que tem potencial para se tornar – atravessam tecnologia, psicologia, política, economia, ficção científica, direito e ética.

Deve-se a isso o fato de que o mundo vive uma revolução tecnológica em inteligência artificial que se insere numa transformação do crescimento econômico e desenvolvimento das capacidades humanas em inovar. Áreas como produção, telecomunicações, tecnologia da informação terão cada vez mais opções novas e emergentes que aumentarão a produção econômica agregada e impulsionarão cada vez mais a riqueza de seus utilizadores.

Inúmeros autores se posicionaram para uma definição exata e diferenciada do termo inteligência artificial, de acordo com suas pesquisas e buscas por adaptações a técnicas específicas.

O Quadro 5.1 demonstra algumas definições do termo inteligência artificial de acordo com alguns de seus respectivos autores.

Quadro 5.1 – Conceitos sobre inteligência artificial

Ano	Definição	Autor(es)
1988	Inteligência artificial é simplesmente uma maneira de fazer o computador pensar inteligentemente.	Levine
1993	Inteligência artificial é o estudo de como fazer os computadores realizarem coisas que, no momento, as pessoas fazem melhor.	Rich e Knight
2002	O objetivo da inteligência artificial é capacitar o computador a executar funções que são desempenhadas pelo ser humano usando conhecimento e raciocínio.	Resende
2003	A inteligência artificial é um computador quântico, não abrigando um vasto programa, mas, "como o próprio cérebro humano, uma coleção imprevisível de estados conflitantes".	Watson
2004	Inteligência artificial abrange uma enorme variedade de subcampos, desde áreas de uso geral, como aprendizado e percepção, até tarefas específicas como jogos de xadrez, demonstrações de teoremas matemáticos, criação de poesia e diagnóstico de doenças.	Russell e Norvig
2004	Inteligência artificial é uma disciplina que tem por objetivo o estudo e construção de entidades artificiais com capacidades cognitivas semelhantes às dos seres humanos.	Costa, Ernesto e Anabela
2004	Inteligência artificial é o estudo do comportamento inteligente (em homens, animais e máquinas) e a tentativa de encontrar formas pelas quais esse comportamento possa ser transformado em qualquer tipo de artefato por meio da engenharia.	Whitby

É importante observar que, conforme observado no Quadro 5.1, inúmeros autores se posicionaram para uma definição exata e diferenciada do termo inteligência artificial, de acordo com suas pesquisas e buscas por adaptações a técnicas específicas.

Nesse contexto, conforme as definições são transformadas em técnicas específicas para a resolução de problemas, evitam-se questões filosóficas que dominam as tentativas de definir o significado tanto de inteligência quanto de artificial (RICH; KNIGHT, 1993).

De acordo com a evolução tecnológica de *hardware* e software, a própria área de inteligência artificial ganhou recursos e se estabeleceu como ciência extrapolando os clássicos programas de jogos, consolidando-se na resolução de problemas por meio de sistemas especialistas.

Assim, conforme Rich e Knight (1993), os problemas com os quais lidam os sistemas especialistas são altamente diversificados e precisam acessar uma substancial base de conhecimento do domínio da aplicação, necessitando ser criada do modo mais eficiente possível, uma vez que existem questões gerais que surgem em vários domínios de aplicações.

Procurando suprimir a maioria das questões a respeito dos problemas, algumas técnicas poderosas foram desenvolvidas para a resolução de classes específicas de problemas, as quais serão abordadas na sequência.

5.3 TÉCNICAS DE INTELIGÊNCIA ARTIFICIAL

No final da década de 1950, alguns pesquisadores procuraram na natureza inspiração para novas técnicas de busca de soluções para problemas. O motivo para a atenção ter se voltado para a natureza é o fato de esta conseguir resolver de forma satisfatória problemas altamente complexos, como é o caso da sobrevivência das espécies (AZEVEDO, 2000).

Assim, algumas técnicas foram propostas e desenvolvidas, buscando, em conjunto com o especialista humano formular bases de conhecimento apoiadas em raciocínios específicos para resolução de problemas.

5.3.1 REDES NEURAIS ARTIFICIAIS

Redes neurais artificiais (RNAs) são um tipo de programa de computador inspirado diretamente naquilo que conhecemos acerca do funcionamento do cérebro dos humanos e de animais semelhantes (WHITBY, 2004).

Historicamente existem outros nomes para o campo destinado ao estudo de redes neurais artificiais, como conexionismo, processamento distribuído paralelo e computação neural.

De acordo com Azevedo (2000), dois fatores diferentes de certa forma motivam as pesquisas e os trabalhos envoltos nesta técnica atualmente, sendo eles:

- A modelagem do sistema nervoso com suficiente precisão, de tal modo a poder observar um comportamento emergente que é semelhante ao comportamento de um ser vivo.
- A construção de computadores com um alto grau de paralelismo.

O paralelismo diz respeito à capacidade do cérebro humano em distinguir situações de maneira extremamente rápida e diversas. Vejamos um exemplo: ao caminharmos em uma determinada rua e passarmos defronte a um local de alimentação e sentirmos determinado cheiro, nosso cérebro pode remeter a uma determinada refeição realizada em um momento passado.

Pensar nesse mesmo cenário para os computadores não é possível, uma vez que os computadores executam de maneira muito rápida, porém processo[1] por processo.

As RNAs, idealizadas por McCulloch e Pitts em 1943, partiram do conhecimento básico da fisiologia básica e funcionamento dos neurônios no cérebro humano (HAYMAN, 1999), buscando semelhanças com a inteligência do ser humano. Deve-se considerar que o ser humano tem pelo menos 150 bilhões de neurônios, e comprovadamente de mil a dez mil conexões por neurônio.

Um neurônio é uma célula no cérebro cuja principal função é coletar, processar e disseminar sinais elétricos. Acredita-se que a capacidade de processamento de informações do cérebro emerge principalmente de redes de tais neurônios. Por essa razão, uma parte do trabalho inicial de inteligência artificial teve como objetivo criar redes neurais artificiais, conforme destacado por Russell e Norvig (2004).

5.3.2 AGENTES INTELIGENTES

Enquanto técnica de inteligência artificial, buscar uma definição exata do termo *agentes inteligentes* torna-se um pouco confusa, uma vez que existem diferentes posicionamentos relativos a essa questão, o que, de certa forma, dificulta o entendimento dessa tecnologia.

O Quadro 5.2 procura esclarecer algumas definições do termo, segundo diferentes autores.

---

1 Em computação, um processo é um programa sendo executado.

Quadro 5.2 – Conceitos sobre agentes inteligentes

Ano	Definição	Autor(es)
1995	Um agente inteligente é um artefato que possui a capacidade de perceber seu ambiente por meio de sensores (ex.: microfone, teclado etc.) e agir sobre ele por meio de efetuadores (exemplo: vídeo, alto-falante, impressora, braços mecânicos, entre outros).	Russel e Norvig
2002	Um agente inteligente é um sistema de computador que está situado em determinados ambientes e é capaz de ações autônomas nesse ambiente numa ordem que satisfaça os objetivos do projeto.	Wooldridge
2004	O objetivo dos sistemas multiagentes é encontrar uma solução para problemas globais ou controlar sistemas complexos.	Guessoum
2004	Compreende o agente inteligente como toda entidade capaz de interagir em determinado ambiente, em geral orientada por objetivos, e as decisões sobre seu uso devem ser tomadas a partir da percepção, de forma que tenham como consequência a execução de uma determinada atividade.	Costa, Ernesto e Anabela
2007	Sistemas multiagentes é um campo em expansão que combina campos clássicos, como teoria dos jogos e controle descentralizado, com campos modernos, como ciência da computação e aprendizado de máquina.	Vlassis
2012	Agentes com base na demanda de serviço gradualmente se adaptam a um usuário individual por meio da interação, no entanto, o contrato entre os membros é dissolvido após o término da oferta de serviço e a organização desaparece.	Uchiya

5.3.3 APRENDIZADO DE MÁQUINA, APRENDIZAGEM REPRESENTATIVA E APRENDIZAGEM PROFUNDA

A IA pode ser entendida como uma forma de implementar algoritmicamente uma decisão humana. Assim, uma forma simples de IA pode ser estabelecida por meio de estruturas de decisão do tipo *if then else* aninhadas, que representam o processo de decisão de um humano diante de um problema bem estruturado, por exemplo, preparar um café. Estudam-se as decisões de um barista e estas são codificadas em instruções de programação. Uma forma mais profunda de IA é o chamado aprendizado de máquina (*machine learning* – ML), o qual parte de um conjunto de instruções (regras) pré-codificadas como na anterior, mas novas estruturas de decisão podem ser acrescentadas. Suponha que, ao invés de avaliar como um barista prepara um café, fossem coletados os dados de ação do barista no preparo de cinquenta cafés. Assim, algumas decisões alternativas, não mapeadas na forma anterior, poderiam ser acrescentadas ao modelo decisório. No caso do ML, quem faz isso é a própria máquina. A passagem para os modelos mais profundos de ML, que são a aprendizagem representativa (*representation learning*) e a aprendizagem profunda (*deep learning*), depende do quanto de predefinição inicial é utilizada e o quanto é deixado para a própria máquina aprender. No caso da aprendizagem profunda, a máquina identifica e constrói suas próprias regras a partir de um grande conjunto de dados, identificando padrões de decisão, com um mínimo de instruções iniciais, como a definição de quais são as variáveis independentes e dependentes do problema.

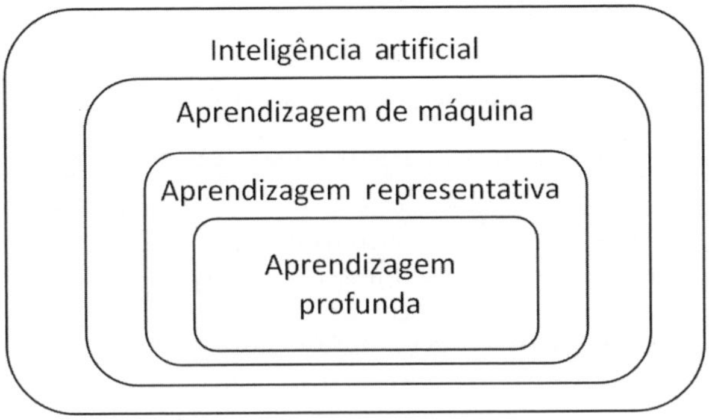

Figura 5.1– Categorias de IA.

Fonte: adaptada de Borges *et al.* (2021).

5.3.4 *BIG DATA*

Embora *Big Data* não seja, a rigor, uma técnica de IA, a inteligência artificial– principalmente a aprendizagem de máquina – requer grandes quantidades de dados de qualidade. Dessa forma, métodos de aprendizado requerem milhares de registros de dados para que os modelos se tornem relativamente bons em tarefas de classificação e, em alguns casos, milhões para que sejam executados no nível humano (CHUI, 2018). Entretanto, quando falamos nas técnicas de *analytics*, ou seja, de análise dos dados de *Big Data* para obtenção de informação e tomada de decisão, muitas dessas técnicas fazem uso de IA, como identificação de padrões, *clustering*, árvores de decisão, entre outras.

O conceito de *Big Data* nos rodeia a cada minuto. Nosso smartphone coleta uma grande quantidade de dados de geolocalização até o próximo item clicável no site de comércio eletrônico (VUPPALAPATI, 2020).

Sempre dizemos às pessoas que *Big Data* sem análise é apenas um monte de dados. Nunca se esqueça: os dados podem ser um ativo, mas é um ativo sem valor se você não pode usá-lo (ROB; ZIKOPOULOS, 2020).

Aplicações de *Big Data* tornaram-se uma nova fonte de oportunidade entre as aplicações em inteligência artificial. Muitas considerações de design existem neste campo relativamente novo, em que estruturas de processamento paralelo podem ser empregadas de uma forma mais econômica (OSTROWSKI, 2018).

É inegável que, com o passar dos anos, todos os dados que usuários, empresas, organizações, redes sociais geram tornam-se uma das *commodities* mais importantes para todos.

Para as aplicações, os sistemas de *Big Data* podem ser segmentados e dessa forma oferecer uma visão geral, completa, de suas entidades de negócios, produtos, relacionamentos e, principalmente, clientes.

Dessa forma, as organizações, independentemente de suas estruturas, reconhecem que coletar informações é uma coisa, e transformá-las em informação, o tipo de informação que todos necessitam, e tomar decisões é outra.

Big Data ajuda na aquisição, processamento e análise de grandes quantidades de dados heterogêneos para obter resultados valiosos. A qualidade da informação é afetada pelo tamanho, velocidade e formato em que os dados são gerados. Portanto, a qualidade do *Big Data* é de grande relevância e importância (JUNEJA, 2019).

Aprender sobre como utilizar ferramentas computacionais para a análise de *Big Data* pode ajudar engenheiros a pensar fora da caixa, em vez de simplesmente analisar parâmetros que consideram em algumas situações importantes, podendo usar essa técnica para descobrir padrões e indicadores sobre os quais, de outra forma, poderiam nunca ter pensado ou até mesmo utilizado.

No mercado, muitas ações de marketing podem ser tomadas com a identificação de padrões de consumo e perfis de consumidor não triviais, revelados a partir da análise com IA de grandes volumes de dados. Os algoritmos de IA podem identificar padrões e perfis em tempo real e apresentar ao consumidor uma oferta imediata em um *banner* em seu navegador, "sabendo" que aquilo pode interessá-lo.

5.4 APLICAÇÕES DE INTELIGÊNCIA ARTIFICIAL E DISRUPTURA

No campo prático do presente momento, no contexto da 4ª Revolução Industrial, observamos aplicações de IA como:

- *Setor de serviços*: uso intensivo em sistemas de atendimento ao consumidor, com reconhecimento por voz do problema e encaminhamento, uso de *chatbots* (robôs de conversa). Escritórios de advocacia, por exemplo, têm utilizado aplicações de IA para identificação de referências úteis em processos e jurisprudências, trabalho antes realizado por estagiários ou advogados iniciantes, agilizando e enriquecendo a composição de peças jurídicas, o que indica a possibilidade de substituição por IA em ocupações de nível superior.
- *Uso doméstico*: robôs de limpeza, automação residencial inteligente e assistentes virtuais domésticas (Alexa, Siri etc.). Nesse campo, como também nas aplicações industriais e agrícolas, observa-se uma grande interação de IA com Internet das Coisas (IoT).

- *Cidades inteligentes*: destacam-se aplicações de IA na automação de semáforos inteligentes, definindo os tempos conforme os fluxos nas vias, controle de distribuição de carga em redes de energia, água, gás e esgoto. Mas talvez o campo de maior aplicação de IA nesse setor seja o de veículos autônomos.
- *Indústria 4.0*: destacam-se no nível operacional as aplicações de manutenção preditiva, movimentações de componentes, otimizações de fluxo de produção em tempo real para evitar paradas ou quebras de lote, robótica colaborativa, entre outras; faz-se uso intensivo de dados capturados por sensores, IoT e *Big Data*. No nível estratégico (valendo também para o setor de serviços), destaca-se a aprendizagem de máquina na análise de *Big Data* para previsão de demanda, projeto de produtos e serviços e decisões de investimentos.
- *Agricultura de precisão*: a IA está presente no controle de tratores, semeadeiras e colheitadeiras autônomos, no controle de drones de observação e mapeamento de terreno, no reconhecimento de padrões de imagens de plantações para irrigação, controle de pragas e crescimento, como também aplicações para o bem-estar animal.
- *Saúde*: aplicações de IA têm sido utilizadas com grande sucesso em medicina diagnóstica, na análise de exames de imagem e outros, com elevado ganho de produtividade e redução de erros de diagnóstico, sobretudo os falsos negativos. Aplicativos de IA também têm sido utilizados no processo de seleção e encaminhamento pré-hospitalar.

Entretanto, as aplicações de IA não ficam somente nas funções operacionais. Borges *et al.* (2021) analisam a literatura acadêmica sobre IA e estratégia de negócios e identificam as seguintes formas pelas quais a IA pode gerar valor e criar impactos no nível estratégico das organizações:

- *Suporte à decisão*: dada a necessidade de rapidez na tomada de decisão no cenário competitivo atual, aplicações de IA têm tomado decisões melhores que humanos. Isso requer que as organizações façam um correto alinhamento entre as tecnologias de IA e suas estratégias de negócio.
- *Engajamento de consumidores e colaboradores*: as novas aplicações de IA podem gerar vantagem competitiva melhorando a experiência do consumidor e do colaborador com maior interatividade e adaptabilidade nas interfaces (*websites*, aplicativos e sistemas). Entretanto, identificam que a interatividade humano-IA é complexa e que algumas vezes a experiência pode ser negativa, gerando efeito contrário.
- *Automação*: a automação com emprego de IA pode gerar ganho de eficiência e produtividade mais rapidamente que a concorrência.

- *Oferta de novos produtos ou serviços*: criação de valor tanto por meio do emprego da IA no projeto de produtos e serviços, a partir da identificação de necessidades de nichos e preferências de consumidores, como pelo emprego de IA nos próprios produtos ou serviços.

Destaca-se, entretanto, que essas aplicações ainda são campos de pesquisa em aberto, e o que se obteve são indicações apontadas pela literatura acadêmica, com muitas lacunas a serem exploradas (BORGES *et al.*, 2021).

Em suma, o impacto da IA na 4ª Revolução Industrial mostra o potencial disruptivo e parece que estamos observando apenas o início. O que virá pela frente ainda é uma incógnita; só se sabe que uma hora irá chegar. As visões vão do otimismo ao pessimismo e, nos extremos, da utopia à distopia. Em um cenário verdadeiramente interessante e inovador, o uso de tecnologias de inteligência artificial permitirá aos humanos tornarem-se cada vez mais inteligentes (ou seja, libertando sua inteligência para outros usos), com o uso de instrumentos de conhecimento como o *Big Data Analytics*. A IA poderá ocupar-se de muitas funções operacionais e libertará os humanos para funções cognitivas elevadas, criativas, artísticas e empáticas. No sentido distópico, fala-se em desemprego em massa, convulsões sociais e crises econômicas, até a aniquilação da humanidade por exércitos automatizados guiados por IA.

REFERÊNCIAS

ARUMUGAM, S. S. *et al.* Accelerating industrial IoT application deployment through reusable AI components. *In*: 2019 GLOBAL IOT SUMMIT (GIoTS), Aarhus, Denmark, 2019. p. 1-4.

AZEVEDO, F. M. de. *Redes neurais com aplicações em controles e em sistemas especialistas*. Florianópolis: Booksore, 2000.

BORGES, A. F. *et al.* The strategic use of artificial intelligence in the digital era: Systematic literature review and future research directions. *International Journal of Information Management*, v. 57, p. 102225, 2021.

COSTA, E.; ANABELA, S. *Inteligência Artificial*: fundamentos e aplicações. Lisboa: FCA Editora de Informática, 2004.

CHUI, C. *et al. Notes from the AI frontier*: applications and value of deep learning. [*S. l.*], 2018. Disponível em: https://www.mckinsey.com/featured-insights/artificial-intelligence/notes-from-the-ai-frontier-applications-and-value-of-deep-learning. Acesso em: 20 abr. 2021.

GHADIYALI T.; LAD, K.; PATEL, B. Agriculture intelligence: an emerging technology for farmer community. *In*: 2011 SECOND INTERNATIONAL CONFERENCE ON EMERGING APPLICATIONS OF INFORMATION TECHNOLOGY, Kolkata, 2011. p. 313-316.

GUESSOUM, Z. Adaptive agents and multiagent systems. *IEEE Distributed Systems Online*, v. 5, n. 7, 2004.

HAYMAN, S. The McCulloch-Pitts model, IJCNN'99. *In*: INTERNATIONAL JOINT CONFERENCE ON NEURAL NETWORKS. *Proceedings* (Cat. No.99CH36339). Washington, D.C., 1999. v. 6, p. 4438-4439.

JUNEJA, A.; DAS, N. N. Big Data quality framework: pre-processing data in weather monitoring application. *In*: 2019 INTERNATIONAL CONFERENCE ON MACHINE LEARNING, BIG DATA, CLOUD AND PARALLEL COMPUTING (COMITCon), 2019. p. 559-563.

LEVINE, R. I. *Inteligência Artificial e sistemas especialistas*. São Paulo: McGraw-Hill, 1988.

MALAPANE, T. A. The impact of artificial intelligence and internet of things in the transformation of e-business sector. *In*: 2019 SYSTEMS AND INFORMATION ENGINEERING DESIGN SYMPOSIUM (SIEDS). Charlottesville, VA, 2019. p. 1-5.

OLIVEIRA, R. F. de. *Inteligência artificial*. Londrina: Editora e Distribuidora Educacional, 2018.

OSTROWSKI, D. Artificial Intelligence with Big Data. *In*: 2018 FIRST INTERNATIONAL CONFERENCE ON ARTIFICIAL INTELLIGENCE FOR INDUSTRIES (AI4I), 2018. p. 125-126.

PETRONI, B. C. A. *AISI*: um sistema inteligente para melhoria da usabilidade e da interação de uma interface web. Dissertação (Mestrado) – Pontifícia Universidade Católica de Campinas, Centro de Ciências Exatas, Ambientais e de Tecnologia, Campinas, 2006.

RESENDE, S. O. *Sistemas Inteligentes*: fundamentos e aplicações. Barueri: Manole, 2002.

RICH, E.; KNIGHT, K. *Inteligência Artificial*. São Paulo: Makron Books, 1993. 722 p.

RIFKIN, J. *Sociedade com custo marginal zero*. São Paulo: M. Books do Brasil, 2016.

RUSSELL, S.; NORVIG, P. *Inteligência artificial*. 3. ed. Rio de Janeiro: Campus, 2013.

RUSSELL, S.; NORVIG, P. *Inteligência artificial*. 2. ed. Rio de Janeiro: Elsevier, 2004.

RUSSEL, S.; NORVIG, P. *Artificial Intelligence:* A Modern Approach. New Jersey: Simon & Schuster Company, 1995.

ROB, T.; ZIKOPOULOS, P. *The AI ladder*: accelerate your journey to AI. Sebastopol: O'Reilly Media, 2020.

UCHIYA, T.; TAKUMI, I.; KINOSHITA, T. Circulation mechanism of multiagent system based on agent repository. *In*: 2012 SEVENTH INTERNATIONAL CONFERENCE ON BROADBAND, WIRELESS COMPUTING, COMMUNICATION AND APPLICATIONS, 2012. p. 668-672.

VLASSIS, N. *A concise introduction to multiagent systems and distributed artificial intelligence.* New York: Morgan & Claypool, 2007.

VUPPALAPATI, C. *et al.* Democratization of AI, albeit constrained IoT devices &tiny ML, for creating a sustainable food future. *In*: 2020 3RD INTERNATIONAL CONFERENCE ON INFORMATION AND COMPUTER TECHNOLOGIES (ICICT), 2020. p. 525-530.

WATSON, I. The aims of artificial intelligence: a science fiction view. *IEEE Intelligent Systems*, v. 18, n. 2, p. 78-80, mar.-abr. 2003.

WHITBY, B. *Inteligência artificial*: um guia para iniciantes. São Paulo: Madras, 2004.

WOOLDRIDGE, M. Intelligent agents: The key concepts. *In*: *Multi-Agent Systems and Applications II*: 9th ECCAI-ACAI/EASSS 2001, AEMAS 2001, HoloMAS 2001 Selected Revised Papers 9. Springer Berlin Heidelberg, 2002. p. 3-43.

CAPÍTULO 6
Blockchain

Benedito Cristiano Petroni
Rodrigo Franco Gonçalves

6.1 INTRODUÇÃO

Inovações tecnológicas que no decorrer dos anos são apresentadas para a humanidade procuram atender a demandas e necessidades que eventualmente proporcionam a geração de riquezas e geralmente são sustentadas por plataformas computacionais que agregam a tecnologia da informação a novos produtos e serviços nas mais variadas áreas.

Desde que a tecnologia denominada internet passou a fazer parte da vida das pessoas e das organizações de modo geral, profissionais têm se desdobrado para propor inovações, entre as quais se podem destacar: as *pontocom*, o endereço eletrônico (e-mail), o conceito de Web 2.0, redes sociais, Internet das Coisas, entre outras.

A interconectividade que a internet oferece por meio de sua arquitetura fundamental significa que pessoas diferentes de todo o mundo podem se reunir como nunca antes havia sido possível (GOODMAN, 2015), e essa interconectividade atualmente abrange organizações e governos, bem como as mais variadas áreas.

Toda a comunicação realizada em rede de computadores ocorre graças a uma tecnologia denominada protocolo, que, de acordo com Szabo (1995), é uma sequência de mensagens entre vários agentes.

Blockchain se tornou uma palavra da moda, ganhando atenção pela primeira vez com a introdução da moeda digital Bitcoin por Satoshi Nakamoto[1] em 2008 (KOPYTO *et al.*, 2020). A despeito do aspecto revolucionário de uma moeda totalmente digital, gerada e gerida de forma anárquica,[2] o mercado rapidamente percebeu que a tecnologia viabilizadora do Bitcoin, o blockchain, poderia trazer impactos e inovações ainda maiores.

A tecnologia blockchain em sua essência permite que, de acordo com Mougayar (2017), sejam gravadas transações permanentemente de uma maneira que não possam ser apagadas depois – somente podem ser atualizadas sequencialmente mantendo um rastro histórico contínuo e indelével.

De acordo com Petroni (2020), uma rede blockchain utiliza a criptografia para garantir a segurança, especificamente com a geração do código *hash* para cada transação dos arquivos a serem armazenados. E, conforme apontado por Mougayar (2017), o código *hash*, ou *hashing*, é a impressão digital única que ajuda a verificar se uma informação não foi alterada, sem a necessidade de realmente analisá-la.

Conforme apontado por Nakamoto (2008), a definição de uma moeda eletrônica fora realizada como uma cadeia de assinaturas digitais, em que cada proprietário transfere a moeda para o próximo assinando digitalmente um *hash* da transação anterior e a chave pública do próximo proprietário e adicionando-os ao final da moeda.

Depois do Bitcoin, muitas outras moedas digitais (ou criptomoedas)[3] surgiram. Como toda moeda, as criptomoedas baseiam-se no mecanismo de *acreditação*. Ou seja, os participantes de um grupo concordam que certo elemento será usado como moeda para troca de valores, *acreditando* nessa moeda. É um tipo de acordo tácito. Quando jogamos *Banco imobiliário*, acreditamos que as notas de brinquedo são a moeda do jogo; quando vamos a um cassino ou quermesse junina, acreditamos que as fichas são moeda naquele ambiente. O blockchain oferece às criptomoedas uma forma computacional de acreditação: trata-se de um algoritmo computacional com um tipo de cálculo que os computadores ligados à respectiva rede blockchain precisam resolver. Quando resolvem, acreditam aquela transação. O esforço computacional realizado para acreditar uma transação no blockchain pode ser remunerado com uma fração da transação; é o que se chama *mineração*.

1 Trata-se de um pseudônimo, e ninguém sabe se é uma pessoa ou um grupo de pessoas ou organização.

2 O termo *anárquico* é usado aqui no sentido de que não há uma entidade governamental centralizadora ou regulamentadora para o Bitcoin, como ocorre com as moedas tradicionais e os respectivos bancos centrais.

3 Os termos moeda digital e criptomoeda são usados aqui de forma intercambiável, mas há uma sutil diferença entre eles. A rigor, as moedas criadas a partir de blockchain são criptomoedas. Nem toda moeda digital é uma criptomoeda.

A proposta principal deste capítulo, concentra-se em apresentar ao leitor o conceito da tecnologia blockchain e de smart contracts, apresentando suas definições, estruturas e principalmente as possibilidades de aplicações.

6.2 BLOCKCHAIN

Blockchain é o nome da tecnologia subjacente à moeda digital chamada Bitcoin, conforme descrito por Satoshi Nakamoto, sendo considerada uma tecnologia específica de bancos de dados (PETRONI, 2020). A tecnologia blockchain promete sistemas transparentes, invioláveis e seguros que possibilitam novas soluções de negócios, especialmente quando combinadas com smart contracts (ANDONI *et al.*, 2019).

É importante ressaltar que, para o correto entendimento do que é a tecnologia blockchain, é importante entendermos o conceito de *distributed ledger defined* (DLT) ou livro-razão distribuído.

Um livro-razão distribuído é uma forma de banco de dados digital que é atualizado e mantido por cada membro de forma independente em um grande espaço de rede. Nesse tipo de livro-razão, não há autoridade central para transmitir os registros a todos os membros. Em vez disso, todos os nós manterão o livro-razão e o construirão independentemente (PANWAR; BHATNAGAR, 2020).

Assim, para entendermos a tecnologia blockchain e seu funcionamento, torna-se primordial conhecermos inicialmente o conceito de protocolo e posteriormente o Bitcoin.

Durante uma determinada transmissão, os protocolos são responsáveis por definirem os formatos, a ordem das mensagens enviadas e recebidas pelas entidades de redes de computadores e todas as ações a serem tomadas na transmissão e recepção de mensagens; portanto, para cada aplicação tecnológica que envolve uma escala mundial, é necessário que esta seja executada sobre um protocolo específico.

Satoshi Nakamoto delineou um novo protocolo para um sistema ponto a ponto – *peer to peer* (P2P) – de dinheiro eletrônico usando para isso uma criptomoeda (moeda digital) chamada Bitcoin. Uma rede *peer to peer* é ilustrada na Figura 6.1.

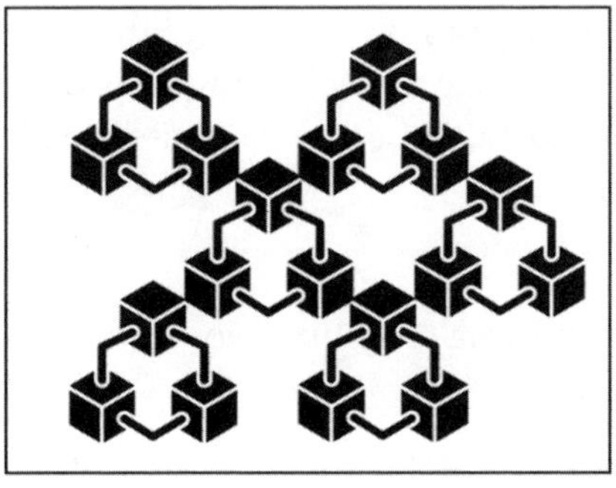

Figura 6.1 – Exemplo de uma rede P2P.

De acordo com Tapscott e Tapscott (2016), criptomoedas são diferentes das moedas fiduciárias tradicionais, pois não são controladas por países. Esse protocolo, portanto, estabeleceu um conjunto de regras – na forma de cálculos distribuídos – que asseguram a integridade dos dados trocados entre bilhões de dispositivos sem passar por uma terceira parte confiável. A troca é realizada na prática entre dois dispositivos somente.

Esse protocolo é a base para que seja possível o registro das informações, ou seja, das transações realizadas na rede Bitcoin e que ficam armazenadas numa espécie de livro-razão que estádistribuído globalmente, chamado blockchain. A Figura 6.2 a seguir ilustra o modelo da estrutura de um bloco de uma rede blockchain.

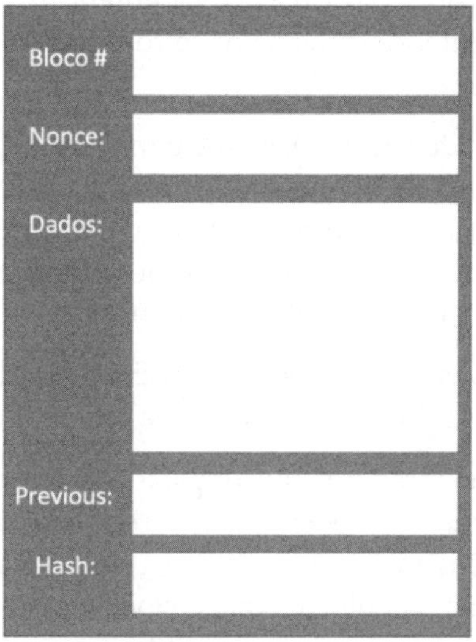

Figura 6.2 – Exemplo da estrutura de um bloco na rede blockchain.

O *hash* é um código que funciona como uma impressão digital, que garante que o arquivo em questão não foi modificado, garantindo com isso sua integridade em qualquer ocasião. Caso o conteúdo do arquivo tenha sido alterado, por menor que tenha sido a ação, a nova impressão digital do arquivo, ou seja, o seu código *hash* será outro. E, além do *hash* gerado, fazem parte de uma rede blockchain, conforme apontado por Mougayar (2017):

- *Chaves*: usadas em uma combinação mínima de duas, uma pública e outra privada.
- *Assinaturas digitais*: oriundas de algoritmos matemáticos usados para provar a autenticidade de uma mensagem ou documento digital.

Os componentes de um bloco em uma rede blockchain, conforme ilustrado na Figura 6.2, possuem por padrão os seguintes componentes:

- *Bloco*: número identificador sequencial do bloco em uma rede blockchain.[4]
- *Nonce*: conhecido como número que pode ser usado apenas uma vez – conhecido como núncio –, é um número arbitrário usado em criptografia dentro dos chamados protocolos de autenticação.
- *Dados*: armazena o que a rede está registrando em blockchain.Dependendo da área, pode-se armazenar, por exemplo: um contrato de imóvel, registro de uma patente, evidências digitais etc.
- *Previous*: armazena o código *hash* gerado durante o armazenamento do bloco anterior ao bloco corrente.
- *Hash*: contém o código *hash* gerado do bloco corrente para armazenamento.

A Figura 6.3 ilustra um modelo de uma rede blockchain contendo três blocos.

Figura 6.3 – Exemplo de uma rede blockchain com três blocos.

Importante ressaltar que, após a criação do primeiro bloco em uma rede blockchain, os demais blocos na sequência com seus componentes sempre irão conter uma referência ao bloco anterior, através do campo "Previous", que é representado por um valor *hash*.

4 Curiosidade: várias tecnologias blockchain denominam o primeiro bloco de uma rede recém-formada com sendo o bloco Gênesis. É o caso da rede Ethereum.

Dessa forma, podemos utilizar como exemplo uma escritura pública de um imóvel em que, após o seu primeiro registro, que ficará armazenado no campo "Dados", a cada interação (alteração cadastral, transferência etc.) dessa escritura, será gerado um novo bloco, e esse novo bloco fará referência ao anterior e gerará um novo registro *hash*, e assim sucessivamente.

A todo processo onde são gerados os blocos, o processo possui uma conotação de estar gerando uma cadeia de blocos – ou seja, um blockchain – e cada bloco parece um registro armazenado em um livro-razão, ou simplesmente *ledgers*.

E é exatamente a possibilidade de registro e armazenamento identificado por cada bloco com seus respectivos arquivos *hash* de qualquer conteúdo que permite a essa tecnologia a garantia da geração, armazenamento, manipulação e rastreabilidade de qualquer informação sem que exista uma ação no sentido de alterar o seu conteúdo.

A rede blockchain que sustenta toda a estrutura do Bitcoin é pública, pois, segundo Tapscott e Tapscott (2016), qualquer pessoa pode vê-lo a qualquer momento, uma vez que reside na rede, e não dentro de uma única instituição encarregada de operações de auditoria e manutenção de registros.

O blockchain tem o potencial de fornecer benefícios ao governo e à sociedade e pode apresentar o próximo passo no desenvolvimento do governo eletrônico, pois permite custos e complexidade reduzidos, processos confiáveis compartilhados, melhor descoberta dos testes de auditoria e garantia de manutenção de registros confiáveis (PALFREYMAN, 2015).

O blockchain é um livro-razão compartilhado e imutável que facilita o processo de registro de transações e rastreamento de ativos em uma rede de negócios. Um ativo pode ser tangível (uma casa, um carro, dinheiro, terras) ou intangível (propriedade intelectual, patentes, direitos autorais, marca). Praticamente qualquer coisa de valor pode ser rastreada e negociada em uma rede blockchain, reduzindo riscos e cortando custos para todos os envolvidos (LAURENCE, 2017).

A tecnologia blockchain é considerada um livro aberto e descentralizado, registrando transações entre duas partes de maneira permanente, sem autenticação de terceiros. A base tecnológica das transações na plataforma blockchain pode fornecer um mecanismo importante para transferências além daquelas que envolvem criptomoedas.

O conteúdo armazenado no blockchain é composto por uma estrutura de dados, denominada blocos, contendo todas as transações executadas em uma rede, podendo essa rede ser permissionada ou não, executando *chaincodes* no formato de smart contracts de acordo com regras de negócios predefinidas (PETRONI, 2020).

Como dito anteriormente, a criação de um novo bloco no blockchain deve passar pela acreditação dos computadores da rede (mineração). Para tal, utiliza-se um algoritmo de consenso. Existem basicamente três tipos de algoritmos de consenso (SARAF; SABADRA, 2018), sendo eles:

- *Proof of work (PoW)* – prova de trabalho: a mineração é o processo de dedicar esforços para fortalecer a série de transações em um bloco em relação a outros blocos concorrentes em uma rede blockchain. Qualquer nó (computador conectado à rede) no blockchain público pode atuar como um minerador. O PoW requer um grande esforço computacional por parte de um grande número de computadoes, sendo assim mais lento e oneroso em termos de consumo de energia.
- *Proof of stake (PoS)* – prova de estaca: esse algoritmo é semelhante ao PoW; a única diferença é que aqui não há competição como no PoW. Neste caso, a própria rede escolhe o nó que validaria a transação conhecida como validador (não um minerador). Se o nó selecionado como validador não valida a transação, então a rede seleciona o próximo validador e o processo continua até que a transação seja validada por qualquer nó (WOOD, 2014).
- *Proof of authority (PoA)* – prova de autoridade: neste algoritmo de consenso, a rede permite apenas os nós autorizados para validar a transação. A corrente deve ser assinada pela maioria das autoridades e, nesse caso, torna-se parte do registro permanente. Isso torna mais fácil manter uma rede privada e responsabilizar os emissores do bloco (WOOD, 2014).

Conforme apontado por Rouhani, Pourheidari e Deters (2019), uma rede blockchain pode ser:

- *Pública*: inicialmente sem permissão, introduzida no modelo da criptomoeda Bitcoin, cujos nós (computadores) não são confiáveis. Todos os usuários participantes podem, com uma identidade anônima, ingressar no blockchain, inserir transações e participar do processo de consenso.
- *Privada*: funciona de forma semelhante ao blockchain público, mas há uma camada de associação no topo para autenticar e autorizar os usuários antes de ingressar no blockchain, e eles podem ter diferentes níveis de acesso para enviar as transações, ler as transações ou participar de um mecanismo de consenso.

As aplicações empresariais tendem a utilizar o modelo de rede blockchain privado, uma vez que seus usuários basicamente precisam comprovar sua existência e serem autorizados para realizar o acesso à rede blockchain. Já as criptomoedas tendem a utilizar o blockchain público.

De acordo com Mougayar (2017), o blockchain não é apenas uma nova tecnologia; é um tipo de tecnologia que desafia outros softwares existentes, pois tem o potencial de substituir ou complementar práticas existentes, sendo, na essência, uma tecnologia que modifica outras.

6.2.1 TECNOLOGIAS BLOCKCHAIN

A fim de situar o leitor, iremos neste tópico descrever quais são as tecnologias existentes destinadas à concepção de aplicações de redes que utilizam tecnicamente o conceito de aplicações blockchain.

Embora a tecnologia blockchain tenha feito sua primeira aparição para o mundo como o conhecimento tecnológico por trás do Bitcoin, sua aplicabilidade foi investigada e validada em outros domínios não financeiros, como cidades inteligentes, saúde, Internet das coisas (IoT), gerenciamento da cadeia de suprimentos e redes 5G.

Na sequência serão descritas as tecnologias blockchain mais utilizadas atualmente:

- *Ethereum*: uma série de plataformas blockchain, além da criptomoeda Bitcoin, foi desenvolvida, como a Ethereum[5] (BUTERIN, 2013). A tecnologia blockchain Ethereum tem uma criptomoeda nativa chamada Ether (ETH). A ETH é dinheiro digital, parecida com o Bitcoin, puramente digital, e pode ser enviada para qualquer pessoa no mundo instantaneamente. Ethereum é um projeto que é usado para construir a tecnologia na qual todos os conceitos baseados em transações podem ser construídos, fornecendo um sistema ao desenvolvedor final para a construção de software em modelos de computador anteriormente inexplorados no mercado principal (SARAF; SABADRA, 2018);
- *Hyperledger*: uma comunidade de código aberto, fundada em dezembro de 2015 pelo projeto The Linux Foundation,[6] focada no desenvolvimento de um conjunto de estruturas estáveis, ferramentas e bibliotecas para implantações de tecnologia blockchain de nível empresarial. O desenvolvimento dessas estruturas blockchain é de código aberto (conceito de software livre GNU)[7] com o objetivo de melhorar o desempenho e a confiabilidade desses sistemas.
- *Corda*: plataforma de software de registro distribuída para registrar e processar acordos financeiros. É especializado para uso com instituições financeiras regulamentadas. Ele é inspirado em sistemas de blockchain, mas sem as opções de design que tornam os blockchains tradicionais inadequados para muitos cenários financeiros.

---

5 Disponível em: https://ethereum.org/pt/what-is-ethereum/. Acesso em: 23 mar. 2023.

6 The Linux Foundation®. Disponível em: https://www.linuxfoundation.org/. Acesso em: 23 mar. 2023.

7 Projeto GNU. Disponível em https://www.gnu.org/gnu/thegnuproject.pt-br.html. Acesso em: 23 mar. 2023.

6.3 SMART CONTRACTS

O conceito de smart contracts, ou simplesmente contrato inteligente, definido por (SZABO, 1995), é um conjunto de acordos ou promessas entre agentes. No caso os agentes podem ser definidos como pessoas, organizações, governos etc.

Um smart contract é um protocolo de transação computadorizado que executa os termos de um contrato. Os objetivos gerais de projetos que envolvem smart contracts são satisfazer as condições contratuais comuns (como termos de pagamento, ônus, confidencialidade e até mesmo cumprimento), minimizar exceções maliciosas e acidentais e minimizar a necessidade de intermediários confiáveis (SZABO, 1997).

Um smart contract é um programa de computador com propriedades de autoverificação, autoexecução e resistência à violação (MOHANTA, 2018).

Os smart contracts, de maneira técnica, armazenam e alteram o estado da rede blockchain pela execução e o funcionamento dos nós ou *nodes* (computadores) que executam as transações para as quais são pré-configurados (PETRONI, 2020).

As transações executadas pelos smart contracts são programas de computador desenvolvidos em linguagens de programação específicas e se adequam às regras de negócios das aplicações a que são destinados.

Áreas de aplicações, como indústria, agronegócio, sistema financeiro, governamental, entre outras, possuem interesse em garantir, gerar procedimentos probatórios de natureza jurídica, bem como facilitar suas transações e atividades baseadas em modelos baseados em conceitos de aplicabilidade em segurança da informação.

Tecnicamente, para o funcionamento da tecnologia smart contract é necessário, além da integração com a tecnologia blockchain, o desenvolvimento de uma estrutura que represente a regra do negócio (independente da área de conhecimento) no formato de código-fonte (programa de computador) do sistema da organização em questão, conforme ilustra a Figura 6.4.

A Figura 6.4 ilustra um exemplo utilizando a linguagem de programação Solidity,[8] específica para a geração de smart contracts.

8 Disponível em: https://solidity-portuguese.readthedocs.io/pt/latest/index.html. Acesso em: 23 mar. 2023.

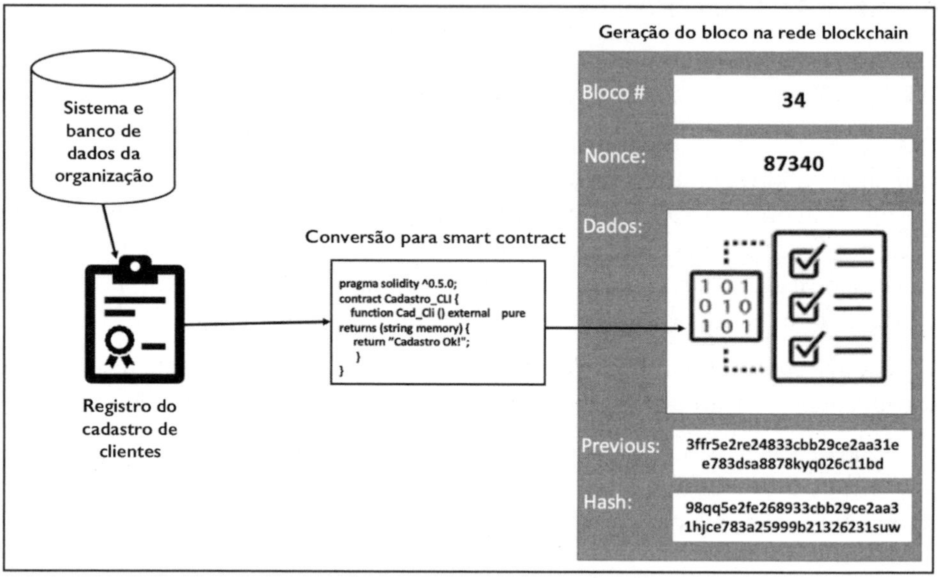

Figura 6.4 – Geração de smart contract e sua gravação em bloco de rede blockchain.

O processo da Figura 6.4 ilustra a integração de um sistema empresarial de uma determinada organização, com a geração de um registro do cadastro de clientes, convertido no formato de smart contract[9] na linguagem de programação Solidity e posteriormente gravado em um novo bloco na rede blockchain.

6.4 APLICAÇÕES DAS TECNOLOGIAS BLOCKCHAIN E SMART CONTRACTS

Nos últimos anos surgiram muitas novidades relacionadas à blockchain e aos smart contracts, com aplicações nas áreas de saúde, justiça, segurança, indústria, mas sobretudo na área financeira.

6.4.1 CRIPTOMOEDAS (*TOKENS*) E NFTS

As criptomoedas foram as primeiras aplicações de blockchain e acabaram tornando-se ativos de investimento – ou especulação – financeiros. Houve movimentos vertiginosos de valorização e de desvalorização desses ativos. Novas moedas (*tokens*) foram criadas sobre o blockchain das moedas primárias (Bitcoin, Ethereum), de forma análoga ao que temos em nosso mercado: além do real, que é a moeda

9 A linguagem de programação Solidity é usada para implementar o contrato inteligente em várias plataformas de blockchain.

básica, temos cheques, notas promissórias, duplicatas, vale-alimentação, vale-transporte etc., que na prática funcionam como moedas criadas sobre o real. Assim, o chamado *token* é como um ativo de crédito ou vale criado sobre uma criptomoeda.

6.4.1.1 Fungível × não fungível

Os *tokens* criados sobre blockchain podem ser fungíveis ou não fungíveis. Este é um conceito muito importante. Uma nota de R$ 50 ou qualquer outra nota de qualquer outra moeda é um ativo fungível, ou seja, o que importa é o valor que a nota representa, e não a nota em si; podemos trocar uma nota de R$ 50 por qualquer outra nota de R$ 50, desde que não danifiada, que dá na mesma. Um cheque ao portador não é fungível, embora possa ser descontado pelo portador, pois está intrinsecamente associado ao emissor e não se confunde com outro cheque de mesmo valor de outro emissor, ou seja, são diferentes. Um cheque nominal, uma nota promissória ou uma duplicata são não fungíveis, ou seja, cada um é único e não se confunde com outro de mesmo valor. Os vales em papel podem ser considerados fungíveis, já os vales eletrônicos não.

NFT é a sigla para *non-fungible token*, ou seja, um *token* não fungível que pode ser registrado em blockchain para garantir a identidade única de um arquivo digital. O NFT não torna o arquivo digital exclusivo ou incopiável; apenas garante ao seu detentor a propriedade original e a autenticidade desta. Como dados no blockchain, são inseridos os códigos binários que compõem o arquivo, além de outros metadados, como nome do autor, do proprietário, datas e outras informações relevantes conforme o propósito do NFT. O arquivo digital pode ser um desenho de marca, uma obra de arte digital, vídeos, áudios, um texto literário, técnico, legal etc. Nos últimos tempos os NFTs tornaram-se objetos de investidores, ou mesmo de especuladores, mas também possuem grande potencial de aplicação em áreas técnicas de segurança da informação e nos campos jurídico e governamental.

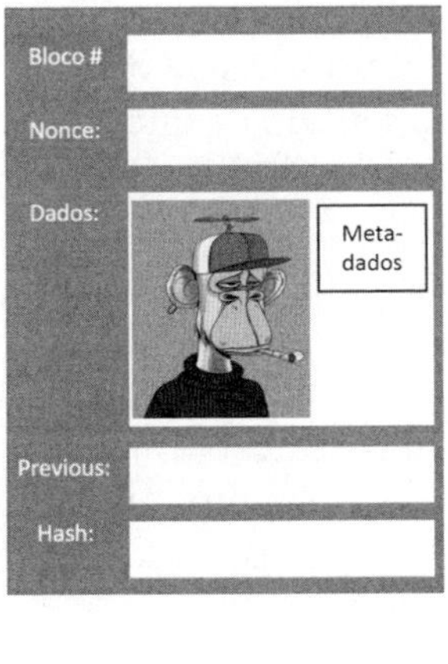

Figura 6.5 – Representação simbólica de um NFT de arte digital. A série de NFTs de desenhos do macaquinho tornou-se famosa por ter sido adquirida por celebridades por dezenas de milhares de dólares.

6.4.2 DEFI E DAO

DeFi é a sigla para *descentralized finances* (finanças descentralizadas). Talvez seja uma das aplicações de blockchain com maior potencial discuptivo na área financeira. Praticamente toda a área financeira que conhecemos é baseada em estruturas centralizadas de controle, como os bancos centrais, bolsas de valores etc. A DeFi baseia-se em protocolos montados sobre smart contracts, mas, ao invés de estruturas simples, como um NFT ou criptomoeda, o protocolo descreve um modelo de negócio completo, com seus processos e regras de negócio, tal qual a estrutura operacional de uma corretora (compra e venda de ações e outros ativos), uma financeira (empréstimos e financiamentos) ou uma casa de câmbio (troca de moedas).

Os modelos de negócios em DeFi são, em geral, abertos. Ou seja, os protocolos são escritos em códigos abertos e não há restrição de participantes, desde que se sujeitem às regras. A ideia é que, estabelecido o protocolo – as regras do jogo –, os participantes podem operar os serviços sem a necessidade de uma regulação central. Entretanto, essa "anarquia" não significa, necessariamente, que os modelos de negócio em DeFi sejam sem fins lucrativos. Alguns modelos de negócios em DeFi estabelecem suas próprias moedas ou *tokens* e o retorno financeiro ocorre com a valorização do *token* à medida que o modelo de negócio ganha escala e participantes.

Uma organização autônoma descentralizada (*decentralized autonomous organization* – DAO) pode ser entendida como uma nova forma de organização cuja gestão e operação são estabelecidas a partir de regras codificadas em contratos inteligentes (smart contracts), sobre a plataforma blockchain, podendo operar de forma autônoma, sem controle centralizado ou intervenção de terceiros (WANG *et al.*, 2019). Uma vantagem das DAOs seria que elas oferecem maior transparência em função dos acordos automatizados sobre regras e princípios definidos em código, sem intervenção humana (SINGH; KIN, 2019). Fazendo uma analogia, pode-se dizer que uma DAO assemelha-se a uma estrutura de cooperativa ou consórcio, mas essa analogia não deve ser tomada ao pé da letra.

Os conceitos de DAO e DeFi muitas vezes se confundem. Muitos modelos de negócio em DeFi são DAOs e muitas DAOs operam em DeFi. Talvez uma diferenciação possa ser estabelecida no sentido de que DeFi trata essencialmente de serviços financeiros, enquanto uma DAO pode ser estabelecida para serviços não financeiros. Pode-se, por exemplo, estabelecer uma DAO para serviços de tradução de textos, garantindo a autoria e autenticidade tanto dos originais como das traduções via smart contracts. Outra forma de olhar para esses conceitos seria entender DeFi como uma forma de operação financeira descentralizada, que pode ser utilizada por muitas organizações; DAO é uma organização (interessante destacar que muitos sites de DAOs utilizam domínios .org) e, portanto, uma entidade privada, descentralizada em sua gestão e que pode operar finanças descentralizadas.

Um exemplo de plataforma DAO pode ser visto no projeto DASH,[10] o qual oferece uma plataforma para pagamentos e transferências de recursos financeiros entre particulares e para aquisição de serviços. Destaca-se que o DASH permite que desenvolvedores criem seus próprios modelos de negócio sobre a plataforma, caracterizando uma plataforma aberta.

6.4.3 APLICAÇÕES COMO PARTES OU COMPONENTES DE NEGÓCIOS

A utilização de smart contracts tem como objetivo a representação de identidades em sistemas de tecnologia por identificadores – sistemas em várias áreas da tecnologia, entre os mais variados arranjos de tecnologias blockchain. Dessa forma, os smart contracts requerem que os dados de referência sejam de alta qualidade na identificação dos envolvidos para garantia de seus *status* numa rede blockchain.

A tecnologia blockchain trouxe sérias interrupções aos processos de negócios tradicionais, pois os aplicativos e transações, que precisavam de arquiteturas centralizadas ou de terceiros confiáveis para verificá-los, agora podem operar de forma descentralizada com o mesmo nível de certeza (CASINO; DASAKLIS; PATSAKIS, 2019).

Os smart contracts são introduzidos como programas de computador, executados pela rede blockchain, e podem expressar disparos, condições e lógica de negócios a fim de permitir transações complicadas programáveis, segundo Xu *et al.* (2016).

Na sequência, o modelo mental desenvolvido por Casino, Dasaklis E Patsakis (2019) representa a heterogeneidade real e futura das soluções de blockchain, dentro de uma classificação abrangente e aprofundada de aplicativos. As aplicações estão representadas no Quadro 6.1.

10 Disponível em: https://www.dash.org/. Acesso em: 23 mar. 2023.

Quadro 6.1 – Aplicações de blockchain em diferentes áreas

Aplicações de blockchain	Negócios e Indústria	Setor de energia
		Cadeia de suprimentos
	Privacidade e Segurança	Anonimidade
		Armazenagem segura
	Educação	Reputação
		Gestão de certificação
	Saúde	Prontuário eletrônico
	Internet das Coisas (IoT)	Iot *e-business*
		Gestão de equipamentos distribuídos
	Governo	Gestão de identidade
		Prova de existência
		Jurídico e notarial
		Administração pública
		Votação eletrônica
	Verificação de Integridade	Propriedade intelectual
		Seguridade
		Falsificações
	Financeiro	Criptomoedas
		Plataformas de previsões
	Gestão de dados	Recursos humanos
		Distribuição de dados

Fonte: adaptado do mapa mental de Casino, Dasaklis e Patsakis (2019).

Além das possibilidades ofertadas por Casino, Dasaklis e Patsakis (2019), destacam-se também alguns exemplos que podem ser considerados específicos em outras áreas conforme apontado por Petroni e Pfitzner (2021):

- verificação de documentos, abordagens de residência eletrônica (SULLIVAN; BURGER, 2017);
- desenvolvimento de mecanismos de tributação mais confiáveis e transparentes, (WIJAYA *et al.*, 2017; GERSTL, 2016);
- desenvolvimento de estruturas de conformidade regulatória mais robustas (DE FILIPPI; HASSAN, 2016);
- gestão da terra e propriedades (PICHEL, 2016).

6.5 CONSIDERAÇÕES FINAIS

Apesar de a tecnologia blockchain ter emergido da comunidade de código aberto, ela atraiu rapidamente muitos interessados, de diferentes contextos, interesses e motivações (TAPSCOTT; TAPSCOTT, 2016).

A tecnologia blockchain é uma plataforma computacional destinada à gravação de registros de transações *web* com o auxílio e interação de objetos denominados smart contracts adaptados e configurados de acordo com as regras de negócios ou necessidades de cada organização, e podem constituir-se em um ambiente propício para o armazenamento seguro de informações (PETRONI, 2020).

Propostas inovadoras utilizando a tecnologia blockchain estão sendo criadas em áreas cada vez mais heterogêneas, mostrando todo o seu potencial e, principalmente, apresentando segurança nos resultados apresentados.

O mercado, instituições de ensino, indústria e governos estão cada vez mais convencidos de que utilizar a tecnologia blockchain trará benefícios que até então não estavam garantidos somente com seus sistemas e/ou aplicações em específico.

Limitações ainda são visíveis e claras para as iniciativas de softwares específicos em livro-razão distribuído, que conseguem tecnicamente operar numa rede blockchain, poréme claro que todos os setores da humanidade estarão em breve colhendo frutos pelo enfrentamento da disrupção para integrar seus atuais e novos sistemas ao novo contexto, a tecnologia blockchain.

REFERÊNCIAS

ANDONI, M. *et al.* Blockchain technology in the energy sector: a systematic review of challenges and opportunities. *Renewable and Sustainable Energy Reviews*, v. 100, p. 143-174, 2019. DOI: https://dx.doi.org/10.1016/j.rser.2018.10.014. Disponível em: https://www.sciencedirect.com/science/article/pii/S1364032118307184?via%3Dihub. Acesso em: 15 mar. 2020.

BUTERIN, V. *Ethereum whitepaper.* [*S. l.*], 2013, Disponível em: https://ethereum.org/en/whitepaper/. Acesso em: 20 mar. 2023.

CASINO, F.; DASAKLIS, T. K.; PATSAKIS, C. A systematic literature review of blockchain-based applications: current status, classification and open issues. *Telematics and Informatics*, v. 36, p. 55-81, 2019.

DE FILIPPI, P.; HASSAN, S. Blockchain technology as a regulatory technology: from code is law to law is code. *First Monday*, v. 21, 2016.

GERSTL, D. S. Leveraging Bitcoin blockchain technology to modernize security perfection under the uniform commercial code. *In*: Software Business: 7th International Conference. ICSOB 2016, Ljubljana, Slovenia, June 13-14, 2016, Proceedings 7. *Springer International Publishing*, 2016. p. 109-123.

GOODMAN, M. *Future Crimes*: tudo está conectado, todos somos vulneráveis e o que podemos fazer sobre isso. São Paulo: HSM Editora, 2015.

KOPYTO, M. *et al.* Potentials of blockchain technology in supply chain management: Long-term judgments of an international expert panel. Technological Forecasting and Social Change, v. 161, 2020. DOI: https://dx.doi.org/10.1016/j.techfore.2020.120330. Disponível em: https://www.sciencedirect.com/science/article/abs/pii/S0040162520311562?via%3Dihub. Acesso em: 22 mar. 2023.

LAURENCE, T. Blockchain *for dummies*. River St., Hoboken, N.J.: Wiley Brand, 2017.

MOUGAYAR, W. Blockchain *para negócios*: promessa, prática e aplicação da nova tecnologia da internet. Rio de Janeiro: Alta Books, 2017.

MOHANTA, B. K.; PANDA, S. S.; JENA, D. An overview of smart contract and use cases in blockchain technology. *In*: 2018 9TH INTERNATIONAL CONFERENCE ON COMPUTING, COMMUNICATION AND NETWORKING TECHNOLOGIES (ICCCNT), Bengaluru, India, 2018. p. 1-4.

NAKAMOTO, S. *Bitcoin:* a peer-to-peer electronic cash system. [*S. l.*], 2008.

PALFREYMAN, J. Blockchain *for government?* [*S. l.*], 2015. Disponível em: https://www.ibm.com/blogs/blockchain/category/blockchain-for-government/. Acesso em: 10 fev. 2020.

PANWAR, A.; BHATNAGAR, V. Distributed ledger technology (DLT): the beginning of a technological revolution for blockchain. *In*: 2ND INTERNATIONAL CONFERENCE ON DATA, ENGINEERING AND APPLICATIONS (IDEA), Bhopal, India, 2020. p. 1-5.

PETRONI, B.C. A. *Aplicação de Smart Contracts no controle e na otimização de cadeia de custódia de evidências digitais baseadas na plataforma* Blockchain. 2020, 131 f. Tese (Doutorado em Engenharia de Produção) – Universidade Paulista, São Paulo, 2020.

PETRONI, B. C. A. P.; GONÇALVES, R. F. Smart Contracts baseados em Blockchain na cadeia de custódia digital: uma proposta de arquitetura. *In*: ICoFCS/2018. PROCE-

EDING OF THE INTERNATIONAL CONFERENCE ON FORENSIC COMPUTER SCIENCE AND CYBER LAW, São Paulo, 2018. p. 23-30.

PETRONI, B. C. A.; PFITZNER, M. S. A framework of blockchain technology for public management in Brazil. *In*: REDDICK C. G.; RODRÍGUEZ-BOLÍVAR, M. P.; SCHOLL, H. J. Blockchain and the public sector. Cham: Springer, 2021. (Public Administration and Information Technology, v. 36). DOI: https://dx.doi.org/10.1007/978-3-030-55746-1_7. Disponível em: https://link.springer.com/chapter/10.1007/978-3-030-55746-1_7. Acesso em: 23 mar. 2023.

PICHEL, F. Blockchain for land administration. *GIM Int.*, v. 30, n. 9, p. 38-39, 2016.

ROUHANI, S.; POURHEIDARI, V.; DETERS, R. Physical access control management system based on permissioned blockchain. *In*: 2018 IEEE INTERNATIONAL CONFERENCE ON INTERNET OF THINGS (ITHINGS) AND IEEE GREEN COMPUTING AND COMMUNICATIONS (GREENCOM) AND IEEE CYBER, PHYSICAL AND SOCIAL COMPUTING (CPSCOM) AND IEEE SMART DATA (SMARTDATA). IEEE, 2019. p. 1078-1083.

SARAF C.; SABADRA, S. Blockchain platforms: a compendium. *In*: 2018 IEEE INTERNATIONAL CONFERENCE ON INNOVATIVE RESEARCH AND DEVELOPMENT (ICIRD), Bangkok, Thailand, 2018. p. 1-6.

SINGH, M.; KIM, S. Chapter four – Blockchain technology for decentralized autonomous organizations. *In*: KIM, S.; DEKA, G. C.; ZHANG, P. *Advances in Computers*, v. 115, p. 115-140, 2019. DOI: https://dx.doi.org/10.1016/bs.adcom.2019.06.001. Disponível em: https://www.sciencedirect.com/science/article/abs/pii/S0065245819300257?via%3Dihub. Acesso em: 23 mar. 2023.

SULLIVAN, Clare; BURGER, Eric. E-residency and *blockchain*. *Computer law & security review*, v. 33, n. 4, p. 470-481, 2017.

SZABO, N. *Smart contracts glossary*. [*S. l.*], 1995. Disponível em: https://www.fon.hum.uva.nl/rob/Courses/InformationInSpeech/CDROM/Literature/LOTwinterschool2006/szabo.best.vwh.net/smart_contracts_glossary.html. Acesso em: 5 fev. 2021.

SZABO, N. *Smart contracts*. [*S. l.*], 1997. Disponível em: https://www.fon.hum.uva.nl/rob/Courses/InformationInSpeech/CDROM/Literature/LOTwinterschool2006/szabo.best.vwh.net/smart.contracts.html. Acesso em: 15 mar. 2021.

TAPSCOTT, D.; TAPSCOTT, A. *Blockchain Revolution*: como a tecnologia por trás do Bitcoin está mudando o dinheiro, os negócios e o mundo. São Paulo: Senai-SP, 2016.

WIJAYA, D. A. *et al.* A new blockchain-based value-added tax system. *Lecture Notes in Computer Science* (including subseries Lecture Notes in Artificial Intelligence and Lecture Notes in Bioinformatics), v. 10592, p. 471-486, 2017.

WANG, S.; DING, W.; LI, J.; YUAN, Y.; OUYANG, L.; WANG, F. Decentralized autonomous organizations: concept, model, and applications. *IEEE Transactions on Computational Social Systems*, v. 6, n. 5, p. 870-878, out. 2019.

WOOD, G. Ethereum: A secure decentralised generalized transaction ledger. *Ethereum Project Yellow Paper*, v. 151, 2014.

XU, X. *et al.* The blockchain as a software connector. *In*: 2016 13TH WORKING IEEE/IFIP CONFERENCE ON SOFTWARE ARCHITECTURE (WICSA). IEEE, 2016. p. 182-191.

ZETZSCHE, D. A.; ARNER, D. W.; BUCKLEY, R. P. Decentralized finance. *Journal of Financial Regulation*, v. 6, n. 2, p. 172-203, 2020.

PARTE III

PRODUÇÃO 4.0: TRANSFORMAÇÃO DIGITAL E INDÚSTRIA

CAPÍTULO 7

Robótica e a Indústria 4.0

Flávio Amadeu Bernardini

Márcia Terra da Silva

Jair Minoro Abe

7.1 INTRODUÇÃO

Desde os primórdios, o homem desenvolve ferramentas e utensílios que o auxiliam nas mais diversas atividades de sobrevivência e bem-estar. Dessa remota época para cá passamos por inúmeros fatos históricos, inúmeras revoluções e guerras. Todas essas situações trouxeram novas necessidades que, de certa forma, fomentaram o desenvolvimento da humanidade. E todo esse contexto contribuiu para a evolução tecnológica da qual desfrutamos hoje neste mundo globalizado.

Dentre todas as obsessões humanas, destaca-se a vontade de que algum utensílio ou ferramenta pudesse realizar tarefas de nossa necessidade de maneira autônoma, e de forma segura e eficiente. Em 1921, o dramaturgo checo Karel Capeck deu início à realização de mais esse desenvolvimento da humanidade através da peça teatral *Os robôs de Russum (RUR)*, na qual um autômato com características humanas executava tarefas, porém acabou se rebelando contra os seres humanos. E foi a palavra *robota*, de origem eslava, que significa "trabalho forçado", que acabou dando origem ao termo robô como é conhecido nos dias de hoje.

Na década de 1940, o renomado autor naturalizado norte americano Isaac Asimov, com seu livro intitulado *Eu, robô*, tornou popular o conceito de máquina com aparência humana, porém sem sentimentos e sempre programada por um ser humano para cumprir regras de comportamento. Surgem então as três leis básicas da robótica, sendo essa ciência criada pelo autor:

- *Primeira Lei*: um robô não pode ferir um ser humano ou, por inação, permitir que um ser humano sofra algum mal.
- *Segunda Lei*: um robô deve obedecer às ordens dadas por seres humanos, exceto nos casos em que tais ordens entrem em conflito com a Primeira Lei.
- *Terceira Lei*: um robô deve proteger sua própria existência, desde que tal proteção não entre em conflito com a Primeira ou a Segunda Lei.

A partir desses novos conceitos, surgiram alguns filmes de ficção científica abordando de forma enfática a robótica como ciência. Todo esse contexto gerou em alguns jovens estudantes a vontade imensa de pesquisar sobre o assunto no mundo real. Vale destacar que muita coisa mudou dessa época para os dias atuais, pois existem uma infinidade de tipos de robôs que nem se assemelham com os seres humanos. O teor dessas leis é alvo de muita discussão na comunidade científica, pois existem no mundo máquinas com autonomia e alto poder de destruição, como os drones militares. Tais discussões são no sentido de propor novas leis, mudar as já existentes, ou que essas leis devam pertencer somente ao campo literário.

Em 1954, o inventor norte-americano George Devol começou a desenvolver um braço robótico que colocava pedaços de metal quente nos chassis dos automóveis, sendo que esse braço era controlado por comandos gravados em fitas magnéticas. O robô Unimate começou então a atuar na linha de produção da GM no ano de 1961.

Com o surgimento dos computadores na metade do século XIX, foi crescente o movimento da comunidade científica por fazer os robôs pensarem e agirem como os seres humanos, e muitas pesquisas nesse campo estão sendo desenvolvidas até os dias de hoje. No ano 2000, a montadora japonesa de automóveis Honda lança o simpático Asimo, o robô humanoide mais popular do mundo. Com cerca de 1,30 m de altura, pesando 54 kg e com 26 graus de liberdade de movimentos nas articulações, o Asimo é capaz de subir e descer escadas, chutar uma bola de futebol e interagir com os seres humanos de forma segura. Até os dias atuais, a principal utilização desse robô foi em eventos com público para entretenimento; e, com todo esse avanço tecnológico, ele representa um marco na evolução da robótica mundial.

Assim, desde seu surgimento até os dias de hoje, os robôs ainda não são capazes de criar, e suas atividades ainda são programadas por seres humanos. Porém, os robôs são extremamente capazes de realizar tarefas perigosas, difíceis e muitas vezes impossíveis de serem realizadas pelos seres humanos. Diante de todo esse histórico tecnológico, foram as indústrias que acabaram se beneficiando na utilização da robótica em seus processos produtivos, obtendo vantagens como redução de custos de produtos fabricados, melhoria das condições de trabalho dos trabalhadores, melhoria da qualidade dos produtos, realização de tarefas manuais e intelectuais com muita precisão e rapidez.

7.2 ROBÔS INDUSTRIAIS

Os fundamentos tecnológicos da robótica industrial abrangem uma gama de engenharias, como mecânica, eletroeletrônica, computação, automação e controle de sistemas dinâmicos. Todo esse conhecimento é necessário para projetar um robô industrial, cujo aspecto físico difere bastante daqueles que aparecem nos filmes de ficção científica que abordam o assunto. Atualmente existe uma série de fabricantes de robôs industriais ao redor do mundo, organizados em associações comerciais. A fabricação e a utilização desses robôs estão em consonância com normas internacionais, as quais regulamentam aspectos construtivos, assim como os métodos de programação dos softwares. Desde sua primeira aplicação industrial até a presente data, os robôs passaram por inúmeros avanços em cada uma das gerações tecnológicas.

Em 1974 surgiu na América do Norte a Robotic Industries Association (RIA), como um grupo comercial organizado com o objetivo de atender as demandas da indústria da robótica. Fazem parte desse grupo os principais líderes da fabricação de robôs, usuários, empresas de integração de sistemas, fornecedores de componentes, grupos de pesquisa e empresas de consultoria. No site da RIA estão disponíveis diversas informações técnicas dos mais variados tipos de robôs, como robôs industriais, robôs para aplicação em logística, humanoides etc. O site também fornece a seus associados *webinars* com temas tecnológicos de última geração e *podcasts* dos principais desenvolvedores da área de robótica. Informações do mercado financeiro de cada um dos tipos de robôs existentes também podem ser consultadas pelo acesso de qualquer usuário.

Por questões de qualidade na produção e segurança dos trabalhadores, tudo que envolve a indústria diz respeito a padrões e normas, e no campo da robótica isso não poderia ser diferente. A ISO 10218 de 2006 define robô industrial como: "Uma máquina manipuladora, com vários graus de liberdade, controlada automaticamente, reprogramável, multifuncional, que pode ter base fixa ou móvel para utilização em aplicações de automação industrial". Essa norma orienta projeto e construção, assim como retrata maneiras seguras de integração, instalação, testes, programação, operação e manutenção.

A automação industrial utiliza-se de máquinas eletromecânicas, computadores, máquinas por controle numérico por computador (CNC) e controladores lógicos programáveis (CLP) para automatizar os mais variados processos produtivos. Seus objetivos são aumento da produtividade, obter maior eficiência nos processos, garantir mais segurança para os trabalhadores e reduzir o consumo de energia. A robotização de um setor produtivo é sem dúvida a parte mais visível da automação industrial no chão de fábrica. Existem diversos robôs industriais cujos tipos são classificados de acordo com a estrutura mecânica, como os robôs de coordenadas cilíndricas, coordenadas esféricas, o robô Scara e o robô Paralelo. A seguir faremos uma breve descrição das partes que compõem um robô manipulador industrial de seis eixos.

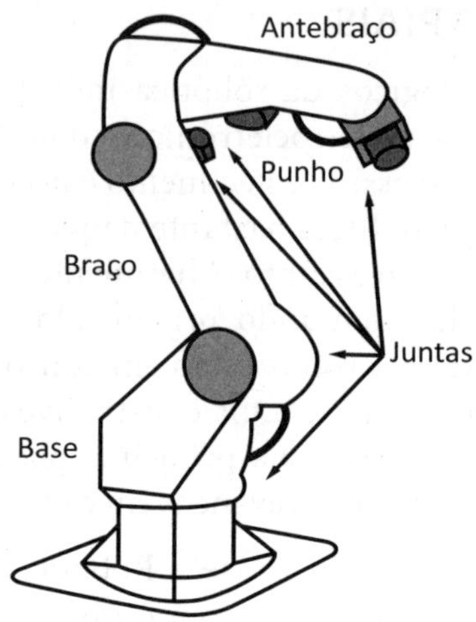

Figura 7.1 – Robô manipulador industrial.

Fonte: adaptada de RRRobotica.

Um robô industrial é composto de diversas partes que basicamente são divididos em dois sistemas. Os sistemas de acionamento podem ser observados na Figura 7.1; o aspecto físico é de um braço robótico industrial, com uma base fixa no chão, braço robótico, antebraço e juntas que podem ser rotativas, prismáticas, cilíndricas ou esféricas. No punho são afixados diversos tipos de ferramentas, adaptáveis ao processo produtivo da ocasião. Por outro lado, os sistemas de controle estão diretamente ligados ao desempenho e à precisão dos movimentos do robô e são compostos por toda a parte eletrônica do hardware, como placas de controle e acionamentos elétricos para os diversos servomotores que movimentam os eixos dos robôs. São utilizados sensores de posicionamento para cada um dos eixos citados.

Outra importante parte que também compõe o sistema de controle é a programação, a qual pode ser realizada com base em dois métodos bem difundidos por profissionais da área. Em uma delas, a programação online, utiliza-se um dispositivo mestre-escravo para o procedimento de aprendizagem do robô; o programador fica muito próximo para verificar os pontos a percorrer e acompanhar as tarefas a executar. Suas principais desvantagens são a parada do robô para a programação e a segurança do programador. Em contrapartida, a programação offline é realizada por uma linguagem de alto nível, com alto grau de abstração, o que facilita o trabalho do programador. Dispensa a parada da produção, pode ser replicada para outros robôs similares e não há necessidade de o operador permanecer próximo ao robô durante a programação. Porém é mais sujeita a imprecisões, portanto são necessárias maiores verificações posteriores para se colocar o robô em atividade produtiva.

A primeira geração tecnológica de robôs atua em ambientes de fábrica estruturados, ou seja, preparados para aquela atividade, repetindo os movimentos programados de forma sequencial. Com o avanço tecnológico computacional, surge a segunda geração de robôs industriais, que atua em ambientes de fábrica parcialmente estruturados. Esses robôs podem calcular os movimentos em tempo real e são capazes de reconhecer tipos de peças a serem manipuladas, mesmo deslocadas de posição, ou seja, conseguem se adaptar a novas condições para realizar o trabalho. Quanto à terceira geração de robôs, eles se comunicam com outras máquinas e são capazes de tomar decisões nas operações de montagens. Entre as capacidades dessa geração, destacam-se a adequação a novas combinações durante o processo, por exemplo, rejeição de peças defeituosas e verificação de tolerância nos encaixes. Além disso, alguns modelos dessa geração já vêm com tecnologia baseada nos conceitos da indústria 4.0, principalmente no que diz respeito aos protocolos de comunicação industrial, para serem integrados a outros sistemas.

7.3 ROBÔS DE LOGÍSTICA

As empresas do setor produtivo estão em uma corrida por automação e em busca de melhoria de qualidade e produtividade, investindo em pesquisas de novas tecnologias que possam melhorar os processos produtivos de transporte de insumos, produtos etc. Uma das alternativas bastante utilizadas, são os sistemas de monotrilho, que são estruturas aéreas suspensas no teto do prédio, que fixam trilhos para movimentação de peças e produtos em transportadores independentes. Essa alternativa permite o transporte de uma variedade de cargas, não requer muitas modificações no piso, e pode se interligar com outros equipamentos no percurso. A limitação está no fato de possuir um único trajeto fixo, sendo suas maiores aplicações no setor de manufatura.

Figura 7.2 – Monotrilho no transporte de motores.

Fonte: CONVOY® (2021).

Em um centro de logística, origem e destino variam de acordo com a demanda, e as rotas de transporte de mercadorias são aleatórias. A solução para esse problema começou a se desenvolver na década de 1950, quando o norte-americano Arthur Barrett desenvolveu na sua empresa um veículo de transporte que seguia um fio no chão ao invés de trilhos. Então, a partir do século XX houve um crescente emprego de AGV (*automated guided vehicle*, ou veículo guiado autonomamente) no setor de manufatura e principalmente em grandes centros de logística. Existe no mercado uma variedade de modelos de AGV, que empregam tecnologias de funcionamento já bastante consolidadas e oferecem vantagens e desvantagens na implementação dos projetos de atividades logísticas.

Os AGVs são equipamentos itinerantes autônomos controlados por um software de navegação robótica específico e totalmente flexível. Podem operar em ambientes com muitas pessoas e com trajetos de origem e destino variados. Exigem pouco mais espaço que o próprio material transportado, permitem modificação e adaptação de rotas, para atender em tempo real fluxos que muitas vezes são aleatórios. Na Figura 7.3 estão representadas imagens de AGVs que utilizam tecnologias diferentes de navegação.

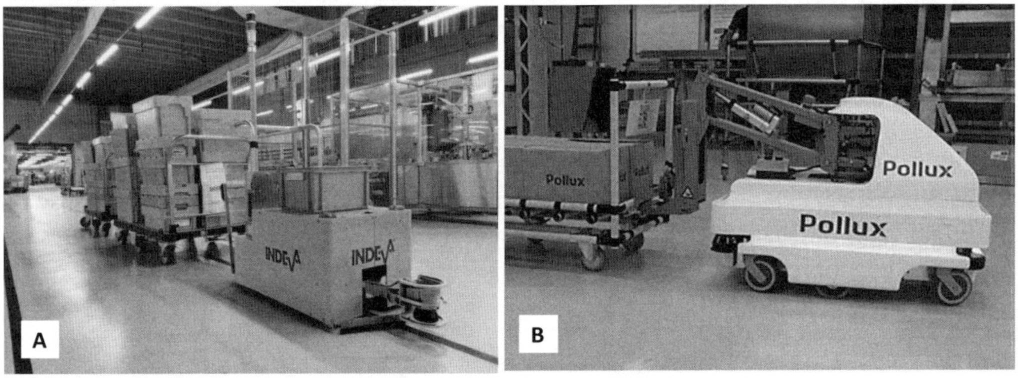

Figura 7.3 – a) AGV guiado por fita magnética; b) AGV guiado por ondas de rádio.

Fonte: INDEVA® (2020); Automação Industrial (2019).

Quanto às tecnologias de navegação, alguns tipos de AGV seguem linhas ou fios ao longo do chão. Outros utilizam ondas de rádio e câmeras de visão ou *lasers* para orientar seu deslocamento. Em um centro logístico, pode haver vários AGVs se deslocando simultaneamente, e o sistema de controle possui um painel colorido que atualiza em tempo real as informações de cada um dos robôs quanto a localização, percurso realizado, tensão elétrica da bateria etc. Cada um dos AGVs possui uma identificação exclusiva que auxilia o suporte técnico no controle dessas complexas movimentações.

Para os projetos logísticos na implementação de sistemas de transporte por AGVs, algumas recomendações devem ser muito bem observadas por parte dos gestores de empresas interessadas nessa tecnologia. O detalhamento geométrico da planta pode ser realizado por meio de software específico de simulação, com vários cenários para análise de custo e ganho nos processos de transporte de mercadorias. Outro aspecto muito importante na escolha diz respeito à tecnologia utilizada pelo fabricante do sistema de AGVs, sendo que atualmente estão sendo empregados os conceitos da Indústria 4.0, que devem ser compatíveis com o sistema de gerenciamento dos processos da empresa interessada. Em termos culturais, os colaboradores da empresa devem ser devidamente treinados para conviver com os AGVs que perambulam pelos corredores de forma autônoma. Com relação à manutenção, os AVGs necessitam de estações para o carregamento automático de baterias e de um programa de manutenção preventiva para ampliar sua vida útil.

Os AGVs chegaram para suprir a falta de mão de obra contínua, trazer ganho de produtividade em tarefas repetitivas e podem transitar em ambientes insalubres, como é o caso de câmaras frias. Apresentam facilidade na integração com diferentes tamanhos de paletes e possuem alta capacidade na modificação de *layout* da empresa, tipo de produto e processo produtivo.

7.4 POPULAÇÃO MUNDIAL E BRASILEIRA DE ROBÔS INDUSTRIAIS

A grande utilização de robôs nos mais diversos setores de produção já é uma realidade muito sólida nos países desenvolvidos, mas, infelizmente, isso não é uma realidade em boa parte das indústrias brasileiras. Esse atraso na modernização das plantas fabris brasileiras se dá por uma série de fatores que datam do início do nosso processo de industrialização. O gráfico da Figura 7.4 aponta que, no ano de 1995, a indústria brasileira estimava uma população de aproximadamente 790 robôs industriais, e isso representava na época 0,6% da população mundial de robôs. Nos anos 2000 essa população de robôs atuando nas empresas brasileiras superou 4 mil unidades.

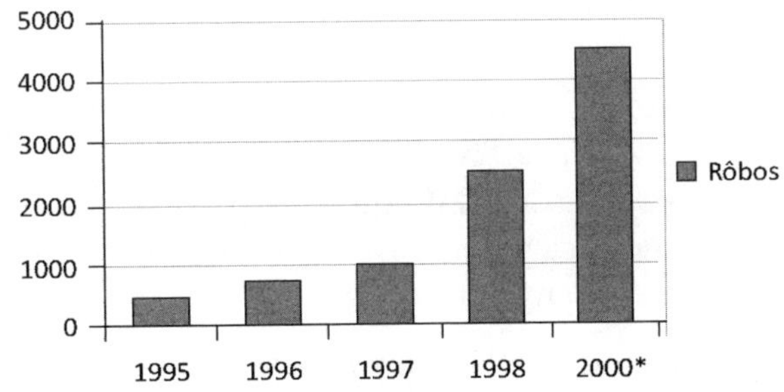

Figura 7.4 – População de robôs utilizados no Brasil.

Fonte: Valor Econômico, 2019.

No ano de 2017, de acordo com a Federação Internacional de Robótica (IFR, na sigla em inglês), em países desenvolvidos como a Coreia do Sul, por exemplo, existe uma população de mais de quinhentos robôs para cada 10 mil operários. Enquanto isso, no Brasil estimam-se apenas dez unidades para cada 10 mil operários.

O jornal *Valor Econômico*, em 2019, divulgou uma matéria que destacava um novo apontamento da Federação Internacional de Robótica, a qual relata que o número de robôs instalados no Brasil ainda representa o mesmo 0,6% dos robôs instalados no mundo, ou seja, o mesmo patamar de duas décadas atrás. No gráfico da Figura 7.5 observa-se a China em primeiro lugar com mais de 470 mil unidades, e o Brasil no décimo oitavo lugar, com cerca de 12 mil unidades.

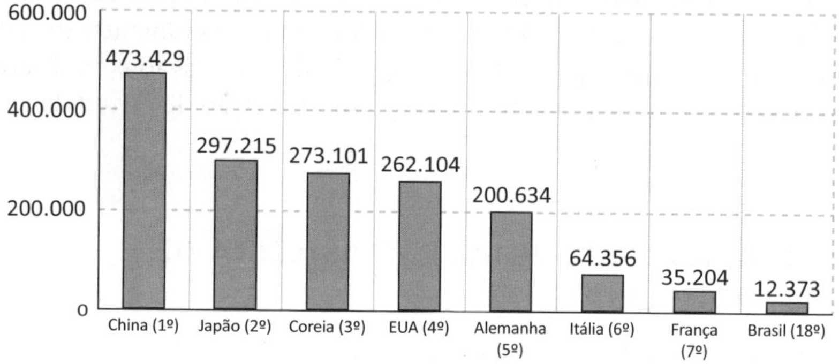

Figura 7.5 – População de robôs utilizados no mundo.

Fonte: Valor Econômico, 2019.

Esse histórico é muito preocupante, e o título do infográfico da matéria destaca: "Ficando para trás". O Brasil possui um clima muito mais favorável para o desenvolvimento de qualquer setor produtivo quando comparado com países que estão bem à frente, como é o caso da Itália. Isso apesar de possuir dimensões continentais, evidenciando que boa parte de seu território habitável ainda está em processo muito lento de desenvolvimento.

Com todo esse contexto desfavorável, ainda se podem ressaltar algumas boas práticas. O Ministério da Ciência, Tecnologia e Inovação é que dita o ritmo do desenvolvimento tecnológico nacional do qual faz parte a Financiadora de Estudos e Projetos (Finep), que se destaca pelo pioneirismo no incentivo de projetos robóticos brasileiros, principalmente em universidades.

Um dos projetos patrocinados pela Finep foi a série de robôs PIG (*pipe inspection gauge*, um dispositivo usado em inspeção de dutos) da empresa carioca Pipeway. São robôs utilizados para identificar problemas estruturais e realizar limpeza em tubulações de óleo e gás.

A empresa Armtec, que está instalada na Universidade de Fortaleza (Unifor), com o apoio da financiadora, desenvolveu o robô Saci (Sistema de Apoio ao Combate de Incêndios), que é um robô terrestre que transporta um moderno canhão de combate a incêndios e é considerado o robô com a maior capacidade de vazão do mundo. A Figura 7.6 traz imagens dos robôs patrocinados pela Finep.

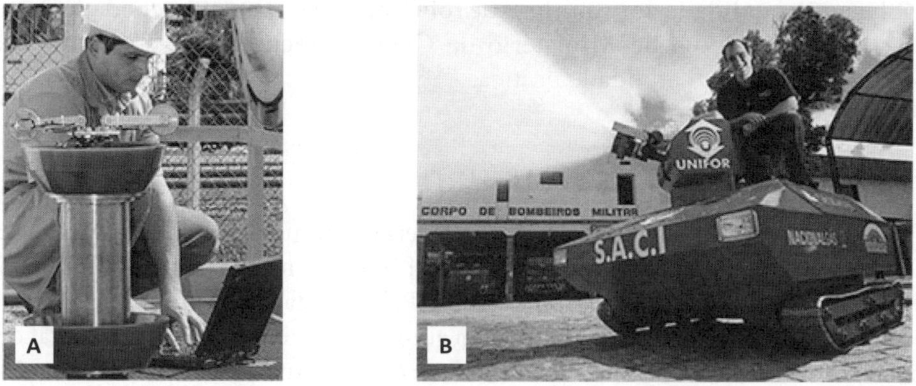

Figura 7.6 – a) Robô PIG de inspeção de tubos; b) Robô Saci combate incêndios.

Fonte: Ferreira (*s. d*).

Um outro importante destaque nacional são algumas ações promovidas por empresas empreendedoras brasileiras. A empresa AGVs, que está localizada na região metropolitana de Curitiba, é especializada em desenvolver e construir veículos autoguiados com projetos 100% nacionais. Seus projetos são veículos rebocadores, carregadores e veículos transportadores especiais. A Figura 7.7 destaca um veículo rebocador produzido pela empresa.

Figura 7.7 – AGV rebocador.

Fonte: AGVS Moving Forward.

Diante do que foi exposto, percebe-se que há uma grande diferença na quantidade de robôs utilizados em países mais desenvolvidos quando comparados ao Brasil, sendo que os apontamentos indicam pouca evolução do número de robôs nas empresas brasileiras nas duas últimas décadas. Em contrapartida, houve uma evolução na qualidade de protótipos de robôs projetados em universidades brasileiras, que obtiveram apoio do Ministério da Ciência, Tecnologia e Inovação e já estão sendo colocados em atividade prática.

7.5 ROBÓTICA 4.0 E O FUTURO

As revoluções industriais também trouxeram inúmeras vantagens para o desenvolvimento social, pois a automação industrial iniciada na terceira revolução com o uso dos controladores lógicos programáveis (CLP) hoje se faz presente em casas inteligentes, por exemplo, em sistemas de iluminação automática combinando luz natural com artificial. Então, o que vem pela frente? Qual será o próximo passo? A 4ª Revolução Industrial, com uma base na customização de produtos, necessita um fluxo maior de dados na comunicação máquina para máquina, assim como na comunicação homem para máquina. Um outro ponto importante diz respeito à robotização, na qual se projeta uma aceleração no processo de implementação de robôs colaborativos nos mais diversos setores produtivos.

Em termos de comunicação dos dispositivos, as redes industriais de chão de fábrica chamadas de *fieldbus* exercem um papel fundamental, pois foram desenvolvidas com o propósito de obter um controle centralizado, flexibilidade na implementação de modificações de processos, baixar custo de automação e permitir expansões futuras. Em comparação aos sistemas de automação tradicionais, as vantagens oferecidas pelas redes industriais estão no baixo custo de implementação e manutenção, no menor número de conexões com sensores e atuadores e maior conectividade. Dentre as mais difundidas redes industriais, destacam-se: AS-I, DeviceNet, PROFIBUS, FieldBus Foundation. O que foi descrito até agora pertence ao nível de rede industrial de sensores e atuadores, porém existem outras camadas nas redes, por exemplo, o nível de produção e processos, com equipamentos de controle e visualização. Há também a possibilidade de expandir os níveis, chegando até o computador principal de gerenciamento da fábrica. Vale destacar que um grande desafio, já iniciado na 3ª Revolução Industrial, consiste na comunicação entre redes industriais de diferentes fabricantes, e com protocolos de comunicação diferentes. Por exemplo, um braço robótico de um fabricante A que retira uma peça de um centro de usinagem do fabricante B, sendo a comunicação entre essas máquinas realizada via rede industrial.

Conforme já descrito anteriormente, os robôs industriais requerem uma série de cuidados de segurança, espaço exclusivo de atuação, equipamentos sofisticados de implementação e profissionais altamente capacitados para a sua programação. A Indústria 4.0, com suas tecnologias disruptivas, traz à tona os robôs colaborativos *Cobots* que já são uma realidade em muitas empresas, inclusive no Brasil. Os *Cobots* são braços robóticos colaborativos, construídos com materiais leves, bordas arredondadas, limitações de velocidade e força geridas por sensores e software embarcado. Podem ser considerados "colegas de trabalho", pois interrompem imediatamente os movimentos ao detectar a presença de uma pessoa. A programação de seus movimentos não requer muito conhecimento técnico, e já existem diferentes fabricantes de acessórios *plug and play*, como garras e câmeras para serem incorporados ao processo de automação. Com isso essa nova geração pode ser utilizada para melhorar as condições de trabalho dos operadores, ou seja, os robôs colaborativos realizam tarefas perigosas, repetitivas e tediosas, enquanto os operadores realizam tarefas que requerem raciocínio e refinamento.

Finalmente, pode-se antever que um novo campo de trabalho surge para aqueles que buscarem capacitação profissional para uma especialização, como desenvolvedores, analistas e mineradores de dados, designers de robôs, especialistas em comunicação digital. Deve-se frisar, no entanto, que, para as condições de trabalho e nível de emprego serem realmente melhores no futuro, é necessário que ações sejam tomadas agora quanto à melhoria da educação básica, que deve dar suporte para o desenvolvimento de capacitações variadas, não só técnicas, mas também humanas e relacionais, e à regulação da gestão do trabalho, de maneira que práticas de trabalho danosas para a saúde do trabalhador tenham um custo maior para a empresa.

REFERÊNCIAS

AGVS MOVING FOR WARD. Disponível em: http://www.agvs.com.br/agv-rebocador.html.

BARTHELMESS, U.; FURBACH, U. Do we need Asimov's Laws? *arXiv preprint*, arXiv:1405.0961, 2014.

CARRARA, V. *Introdução à robótica industrial.* São José dos Campos: Inpe, 2015. Disponívelem:http://mtc-m21b.sid.inpe.br/col/sid.inpe.br/mtc-m21b/2015/08.25.14.16/doc/publicacao.pdf?metadatarepository=&mirror=iconet.com.br/banon/2006/11.26.21.31. Acesso em: 24 mar. 2023.

FERREIRA, P. Robôs made in Brasil. *Inovação em Pauta*, p. 56-61. Disponível em: http://meggi.usuarios.rdc.puc-rio.br/news/09_Finep_Inovacao_em_Pauta.pdf.

FINANCIADORA DE ESTUDOS E PROJETOS (FINEP). Disponível em: http://www.finep.gov.br/. Acesso em: 25 nov. 2020.

INDEVA® AGV for mail sorting plant, 28 jan. 2020. *INDEVA INTELLIGENT DEVICES FOR HANDLING.* Disponível em: https://www.indevagroup.com/news/indeva-agv-for-mail-sorting-plant/.

INDÚSTRIA 4.0 MANUFATURA AVANÇADA. Disponível em: https://www.industria40.ind.br/tag/rob%C3%B3tica. Acesso em: 12 abr. 2021

MONOVIAS Aéras Automatizadas. (maio 2021) *CONVOY Sistemas Transportadores.* Disponível em: https://www.convoy.ind.br/blog/2021/5/7/monovias-areas-automatizadas.

MURPHY, R.; WOODS, D. D. Beyond Asimov: the three laws of responsible robotics. *IEEE Intelligent Systems*, v. 24, n. 4, p. 14-20, 2009.

ROBOTICS INDUSTRIES ASSOCIATION. Disponível em: https://www.robotics.org/. Acesso em: 5 set. 2020.

ROMANO, V.; DUTRA, M. Introdução a robótica industrial. *In*: *Robótica industrial*: aplicação na indústria de manufatura e de processo. São Paulo: Edgard Blücher, 2002. p. 1-19.

SANTOS, G. Pollux afirma que indústria caminha para Logística 4.0 com adoção de veículos autônomos, 24 set. 2019. *AUTOMAÇÃO INDUSTRIAL*. Disponível em: https://www.automacaoindustrial.info/pollux-afirma-que-industria-caminha-para-logistica-4-0-com-adocao-de-veiculos-autonomos/.

SÁTYRO, W. C. *et al*. *Indústria 4.0*: conceitos e fundamentos. São Paulo: Blucher, 2018.

SILVA, J. R. *et al*. MANET – Brazilian cooperative research network on manufacturing. *IFAC Proceedings Volumes*, v. 33, n. 27, p. 5-10, 2000.

VASCONCELOS, G.; VILLAS BÔAS, B. Brasil perde a corrida da automação industrial. *Valor Econômico*, Rio de Janeiro, 29 jul. 2019. Disponível em: https://valor.globo.com/brasil/noticia/2019/07/29/brasil-perde-a-corrida-da-automacao-industrial.ghtml.

CAPÍTULO 8

Lógica de serviço, Transformação Digital e Serviço 4.0

Jacqueline Zonnichen Reis

Márcia Terra da Silva

8.1 INTRODUÇÃO

A história da Economia registrou ao longo do tempo uma migração de mão de obra, capital e importância do setor primário, a agricultura, para o secundário, a indústria, e para o terciário, os serviços. A migração para o setor de serviços é característica do final do século XX, quando a demanda por serviços cresceu devido a diversos fatores, tais como: automação industrial, urbanização, maior tempo de lazer e mudanças socioeconômicas (COSTA NETO; CANUTO, 2010). As mudanças no setor de serviços se deram em todas as economias mais desenvolvidas e em uma diversidade de áreas: serviços educacionais cresceram puxados pela necessidade de qualificação da mão de obra, o setor financeiro se reestruturou, mudando o perfil da mão de obra, e muitas atividades de serviço interno das indústrias foram terceirizadas, resultando em um aumento de empresas de serviços.

Destaca-se, nesse movimento, a mudança na orientação estratégica de algumas indústrias que aumentam a ênfase em serviços, mudança essa conhecida como servitização. Algumas empresas que passaram por essa transformação adotam uma "lógica dominante de serviço", defendendo a visão de que o processo de produção é inteiramente baseado em serviços – a empresa compraria serviços dos fornecedores e entregaria serviços aos clientes. Serviço aqui é definido como o uso de conhecimento e habilidade para beneficiar o cliente e pode ser realizado de maneira indireta ou direta, isto é, com ou sem o suporte de um produto (WIELAND; HARTMANN; VARGO, 2017).

Um serviço apoiado em um produto pode ser, por exemplo, o fornecimento de potência para voar para uma companhia aérea, como faz a fábrica de motores Rolls Royce. Na década de 1990, a Rolls Royce inicia um longo processo de mudança de estratégia, passando a oferecer para as companhias aéreas a manutenção dos motores por preço fixo, baseado na disponibilidade do equipamento. Essa mudança exigiu, entre outros requisitos, a reformulação da estratégia de operações, a implantação de infraestrutura adequada próxima ao cliente e a capacitação de pessoal para atendimento ao cliente (SMITH, 2013).

Como em outros processos de servitização, a implantação da lógica de serviço na Rolls Royce foi impulsionada pelas tecnologias digitais, que possibilitam a operação e controle à distância e a conexão entre elos da cadeia de produção.[1] A relação entre a expansão do uso da tecnologia digital e a lógica dominante de serviço é bastante conhecida e defendida por vários especialistas (VARGO; LUSCH, 2017).

Assim, com os avanços tecnológicos que se intensificam no início do século XXI, a amplitude da Transformação Digital acaba por desconstruir os modelos clássicos de gestão, sistema de produção e distribuição, e a lógica de serviço ganha força, movida por uma internet mais rápida e potente e pela aprendizagem de máquina.

Nesse contexto, paralelamente ao surgimento de serviços resultantes do processo de servitização de empresas de manufatura, surgem as plataformas de serviço, que reúnem tecnologias e conceitos de serviço, baseados em inovações como mobilidade, *Big Data*, Internet das Coisas e Internet de Serviços (REIS; PETRONI; GONÇALVES, 2019). Chamados de Serviço 4.0, baseiam-se em uma abordagem para atender às demandas dos clientes, oferecendo serviços de forma mais proativa, integrada, voltada para o cliente e orientada por dados, e entregando os serviços por meio de interfaces virtuais, contínuas, dinâmicas e compartilhadas (MONTAUDON-TOMAS; PINTO-LÓPEZ; YAÑEZ-MONEDA, 2020).

Como a tecnologia da informação permite a comunicação onipresente com o cliente e muitos dados sobre os consumidores, abre-se uma gama de possibilidades para as empresas repensarem produtos, serviços e estratégias. Essas mudanças implicam em uma transformação da ciência do marketing tanto nos tópicos a serem enfatizados quanto nos métodos a serem empregados. A transformação da economia baseada em produto na chamada economia de serviço faz com que o marketing de serviço ganhe maior foco e seja proclamado como uma perspectiva transcendente para todo o marketing. Como foi sugerido pela lógica dominante de serviço, cada vez mais e, inevitavelmente, todo o marketing se assemelhará em algum grau ao marketing de serviço (VARGO; LUSCH, 2017).

---

1 Para uma boa descrição do caso da Rolls Royce, ilustrando esse processo, veja Smith, 2013

8.2 PRINCIPAIS TECNOLOGIAS DO SERVIÇO 4.0

O Serviço 4.0 é um modelo de serviço, integrado por tecnologias digitais, que combina interações online e offline entre pessoas e organizações. As principais tecnologias utilizadas no Serviço 4.0 são baseadas na internet, favorecidas por um maior desenvolvimento em poder computacional, algoritmos e telecomunicações.

A internet e as tecnologias de suporte servem como um esqueleto para integrar objetos físicos, atores humanos, máquinas inteligentes, linhas de produção e processos através das fronteiras organizacionais para formar uma rede inteligente. Essas tecnologias têm o potencial de dar origem a uma nova geração de sistemas baseados em serviços, cujas funcionalidades residem no dispositivo e na "nuvem" (GANZARAIN; ERRASTI, 2016). Algumas tecnologias que possibilitam diretamente o Serviço 4.0 são:

8.2.1 INTERNET MÓVEL

A internet móvel foi impulsionada por um maior acesso às redes sem fio (*wireless*) no final da década de 1990, ao possibilitar que dispositivos móveis como celulares, tablets e outros pudessem ser interligados à internet, ampliando a interconectividade e a comunicação instantânea com o cliente. De acordo com Morais (2015), as empresas precisam entender que o consumidor hoje está constantemente na internet. Mesmo que não faça compras online, ele está nas redes sociais, em *blogs*, trocando mensagens com pessoas e grupos diversos.

Kotler, Hermawan e Iwan (2017) reforçam que o que distingue o novo tipo de consumidor de outros mercados vistos antes é a sua tendência à mobilidade. Esses consumidores se deslocam muito e vivem em ritmo acelerado. Tudo deve ser instantâneo e poupar tempo. Quando estão interessados em adquirir algum produto ou serviço, fazem uma busca na internet e avaliam as experiências de outros consumidores, tornando a rede mais colaborativa. Em um mundo conectado, a colaboração se torna fundamental para o sucesso do atendimento ao cliente.

8.2.2 *BIG DATA*

Um grande volume de dados está sendo gerado em uma taxa muito mais rápida do que no passado. São dados provenientes de todos os tipos de fontes, incluindo objetos inteligentes interconectados e as próprias mídias sociais. *Big Data* é o termo que descreve esse vasto conjunto de dados estruturados e não estruturados.

O *Big Data* se torna uma oportunidade pelos dados que são associados e analisados, junto com as ferramentas e técnicas existentes e aquelas ainda sendo desenvolvidas, para alavancá-los para a tomada de decisões. São inúmeras as possibilidades de aplicação do *Big Data*. O desafio é saber aplicar os softwares adequados para explorar o seu potencial e gerar valor ao negócio. Estudos recentes revelam que a velocidade dos dados desempenha um papel mais importante na melhoria do desempenho da inovação das empresas do que outras características como o próprio volume de dados (GHASEMAGHAEI; CALIC, 2020).

8.2.3 INTERNET DAS COISAS (*INTERNET OF THINGS* – IOT)

Por meio da Internet das Coisas (IoT), uma grande quantidade de objetos inteligentes conversa, usando a internet por meio de sensores e atuadores.

Com o advento da IoT, objetos como máquinas, veículos, eletrodomésticos e outros são conectados diariamente, de forma que possam ser acessados remotamente, desde que estejam conectados à internet (HERMANN; PENTEK; OTTO, 2016).

Basicamente, uma "coisa" solicita dados de outra "coisa" que envia esses dados, e a única informação necessária para essa comunicação é o endereço como a identificação de ambas as partes, fornecida pelo protocolo de internet (IP). Na maioria das vezes, a "coisa" provedora de dados usa sensores para fornecer dados em tempo real. Por outro lado, a "coisa" consumidora de dados pode usar atuadores para atuar no ambiente físico.

8.2.4 INTERNET DE SERVIÇOS (*INTERNET OF SERVICES* – IOS)

A Internet de Serviços é definida como um ecossistema de negócios colaborativo ou mercado global em que serviços de diversos provedores (terceiros) são oferecidos, descobertos e consumidos (GIVEHCHI *et al.*, 2017).

As plataformas de serviços têm a oportunidade de vender produtos ou compartilhar o acesso a eles. Diferente do serviço tradicional, que é provido por um canal dedicado com o cliente, e quase sempre com interação humana, no Serviço 4.0 a comunicação se faz de forma digital, com aplicativos que estão sendo acessados por inúmeros usuários simultaneamente. Cada cliente individualmente não tem a noção de onde estão os dados e de onde o serviço está sendo provido, até porque essa informação passa a ser irrelevante em detrimento da experiência do serviço. Duas ou mais pessoas podem também compartilhar dados e acesso a um mesmo serviço de forma remota. Por exemplo, suponha que você deseja experimentar um novo jogo do Xbox, mas não tem esse console de videogame. Obtendo o acesso remoto ao Xbox de alguém, você pode jogar esse jogo em sua própria *Smart* TV.

Enquanto no IoT os objetos inteligentes se comunicam e cooperam em tempo real, por meio da IoS, os serviços internos e interorganizacionais são oferecidos e utilizados na internet pelos participantes da cadeia de valor (HERMANN; PENTEK; OTTO, 2016). Dessa forma, o conceito de IoS vai além da simples comunicação de dados porque, quando o consumidor do serviço solicita o serviço de um provedor, a solicitação inclui dados de entrada e parâmetros que podem modificar e personalizar a resposta, retornando informações de valor agregado. Os serviços de provedor e consumidor podem operar automaticamente ou com usuários humanos por meio de uma interface homem-máquina (H-M).

As *fintechs*, por exemplo, fazem parte dos Serviços 4.0, pois são negócios que trazem inovações e usam a tecnologia para criar soluções em áreas como câmbio, cartões, negociação de dívidas, seguros, meios de pagamento e até negócios sociais como educação financeira (SUSEENDRAN *et al.*, 2020).

Aplicativos como o Rappi, por sua vez, são plataformas digitais de serviços compartilhados que permitem um acesso mais facilitado a diversos produtos e serviços. O que se contrata hoje, por meio do aplicativo, nem sempre está relacionado com a compra de um produto específico, e sim com a experiência do serviço de entrega, que é feita por um indivíduo cadastrado e acionado pela plataforma para buscar o que o cliente final deseja. Isso substitui tanto a necessidade de deslocamento do cliente como também o serviço de entrega tradicional que antes era feito por um motoboy específico, contratado para trabalhar somente para uma determinada empresa.

Como mencionado anteriormente, alguns serviços dispensam a interação humana. Imagine que você tenha um Kindle, o leitor de livros digitais da Amazon, e queira adquirir um livro novo para sua coleção. Nesse caso, a partir do momento que você realiza a compra na plataforma da Amazon, já possui o livro imediatamente disponível no seu dispositivo.

Outras tecnologias que também permeiam o Serviço 4.0, ou que dão suporte à sua estrutura, seriam: inteligência artificial, realidade virtual, e manufatura aditiva ou impressão 3D.

A inteligência artificial, por meio de dispositivos programados com algoritmos computacionais, como robôs, tem a capacidade de aprender e simular o raciocínio do ser humano, resolvendo problemas e respondendo questões dos clientes. É latente a discussão sobre uma possível substituição ou não do ser humano por essas máquinas, e se isso aconteceria apenas para as tarefas repetitivas ou também para as que exigem mais raciocínio.

A realidade virtual, por meio do uso de computadores, óculos e luvas especiais, possibilita a sensação de uma realidade que não se encontra no local. É bastante utilizada para treinamentos, como um simulador, para que o funcionário tenha a noção de como será executada uma determinada tarefa antes de trabalhar no cenário real. Pode ser utilizada também por potenciais consumidores antes de adquirirem um carro, por exemplo, para terem a sensação de dirigir o veículo antes de efetivar a compra.

A manufatura aditiva, ou impressão 3D, consiste em um processo de impressão de objetos a partir de vários materiais em camadas, utilizando peças metálicas, plásticas e até de concreto. O principal benefício dessa tecnologia é a fabricação de determinadas peças diretamente no local onde serão utilizadas, ao invés de serem produzidas de forma centralizada e depois distribuídas, o que demandaria mais tempo e um custo maior com logística.

Por fim, deve-se considerar que tecnologias digitais como internet móvel e Internet das Coisas estão, na verdade, disponíveis há alguns anos. Entretanto seu impacto atinge o ponto máximo alimentado pela convergência de tecnologias múltiplas e também pela redução nos preços dos celulares e sensores que facilitaram o acesso à internet móvel e Internet das Coisas, respectivamente.

8.3 APLICAÇÕES DO SERVIÇO 4.0

Empresas de diversos setores estão adotando essas tecnologias que acabamos de apresentar para redesenhar seus modelos de negócios e transcender as fronteiras do setor.

Como já vimos, algumas manufaturas usam a Transformação Digital para alavancar sua transformação em fornecedores de serviços, por meio do aumento da eficiência da entrega, da customização do benefício ao cliente e do aumento do valor de suas ofertas. Ao mesmo tempo, eles mudam seus modelos de negócios, seus processos de fabricação e entrega de serviços (PASCHOU *et al.*, 2018).

A evolução e rápida adesão às tecnologias de informação e comunicação criaram novas formas de entrega de serviço em vários campos, como os detalhados a seguir.

8.3.1. EDUCAÇÃO

Cursos e treinamentos ministrados de forma online, chamados também de *e-learning*, são fruto dos avanços tecnológicos, que aumentaram a possibilidade de acesso, ao mesmo tempo que reduziram seus custos. Atualmente é muito simples reunir centenas ou milhares de pessoas em uma transmissão pela internet, como em um *massive open online course* (MOOC), com excelente qualidade de áudio, vídeo, imagem e, principalmente, com interatividade.

A pandemia do novo coronavírus apenas acelerou uma tendência que já vinha seguindo seu caminho natural: possibilitar que diferentes modalidades de cursos fossem ministrados por meio da educação a distância (EaD), bem como treinamentos corporativos, conferências e convenções também acontecessem no ambiente digital.

No entanto, a transmissão de conhecimento e informação possibilitada pela internet é bem abrangente, com a proliferação de vídeos e textos informativos em plataformas como o YouTube e a Wikipédia, além da possibilidade de acesso a acervos de jornais, livros e periódicos eletrônicos.

8.3.2 SOCIAL

O acesso mais facilitado à internet ampliou o seu campo de atuação e importância na vida das pessoas. Hoje o indivíduo acorda, verifica o Instagram e o Facebook. No caminho para o escritório, ouve música pelo Spotify do seu aparelho celular. No trabalho, faz conferências pelo Microsoft Teams ou Google Meet para se reunir com os colegas. Após o expediente, conversa com alguém pelo Tinder e assiste a uma série pelo Netflix. Sem perceber, as pessoas passam o dia todo conectadas, consumindo serviços desses e outros tantos aplicativos.

Com a Transformação Digital se tornando cada vez mais uma realidade, os indivíduos anseiam pela aplicação perfeita de tecnologias que lhes permitam atingir seu pleno potencial e, ao mesmo tempo, tornarem-se empáticos. Até as tomadas de decisão passam a ser influenciadas por conversas das quais participam em plataformas e comunidades dentro das redes sociais. Esses serviços conectam e reúnem as pessoas do ponto de vista afetivo e emocional.

Pessoas capazes de se conectar emocionalmente com outras passam a induzir as ações dos seus seguidores nas redes sociais, tornando-se influenciadores digitais poderosos. De forma semelhante, marcas com essa característica também conversam com os consumidores e criam um elo forte de identificação (KOTLER; HERMAWAN; IWAN, 2017).

8.3.3 SAÚDE

As plataformas de *e-health* baseadas em serviços eletrônicos estão se tornando cada vez mais uma realidade, facilitando a interação e a colaboração, permitindo serviços médicos remotos para os pacientes, reduzindo assim o tempo de reação e os custos associados às operações tradicionais. Serviços de consultoria como *coaches* e mentores, das mais diversas especialidades, também passam a ter um acesso cada vez mais pluralizado por meio do uso da tecnologia.

Stegaru *et al.* (2014) explicam que o domínio *e-healthcare* inclui vários *stakeholders*: médicos, hospitais, empresas farmacêuticas, distribuidores, pacientes e agências reguladoras. As arquiteturas da Internet de Serviços por meio de tecnologias de *middleware* podem ser usadas para desenvolver sistemas de informação de saúde distribuídos e implementar serviços de telemedicina.

8.3.4 INDÚSTRIA AUTOMOTIVA

Além do engajamento na Indústria 4.0 no âmbito da produção, o setor automotivo oferece também o Serviço 4.0, que significa mais atendimento digital e conectividade na relação com os seus clientes. Trata-se de várias inovações baseadas em inteligência artificial, algoritmos computacionais, Internet das Coisas e automatização.

O diretor de peças e serviços ao cliente da Mercedes-Benz do Brasil, Silvio Renan, apresenta uma nova solução de rastreamento e controle inteligente nos seus caminhões, que vem sendo adquirida pelos clientes consumidores, por exemplo, as empresas logísticas. Segundo ele, todas essas tecnologias trazem mais disponibilidade do caminhão, conveniência e rentabilidade para os clientes, e as inovações abrangem também o motorista, pois o profissional passará a contar com mais recursos, interatividade e, assim, poderá desfrutar da conectividade com o gestor da frota, com sua empresa e com o cliente que receberá a carga (GERALDO, 2021).

8.3.5 AGRONEGÓCIO

As tecnologias inovadoras se expandiram também para a produção rural de alimentos, possibilitando a digitalização nos sistemas de produção agrícola, nas cadeias de valor e no processo de tomada de decisão (SMITH, 2020). Com a ajuda da IoT, os suprimentos de alimentos podem se tornar mais transparentes do que antes. Portanto, mecanismos de padronização em cada etapa da produção (do produtor ao consumidor – da fazenda ao garfo) precisam ser adotados para garantir a segurança e a qualidade dos alimentos.

A Agricultura 4.0 inclui várias áreas de interesse, como sistema de sensores, rastreabilidade, logística inteligente e consciência alimentar inteligente. Uma atividade que se apresenta de forma atrativa é o mapeamento de tais plataformas com os requisitos das partes interessadas para estabelecer novos serviços que agregam valor aos participantes do negócio (LEZOCHE *et al.*, 2020).

8.4 DESAFIOS PARA O SERVIÇO 4.0

No século XXI, a indústria e os serviços estão totalmente interligados, por isso seria importante entregar a Indústria 4.0 com serviços que também acompanhem essa evolução. Mesmo com todo o movimento para uma indústria moderna, torna-se um desafio alcançá-la em sua plenitude sem abordar os serviços.

Antes mesmo de todas as tecnologias digitais começarem a fazer parte da vida dos consumidores e organizações prestadoras de serviço, a gestão da qualidade dos serviços já apresentava seus desafios. Intuitivamente, é possível dizer que existem diferenças entre gerenciar uma organização que produz algo que pode ser visto e tocado e gerenciar uma organização que produz algo que é percebido e sentido (BOWEN, 2002).

Os serviços possuem qualidades bem mais subjetivas que os produtos, como pontualidade, cordialidade, coerência do que foi pedido com o que foi realmente entregue, o que de fato associa o serviço ao fator tempo. A qualidade de um serviço é percebida no momento em que ele é entregue, não antes da compra. Essas características, ao mesmo tempo que contribuem para a facilidade de se utilizar um meio virtual como a internet para operar serviços, traz um desafio enorme para as organizações e provedoras de serviço envolvidas, que é a de se ter um serviço digital de qualidade, em tempo real, que atenda todas aquelas expectativas subjetivas dos clientes. Segundo Morais (2015), os consumidores estão mais nas redes sociais, comunicando-se uns com os outros. A marca que deseja se relacionar e conversar com o consumidor precisa se planejar para estar presente em todos os pontos de contato que a presença digital permite.

A mesma mobilidade e colaboração que impulsionam o Serviço 4.0 se tornam também o grande desafio para se gerenciar o serviço em termos de qualidade. O crescimento do uso das tecnologias digitais, como Internet das Coisas e Internet de Serviços, permite que vários serviços sejam entregues sem qualquer contato das empresas com os clientes durante as transações. Em contrapartida, a capacidade de se externar uma opinião ou a experiência com algum serviço ganha escala global com as redes sociais. Uma insatisfação quanto a um serviço, quando externada pelo consumidor na internet, gera um ruído e um impacto negativo que podem trazer consequências graves para as empresas envolvidas. Várias abordagens diferentes vêm sendo adotadas por organizações no uso do marketing digital, e, consequentemente, as empresas exibem atitudes variadas em relação à estratégia de mídia social (DWIVEDI *et al.*, 2020).

Em contrapartida, mesmo entre os nativos digitais e versados na internet, os consumidores ainda valorizam o envolvimento e a interação. Kotler, Hermawan e Iwan (2017) afirmam que na economia digital a interação digital sozinha não é suficiente.

Fazer esse equilíbrio entre o serviço tradicional e o serviço digital, usufruindo de toda a tecnologia disponível e entregando em todos os momentos a qualidade esperada, é o grande desafio do Serviço 4.0.

REFERÊNCIAS

BOWEN, J. Managing service organizations: does having a "thing" make a difference? *Journal of Management*, v. 28, n. 3, p. 447-469, 2002. Disponível em: https://doi.org/10.1016/S0149-2063(02)00135-6. Acesso em: 25 mar. 2023.

COSTA NETO, P. L. de O.; CANUTO, S. A. *Administração com qualidade*: conhecimentos necessários para a gestão moderna. São Paulo: Blucher, 2010.

DWIVEDI, Y. K. *et al.* Setting the future of digital and social media marketing research: perspectives and research propositions. *International Journal of Information Management*, v. 59, 2020. DOI: https://dx.doi.org/10.1016/j.ijinfomgt.2020.102168. Disponível em: https://www.sciencedirect.com/science/article/pii/S0268401220308082?via%3Dihub. Acesso em: 25 mar. 2023.

GANZARAIN, J.; ERRASTI, N. Three stage maturity model in SME's toward industry 4.0. *Journal of Industrial Engineering and Management*, v. 9, n. 5, p. 1119, 2016. DOI: https://dx.doi.org/10.3926/jiem.2073. Disponível em: http://www.jiem.org/index.php/jiem/article/view/2073. Acesso em: 24 mar. 2023.

GERALDO, J. Mercedes-Benz avança nos serviços 4.0 com tecnologia digital. *O Carreteiro*, 16 abr. 2021. Disponível em: https://ocarreteiro.com.br/ultimas-noticias/com-tecnologia-digital-mercedes-benz-avanca-nos-servicos-4-0/. Acesso em: 25 mar. 2023.

GHASEMAGHAEI, M.; CALIC, G. Assessing the impact of big data on firm innovation performance: big data is not always better data. *Journal of Business Research*, v. 108, p. 147-162, 2020. DOI: https://dx.doi.org/10.1016/j.jbusres.2019.09.062. Disponível em: https://www.sciencedirect.com/science/article/abs/pii/S0148296319305740?via%3Dihub. Acesso em: 24 mar. 2023.

GIVEHCHI, O. *et al.* Interoperability for industrial cyber-physical systems: an approach for legacy systems. *IEEE Transactions on Industrial Informatics*, v. 13, n. 6, p. 3370-3378, 2017. DOI: https://dx.doi.org/10.1109/TII.2017.2740434. Disponível em: https://ieeexplore.ieee.org/document/8012471. Acesso em: 24 mar. 2023.

HERMANN, M.; PENTEK, T.; OTTO, B. Design principles for Industrie 4.0 scenarios. *In*: 2016 49TH HAWAII INTERNATIONAL CONFERENCE ON SYSTEM SCIENCES (HICSS), 2016. p. 3928-3937. DOI: https://dx.doi.org/10.1109/HICSS.2016.488. Disponível em: https://ieeexplore.ieee.org/document/7427673. Acesso em: 24 mar. 2023.

KOTLER, P.; HERMAWAN, K.; IWAN, S. Marketing *4.0*. Rio de Janeiro: Sextante, 2017.

LEZOCHE, M. *et al.* Agri-food 4.0: a survey of the supply chains and technologies for the future agriculture. *Computers in Industry*, v. 117, 2020. DOI: https://dx.doi.org/10.1016/j.compind.2020.103187. Disponível em: https://www.sciencedirect.com/science/article/abs/pii/S0166361519307584?via%3Dihub. Acesso em: 25 mar. 2023.

MONTAUDON-TOMAS, C. M.; PINTO-LÓPEZ, I. N.; YAÑEZ-MONEDA, A. L. Virtual reality in hospitality and tourism educational programs: preparing students for the experience economy. *In*: 14TH INTERNATIONAL TECHNOLOGY, EDUCATION AND DEVELOPMENT CONFERENCE, VALENCIA, 2020. p. 7090-7098. ISBN: 978-84-09-17939-8. DOI: 10.21125/inted.2020.1875. Disponível em: https://library.iated.org/view/MONTAUDONTOMAS2020VIR.

MORAIS, F. *Planejamento estratégico digital*. São Paulo: Saraiva, 2015.

PASCHOU, T. *et al.* Towards Service 4.0: a new framework and research priorities. *Procedia CIRP*, v. 73, p. 148-154, 2018. DOI: https://dx.doi.org/10.1016/j.procir.2018.03.300. Disponível em: https://www.sciencedirect.com/science/article/pii/S2212827118304815?via%3Dihub. Acesso em: 24 mar. 2023.

REIS, J. Z. D.; PETRONI, B. C. A.; GONÇALVES, R. F. *Da operação clássica de serviços à era da transformação digital e os desafios para o Serviço 4.0*. *In*: ENEGEP 2019 – ENCONTRO NACIONAL DE ENGENHARIA DE PRODUÇÃO, –Santos, 6 nov. 2019. DOI: https://dx.doi.org/10.14488/ENEGEP2019_TN_STO_295_669_37657. Disponível em: https://abepro.org.br/publicacoes/artigo.asp?e=enegep&a=2019&c=37657. Acesso em: 24 mar. 2023.

SMITH, D. J. Power-by-the-hour: The role of technology in reshaping business strategy at Rolls-Royce. *Technology Analysis & Strategic Management*, v. 25, n. 8, p. 987-1007, 2013. DOI: https://dx.doi.org/10.1080/09537325.2013.823147. Disponível em: https://www.tandfonline.com/doi/abs/10.1080/09537325.2013.823147. Acesso em: 24 mar. 2023.

SMITH, M. J. Getting value from artificial intelligence in agriculture. *Animal Production Science*, v. 60, n. 1, p. 46, 2020. DOI: https://dx.doi.org/10.1071/AN18522. Disponível em: https://www.publish.csiro.au/an/AN18522. Acesso em: 25 mar. 2023.

STEGARU, G. *et al.* E-Services quality assessment framework for collaborative networks. *Enterprise Information Systems*, p. 1-24, 2014. DOI: https://dx.doi.org/10.1080/17517575.2013.879213. Disponível em: https://www.tandfonline.com/doi/abs/10.1080/17517575.2013.879213. Acesso em: 25 mar. 2023.

SUSEENDRAN, G. *et al.* Banking and FinTech (Financial Technology) embraced with IoT device. *In*: SHARMA, N.; CHAKRABARTI, A.; BALAS, V. E. *Data management, analytics and innovation.* Singapore: Springer, 2020. v. 1042, p. 197-211. DOI: https://dx.doi.org/10.1007/978-981-32-9949-8_15. Disponível em: https://link.springer.com/chapter/10.1007/978-981-32-9949-8_15. Acesso em: 24 mar. 2023.

VARGO, S. L.; LUSCH, R. F. Service-dominant logic 2025. *International Journal of Research in Marketing*, v. 34, n. 1, p. 46-67, 2017. DOI: https://dx.doi.org/10.1016/j.ijresmar.2016.11.001. Disponível em: https://www.sciencedirect.com/science/article/abs/pii/S0167811615302007?via%3Dihub. Acesso em: 24 mar. 2023.

WIELAND, H.; HARTMANN, N. N.; VARGO, S. L. Business models as service strategy. *Journal of the Academy of* Marketing *Science*, v. 45, n. 6, p. 925-943, 2017. DOI: https://dx.doi.org/10.1007/s11747-017-0531-z. Disponível em: https://link.springer.com/article/10.1007/s11747-017-0531-z. Acesso em: 24 mar. 2023.

CAPÍTULO 9

A Logística 4.0 no agronegócio

Tiago Resende Pacheco

João Gilberto Mendes dos Reis

9.1 INTRODUÇÃO

O agronegócio brasileiro pode ser considerado uma das principais fontes de alimento para o planeta durante as próximas décadas, e o Brasil está entre os maiores exportadores de alimentos do mundo. Assim, todos os holofotes estão apontados para esse setor da economia brasileira. Para o país a agricultura traz dividendos e impacta positivamente o produto interno bruto. Portanto, não é à toa a enorme influência do setor na política do Congresso Nacional e do executivo, gerando muitas vezes controvérsias em relação aos investimentos em infraestrutura e a preservação ambiental.

Dentro das cadeias produtivas relacionadas ao agronegócio, um tema bastante relevante é a "logística", que é responsável por implementar o fluxo e o armazenamento de bens, serviços e informações, sendo o seu correto gerenciamento um fator imprescindível para redução de perdas e otimização dos processos, possibilitando maior competitividade em um mercado globalizado.

A logística é dividida em logística externa e em logística interna, mais comumente tratadas no meio agropecuário como "da porteira para fora" e "da porteira para dentro", respectivamente. A logística da porteira para fora tem sua atenção voltada principalmente às estratégias para o escoamento da produção, com base em temas como transporte e armazenamento. Enquanto a logística da porteira para dentro está voltada aos processos operacionais relacionados à produção agropecuária especificamente, como o preparo do solo, plantio, pulverizações, irrigação e colheita, por exemplo.

No agronegócio, a logística exerce grande impacto na competitividade no mercado internacional, tendo em vista que o produto é uma *commodity*, em que o produtor é um tomador de preço. Desse modo, é potencializado o resultado da redução do custo de produção e distribuição, otimizando a manutenção da cadeia produtiva do agronegócio, fator observado por pesquisadores como Almeida, Seleme e Cardoso (2013) como o principal gargalo para o setor no Brasil.

Nesse contexto, existe uma tendência dos produtores brasileiros em ampliar a produção e competitividade no mercado globalizado, estendendo as fronteiras agrícolas do país para regiões cada vez mais distantes e remotas em relação aos centros consumidores, o que impacta diretamente na necessidade de novas estratégias logísticas para viabilidade da produção que muitas vezes não conseguem ser acompanhadas pelo Estado, criando os chamados gargalos logísticos.

9.2 GARGALOS LOGÍSTICOS DO AGRONEGÓCIO

Da "porteira para fora", o agronegócio brasileiro apresenta grandes dificuldades para efetivar o escoamento da sua produção devido, principalmente, ao desbalanceamento da matriz logística, em que temos o transporte de *commodities* sendo realizado predominantemente pelo modal rodoviário. Soma-se a isso ainda o déficit da capacidade estática de armazenamento.

Esse desbalanceamento da matriz logística reflete negativamente nos custos e na capacidade competitiva em um mercado globalizado, uma vez que o transporte rodoviário representa um maior custo se comparado a outros modais. Por exemplo, um caminhão carrega 150 vezes menos soja que uma composição ferroviária e cerca de seiscentas vezes menos que um comboio de barcaças numa hidrovia, o que, somado aos impactos de poluição, devido ao elevado consumo de combustíveis fósseis e um alto índice de acidentes, contribuem para precarizar a logística do agronegócio (ALMEIDA; SELEME; CARDOSO NETO, 2013).

No quesito armazenamento, destaca-se o déficit da capacidade estática brasileira, pois se produz mais do que se pode armazenar. Assim, grandes produtores recorrem a crédito ou capital próprio para a construção de silos próprios. Enquanto isso, para os pequenos produtores a situação é diferente. Além da pouca produção não justificar o investimento em um silo próprio, na maioria das vezes existe também maior dificuldade em acessar formas adequadas de crédito, que exige um projeto elaborado para sua liberação.

Para mitigar a limitação dos pequenos produtores, existem ações pontuais que buscam fomentar o surgimento de sistemas condominiais, no qual os produtores circunvizinhos tendem a se juntar para construir um silo coletivo, e cada produtor tem sua cota de armazenamento. Porém, para aqueles que não dispõem de estrutura própria para armazenagem, a venda antecipada do produto por um preço normalmente menor ainda é um problema que faz com que aumentem os custos.

Diferentemente do Brasil, países mais desenvolvidos, como os Estados Unidos, por exemplo, obtêm uma maior lucratividade da produção agropecuária pela instalação de silos no local de produção, além de o transporte do produto ser realizado principalmente por ferrovia e hidrovia. Mesmo a Argentina, nosso vizinho, possui uma estrutura mais eficiente de escoamento de produtos agricolas.

Quando se trata da logística da "porteira para dentro", a atenção está voltada para as limitações do operador de máquina, que muitas vezes não recebe o treinamento adequado para a execução de operações mecanizadas básicas, como preparo do solo, plantio, pulverização e colheita. Nesse sentido, fatores como a velocidade de operação, cujo controle depende exclusivamente do operador, por exemplo, podem interferir na quantidade de sementes plantadas por metro linear, comprometendo a sua produtividade. Outra atividade dependente da força de trabalho do homem é a realização de manutenção em máquinas que, se adequada, tende a reduzir os custos e prolongar a vida útil do equipamento e, do contrário, potencializa os prejuízos.

As operações mecanizadas mal executadas (preparo de solo sobreposto devido à passagem do implemento mais de uma vez no mesmo lugar ou a variação na velocidade durante o plantio) tendem a comprometer a produtividade das propriedades rurais.

Diante dessas limitações, soluções são necessárias, porém, quando se buscam estratégias e ferramentas para melhoria da logística no agronegócio, deve-se atentar à especificidades do setor, como a necessidade de gerenciar as incertezas e sazonalidades, por serem produtos voláteis quanto à quantidade e qualidade da produção. Podemos acrescentar ainda a curta validade (tempo de prateleira) somada à volatilidade dos preços com relação às safras e entressafras, o que forma um *trade* bastante complexo e arraigado de vícios e atravessadores, sendo a produção descompassada da distribuição e dos interesses da indústria de processamento (MARTINS *et al.*, 2005).

Outro importante desafio para o agronegócio, e para a logística mais especificamente, é o acesso à internet. A conectividade é uma das principais bases para implantação de novas tecnologias, como a da Logística 4.0, sendo fundamental para garantir a comunicação entre os objetos inteligentes. Porém, os tipos de conexão com maior disponibilidade, como a banda larga e o 4G, apresentam limitações, pois não foram projetados para suportar a quantidade de dispositivos que tendem a ser inseridos no sistema sem perda de qualidade, caracterizando um grande desafio a ser vencido. Acredita-se que a implementação da nova banda 5G possa ser a solução. No momento em que estamos escrevendo este capítulo, este ainda é um universo cheio de incertezas, que dificultam fazer uma previsão sobre o futuro.

Aliado a isso, percebe-se a disseminação da internet como um grande marco para a entrada de uma nova era tecnológica, em que a conexão se tornou fundamental para o desenvolvimento do homem e das cadeias de valores. Mas, no espaço rural, é evidente a marca da exclusão digital, uma vez que esses recursos são mais escassos, quando não inexistentes, se comparados ao meio urbano.

A adoção de internet banda larga, por exemplo, no meio rural se apresenta ainda como um paradoxo, pois, mesmo onde ela é viabilizada, tende a ter qualidade muito aquém se comparada ao serviço oferecido no meio urbano. Há evidências preliminares de que a internet promove interações sociais que aumentam a integração com as comunidades rurais e que reduzem o êxodo rural. Além das redes aumentarem as possibilidades e oportunidades econômicas no meio rural, incluem também benefícios relacionados ao acesso a cuidados com a saúde e a educação (LAROSE *et al.*, 2007).

A falta de infraestrutura, normalmente baseada em torres e antenas repetidoras de sinais, é um dos maiores entraves para a massificação do acesso da internet no meio rural. Porém, a inclusão digital vai além do acesso, há também pouca disponibilidade de conteúdo específico para a comunidade rural, o que reduz o engajamento dos usuários e, por consequência, o interesse dos investidores do setor privado.

Por fim, as propriedades deixam de melhorar sua produtividade, devido à carência de conexão com a internet ou sua baixa qualidade quando disponível, uma vez que costuma ser defasada e apresenta maior custo se comparada ao mesmo serviço fornecido em um grande centro urbano. Dessa forma, as comunidades rurais se encontram em um limbo, sem acesso aos benefícios da internet, em um grande vazio tecnológico ou com limitações de velocidade, de atendimento e de custos, além inexistência de concorrência para oferta dos serviços, o que acaba por impactar na qualidade do serviço oferecido.

9.2.1 POSSÍVEIS SOLUÇÕES

Para competir no mercado internacional, a logística brasileira tem que inovar, a fim de resolver os gargalos e melhorar os níveis de qualidade dos serviços. Uma ação importante deve ser a de fomentar a intermodalidade, para o desenvolvimento do agronegócio por meio do aprimoramento das estratégias de escoamento, principalmente em relação ao modal ferroviário, sendo que na agropecuária os custos de transporte chegam a ser duas vezes maiores se comparado ao transporte de produtos manufaturados.

A intermodalidade pode levar a uma solução que contribui para redução dos custos. Em um cenário ideal para a logística do complexo da soja, por exemplo, o farelo e o grão deveriam ser transportados pelo modal rodoviário em curtas distâncias, depois pelo modal ferroviário em médias distâncias e, por fim, no aquaviário para as longas distâncias, enquanto o óleo de soja deveria ser transportado por meio de dutos.

Além da questão do transporte, a logística também é responsável pelo armazenamento da produção agrícola, em que o uso de silos permite ao produtor armazenar o seu produto para executar o transporte em períodos de menor custo logístico e maior preço de venda do produto. A possibilidade de gestão de custos permite ao produtor aplicar estratégias com vantagens competitivas para a oferta do seu produto, aplicando novas tecnologias para maximizar os resultados, baseado em informações precisas, como os indicadores de preços futuros, para apoiar a sua tomada de decisão.

O setor agrícola tem sido agraciado com expressivos benefícios no uso da tecnologia da informação (TI), com a melhoria de sistemas de comunicação, sensores embarcados nos equipamentos agrícolas, sistemas de posicionamento global, gestão de dados, entre outros, que têm apresentado excelentes resultados, potencializando a produção de mais alimentos com menos recursos.

Essa aplicação massificada de tecnologia no agronegócio em busca de redução de perdas, custos e impactos ambientais, maximizando os lucros e a competitividade em um mercado globalizado, está baseada também em microcontroladores para o monitoramento dos parâmetros climáticos internos em silos e secadores, o que tem se apresentado como uma solução viável para combater as perdas, que podem chegar a 20% da produção no processo de transporte e armazenamento.

Como a secagem e o armazenamento de grãos são partes integrantes da logística do agronegócio, a aplicação de tecnologia pode contribuir para a otimização do processo, principalmente quanto à conservação e à manutenção da qualidade dos grãos por meio do monitoramento e controle em tempo real das condições ambientais no interior de silos graneleiros.

Para isso, são aplicados também modelos matemáticos que buscam determinar as métricas para satisfazer as exigências de armazenamento dos grãos de forma adequada, sendo eles submetidos ao monitoramento em tempo real. Os dados oriundos do monitoramento, ao serem processados, podem gerar uma ação autônoma em resposta, como ativar o sistema de aeração, por exemplo, mitigando as perdas por armazenamento inadequado de forma automática.

Devido a esse notável crescimento na aplicação de tecnologia, inclusive de automação no setor do agronegócio, tem se tornado cada vez mais comum temas como a agricultura de precisão e Agricultura 4.0, fomentando a forte tendência de utilização de veículos autônomos para execução de tarefas específicas, melhorando resultados, por exemplo, com a redução da compactação do solo e a redução do erro humano nas operações.

No caso dos veículos autônomos, entre suas vantagens podemos observar que são capazes de trabalhar 24 horas por dia durante o ano inteiro, além de ter a inteligência embarcada e se comportar de forma sensata, sem a necessidade de supervisão. Ainda se trata de tecnologia experimental para o agronegócio, porém já são utilizadas no campo máquinas semiautônomas, operadas remotamente.

Mas, para que tudo isso funcione, primeiramente é preciso superar a barreira da conectividade. A internet sem fio, baseada em IEEE 802.11,[1] se apresenta como possibilidade para o meio rural por atender a longas distâncias de banda larga usando antenas direcionais de alto ganho, que podem ligar vários grupos de pequenas propriedades ou abranger toda a área de uma grande fazenda.

1 IEEE se refere ao *Institute of Electrical and Electronic Engineers* (Instituto de Engenharia Elétrica e Eletrônica) e 802.11 define um padrão internacional para dispositivos eletrônicos.

A espera também é para que a evolução de novas tecnologias capazes de aumentar a potência dos sinais wi-fi viabilize a redução dos custos em infraestrutura, reduzindo a necessidade de instalação de torres e fomentando o investimento no segmento de conectividade rural.

Certamente, a melhoria na infraestrutura de conectividade nas áreas rurais do Brasil, aliada a uma mão de obra qualificada e mecanismos mais eficientes de monitoramento das operações de produção em tempo real, poderia aumentar a produtividade nas propriedades. Assim a Logística 4.0 se apresenta como uma solução provável para as limitações da logística tradicional.

9.3 O CAMINHO PARA A LOGÍSTICA 4.0

Com o surgimento das tecnologias de informação e comunicação (TICs) nas últimas décadas e sua implementação nos modelos de negócios de forma compulsória, sob as ordens de uma demanda cada vez mais exigente e imediatista, foram surgindo novos conceitos de gerenciamento a serem considerados no setor logístico, com uma nova estrutura agora baseada em conceitos de conectividade e indústria inteligente, que serão estudados melhor a seguir.

9.3.1 INDÚSTRIA 4.0

A Indústria 4.0 foi citada formalmente pela primeira vez em 2011 durante a feira de Hannover (Alemanha) como uma forma de conceituar as indústrias inteligentes e a sua representação quanto à 4ª Revolução Industrial. A 1ª Revolução Industrial ocorreu no final do século XVIII, quando houve a transição do modelo produtivo artesanal para o modelo produtivo mecanizado. A Segunda Revolução ocorreu no final do século XIX, impulsionada pela aplicação da eletricidade e conceitos de linha de montagem. E a 3ª Revolução Industrial se iniciou por volta de 1970 e vem até o momento atual, em que estamos vivenciando o surgimento da 4ª Revolução Industrial. Podemos observar a representação da evolução das revoluções industriais na Figura 9.1.

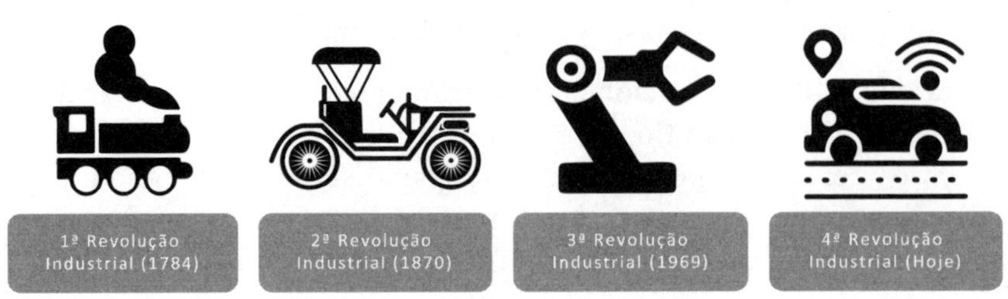

Figura 9.1 – Evolução das revoluções industriais.

Fonte: adaptada de Sacomano e Sátyro (2018) e Santos *et al.* (2018).

A Industria 4.0 é, em essência, um novo paradigma de produção, em que o ambiente é virtualizado tendo seus objetos interconectados entre si. Assim, a base estrutural da Indústria 4.0 é dividida, segundo Sacomano e Sátyro (2018), em elementos de base, estruturantes e complementares. Os elementos de base são considerados essenciais, pois sem eles não há o entendimento de Indústria 4.0; são elementos como Internet das Coisas (IoT) e os sistemas ciberfísicos (CPS). Já os elementos estruturantes compõem conceitos que podem ser inseridos gradativamente ao ambiente, como o caso da computação em nuvem (*cloud*), enquanto os elementos complementares são facultativos, como o caso da identificação por radiofrequência (RFID) e o *QR code*. Pode-se observar a representação da arquitetura da Indústria 4.0 na Figura 9.2.

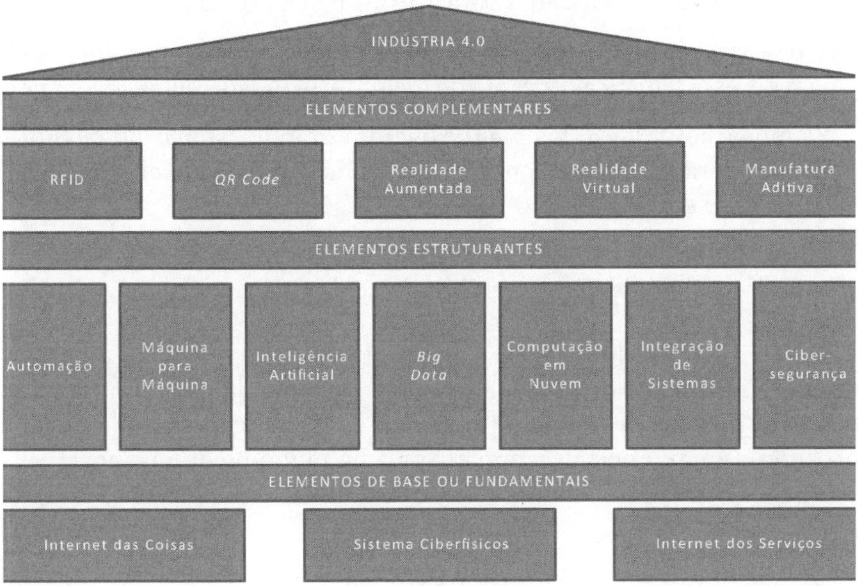

Figura 9.2 – Elementos da estrutura da Indústria 4.0.

Fonte: adaptada de Sacomano e Sátyro (2018).

9.3.1.1 Internet das Coisas (*Internet of Things* – IoT)

Entende-se a IoT como uma tecnologia baseada em artefatos inteligentes, que abrange a comunicação de qualquer coisa com outra qualquer coisa, em que cada artefato se torna um determinado nó de comunicação dentro de uma rede interconectada (QUICENO *et al.*, 2016; GALEGALE *et al.*, 2016). É um elemento imprescindível para o conceito 4.0, porém existem ainda algumas limitações que merecem ser elencadas:

- Os custos de implantação da IoT devem cair ainda mais para chegar ao nível de massificar seu uso e dar sentindo real a sua existência. São os vários nós que formam a rede e que permitem a existência da Industria 4.0.
- Ainda carece de avanços para uma padronização na produção da IoT, o que dificulta a interoperabilidade dos objetos que variam de acordo com a fabricante. Objetos inteligentes da empresa "A" se conectam apenas a softwares e outros objetos da mesma empresa "A".
- Existe a preocupação quanto à proteção dos dados gerados pelos objetos, fato que será sempre algo para se atentar.
- Cada objeto conectado à rede representa um nó e, assim, também uma brecha passível de vulnerabilidades para acessos não autorizados.
- Não se tem bem claro de quem é a propriedade dos dados gerados pelos objetos na rede; essa temática necessita de maior formalidade (leis e regulamentos).
- A ampliação da tecnologia 4.0 exige um grande esforço na qualificação da mão de obra para acompanhar a demanda por mão de obra especializada e combater o desemprego do setor.
- Ainda não está claro também quem é o responsável por possíveis danos causados pela rede, por exemplo, um acidente com um carro autônomo.

É evidente a infinidade de possibilidades de aplicação da IoT, pois trata-se de uma tecnologia sem precedentes que está impactando as cadeias produtivas do mundo todo, tornando-as mais eficientes, porém ainda há muito no que avançar.

9.3.1.2 Computação em nuvem (*cloud*)

Atualmente, a computação em nuvem é uma das tecnologias mais utilizadas, devido, principalmente, a ser flexível e altamente escalável. Definida como um ambiente de rede baseado em compartilhamento de recursos, uma das principais vantagens é o fato de a informação e os recursos estarem sempre disponíveis, a qualquer momento e em qualquer lugar onde se possa conectar à internet, além de apresentar um baixo custo se comparado ao de adquirir e manter a própria infraestrutura.

Com a computação em nuvem, foram otimizadas e criadas ferramentas baseadas em novos conceitos de tratamento de dados, como o *data mining*[2] e *machine learning*,[3] tornando possível fazer o levantamento de dados específicos em uma rede robusta,

2 *Data mining*, mineração de dados em português, baseia-se na busca por dados específicos em memórias gigantescas (*Big Datas*).

3 *Machine learning*, aprendizado de máquina em português, compreende a capacidade da máquina (computador e inteligência artificial) de aprender a partir de dados existentes.

traduzi-los em informação adequada e, com o aprendizado de máquina, construir um cenário que permita ao gestor as melhores condições para a tomada de decisão, por exemplo, apontar as melhores rotas, reduzindo o tempo de espera de carga e descarga e o tempo de transporte do produto, o que, consequentemente, pode reduzir a pegada de carbono deixada pela logística, bem como o seu custo operacional.

Ainda, ao se estabelecerem processos de coleta de dados e processá-los fornecendo informação útil para uma rede integrada a uma cadeia de valor, descentralizada e orientada a serviços de forma autônoma, é possível escolher as melhores ações para otimização de toda essa cadeia.

Enfim, a disponibilidade de serviços como armazenamento em nuvem com acesso dinâmico e em tempo real para o processamento de dados baseados em conceitos de *Big Data* e *data mining* são essenciais para que haja informação adequada ao apoio da tomada de decisão à disposição do gestor em tempo real.

9.3.1.3 Sistemas ciberfísicos (*ciber physical systems* – CPS)

Os CPS representam a implementação de uma estrutura em dois níveis ou camadas, sendo a primeira a camada física, onde as coisas operam no mundo real, e a segunda é a camada virtual, em que as coisas são representadas e controladas. Trata-se então da representação do ambiente físico, como a planta de uma indústria em um ambiente virtual com o objetivo de controlar e monitorar as coisas em tempo real.

Wang (2016) entende que a Logística 4.0 depende de uma infraestrutura baseada em CPS para sua implementação, permitindo a interconectividade entre os objetos inteligentes bem como o seu autogerenciamento. Para sua implementação no Brasil, são necessárias algumas melhorias na infraestrutura existente, principalmente por depender de uma internet sem fio com velocidade e cobertura adequadas, que permitam aos equipamentos, máquinas e robôs se comunicarem sem restrições.

No caso da logística, ao juntar vários objetos inteligentes, forma-se uma Zona Logística 4.0, conectada, autônoma e flexível, orientada a serviço e baseada em uma cadeia de produção sob demanda, atendendo a principal tendência para os novos modelos de negócios, e a Zona Logística 4.0 é baseada em um sistema ciberfísico (SCHMIDTKE *et al.*, 2018), como observado na Figura 9.3.

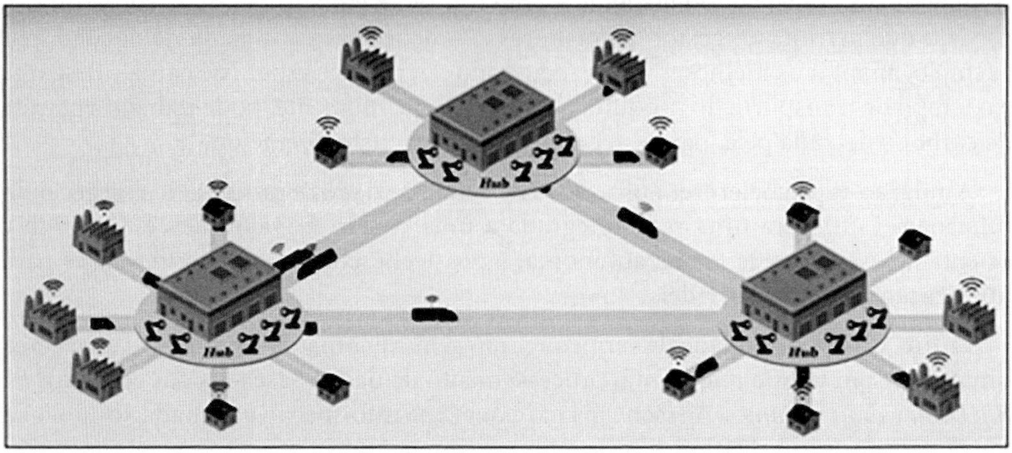

Figura 9.3 – Exemplo de uma Zona Logística 4.0.

Fonte: adaptada de Strategy& (2018).

9.3.2 LOGÍSTICA 4.0

Com base no que foi tratado até o momento, para melhor compreensão, pode-se entender que a Logística 4.0 é a logística dentro da Indústria 4.0, ou seja, uma logística inteligente baseada em CPS e IoT. Segundo Wang (2016), a logística evoluiu atendendo a necessidade do mercado, de forma acoplada com o crescimento da indústria.

A logística sofreu a primeira revolução no final do século XIX, com a mecanização do transporte e o motor a vapor, marco que podemos definir como Logística 1.0. Na sequência, por meio da automação dos sistemas de manuseio (linhas de montagem) e graças à implementação da energia elétrica na indústria, aconteceu a segunda revolução, a Logística 2.0. Na década de 1980, com o advento dos sistemas de informação, surge a terceira revolução, a Logística 3.0, com a implementação de softwares de gestão, principalmente os WMS e os TMS.[4]

Atualmente estamos vivenciando a migração da Logística 3.0 para a Logística 4.0, que será aparentemente imperceptível para os consumidores, principalmente as gerações mais novas, que já nasceram na era da informação, porém disruptiva para os modelos de negócios atuais, que já implementaram algumas tecnologias, mas estas ainda não são totalmente integradas, autônomas nem autogerenciáveis.

Algumas das principais características da Logística 4.0 são:

4 Sistema de gerenciamento de armazém (warehouse management system – WMS); Sistema de gerenciamento de transporte (transportation management system – TMS).

- identificação automática;
- localização em tempo real;
- detecção inteligente (exemplos: sensores de temperatura e umidade);
- rede de internet sem fio (a esperada tecnologia 5G);
- análise de grande quantidade de dados;
- comércio orientado a serviços.

Nas principais bases bibliográficas científicas, como IEEE, Science Direct, Scopus e Web of Science, são encontradas algumas poucas pesquisas diretamente relacionadas ao tema da Logística 4.0 e, até o momento da pesquisa para este capítulo, não foram encontrados trabalhos relacionados à Logística 4.0 especificamente aplicada ao agronegócio, o que demonstra o vazio de estudos nesse segmento e o potencial para ser explorado, visto o tamanho do desafio que a logística representa para o agronegócio e o seu potencial para redução dos custos e otimização da competitividade de toda a cadeia.

Nessas pesquisas, os países que mais têm se destacado até o momento são a Polônia e a própria Alemanha, os países que saíram na frente quanto à discussão da Logística 4.0. Claro que ainda são poucos os estudos. As discussões estão apenas no começo, mas já é possível observar movimentações de outros países no desenvolvimento da pesquisa na área da Indústria 4.0 e, por consequência, da Logística 4.0.

Os pesquisadores têm concentrado suas discussões em temas relacionados à infraestrutura específica da Logística 4.0, como IoT, *cloud*, CPS, e em temas que complementam a análise dos impactos da implantação da tecnologia da Logística 4.0, como o acesso à tecnologia, o papel da demanda na transformação dos modelos de negócio, a infraestrutura básica, como velocidade e cobertura da internet, sustentabilidade, entre outros, sendo que um dos temas mais discutidos se refere ao papel do trabalhador (mão de obra) neste cenário de alta tecnologia.

Isso ressalta a relevância do tema e demostra que o planejamento logístico se torna mais complexo a cada dia que passa, dependente de infinitas variáveis que são necessárias para calcular prováveis cenários futuros na busca pelo melhor desempenho logístico em determinada cadeia de valor. Quanto maior a robustez do cálculo, maior será a probabilidade de o cenário remeter à condição real, favorecendo a tomada de decisão do gestor.

Para enfrentar esses desafios, então, apresenta-se a Logística 4.0 como uma solução provável para superar os gargalos existentes nas cadeias produtivas, atualmente limitadas por modelos logísticos tradicionais e engessados. Essa é uma mudança movida pela força da demanda, que amplia suas necessidades, e a cadeia de valor de determinado produto ou serviço tem que se reinventar para se manter competitiva no mercado totalmente globalizado e focado na facilidade de acesso pelo consumidor.

A logística pode ser considerada um dos pilares da cadeia de valor, sendo que a falha em sua condução compromete todo o resultado. Partindo desse pressuposto, a Logística 4.0 deve ser aplicada como uma ferramenta de mudança e melhoria, baseada na implementação de tecnologias inovadoras, para, assim, garantir a sobrevivência da cadeia de valor em ambientes cada vez mais competitivos, diante de uma demanda cada vez mais exigente em busca de um consumo mais sustentável.

Por meio da Logística 4.0 é possível melhorar os modelos de negócios atuais tornando-os mais flexíveis e, em resposta à crescente demanda por produtos de origem sustentável, é uma alternativa viável para atender essa especificidade em concordância com a Agenda 2030 da Organização das Nações Unidas (ONU) para o Desenvolvimento Sustentável.

O entendimento de posicionar a Logística 4.0 como promotora da sustentabilidade se dá principalmente por essa tecnologia mitigar os custos com armazenamento, além da redução do desperdício de tempo e do produto ou serviço. Trata-se da evolução da cadeia de suprimentos para uma cadeia de demanda, controlada pelo consumidor, baseada na possibilidade de produzir apenas o que será consumido, dada a eficiência da troca de informações, neste caso de pedidos.

A troca de informações em tempo real, promovida por produtos inteligentes ou produtos embalados por materiais inteligentes integrados a uma rede na nuvem, funciona como uma ferramenta para otimização de toda a cadeia de valor, pois gera informações que permitem combater o interstício de estoque, em que há sobra ou falta de suprimentos e matéria-prima, conhecido na logística como efeito chicote.

A manutenção da integralidade dos impactos na sustentabilidade da cadeia de valor, com a possibilidade que a Logística 4.0 tem de otimizar os requisitos da logística verde e sustentável ou a logística reversa, com base na rastreabilidade da origem do produto comprovada, é uma forma inovadora de agregar valor ao produto ou serviço em concordância com os anseios da demanda emergente.

Essa estrutura, somada à individualização do produto e o rápido fluxo de informações acerca da sua origem, contribui para o desenvolvimento de modelos de negócios mais competitivos, além de disponibilizar métricas que permitem à organização cultivar uma cultura de melhoria constante entre seus colaboradores, o que ocorre, por exemplo, ao promover a economia compartilhada, em que a aquisição de um produto é substituída por aluguel, assinatura ou taxa de uso.

O modelo da Logística 4.0 também se propõe a converter os modelos de negócios baseados no consumo de produtos e aquisição e compra de bens e serviços em um modelo orientado aos serviços, em que o cliente assume o papel de projetista de seu produto ou serviço de acordo com sua necessidade, para depois a indústria iniciar a produção.

A pressão sobre o *trade* logístico para que se adeque aos critérios de uma nova demanda tem sido o grande impulsionador de toda uma mudança de conceitos, em que a empresa, para se manter competitiva, deve se reinventar periodicamente na busca pela excelência no atendimento ao cliente, tudo somado ao advento do consumo sustentável replicado pelas redes sociais e a internet.

Para a implantação da Logística 4.0 em determinado modelo de negócio, Oleskow-Szlapka (2019) apresenta o mível de maturidade como uma ferramenta ou mecanismo norteador para estabelecer etapas, metas e a direção para a melhor transição da logística tradicional para a Logística 4.0, de forma gradual. Essa ferramenta é baseada em regras de evolução com foco na qualidade dos serviços entregues ao cliente, em que é possível avaliar o nível em que se encontra determinado sistema logístico e apontar o nível desejado, além de determinar também o período estimado para execução das melhorias necessárias para a sua evolução.

9.4 ESTUDO DE CASO DA JOHN DEERE

Para discutir o tema apresentado apresenta-se o estudo de caso da John Deere.

A John Deere é uma empresa internacionalmente reconhecida, com mais de 180 anos de atuação no mercado de máquinas e implementos agrícolas, sendo uma referência na aplicação de tecnologia no agronegócio.

São diversas as tecnologias aplicadas pela John Deere que viabilizam a implementação da Logística 4.0 da "porteira para dentro" nas propriedades rurais por todo o mundo. Neste trabalho, vamos citar algumas presentes no Brasil.

9.4.1 CONECTIVIDADE RURAL

A John Deere implanta projetos de conectividade rural em parceria com a empresa Trópico de Telecomunicações, que atua na implantação de grandes redes LAN[5] baseada em conexão de quarta geração (4G), com projetos para áreas com até 50 mil hectares e investimento a partir de R$ 1 milhão.

9.4.2 GERENCIAMENTO DE FROTAS

Com o intuito de tornar as frotas mais inteligentes, a John Deere disponibiliza a solução denominada Guide Fleet™, uma plataforma baseada principalmente em telemetria que atualiza o centro de operações com os KPIs[6] de mecanização estratégicos para otimizar a tomada de decisão. É possível também realizar o rastreamento dos veículos com a aplicação de sensores e inteligência logística de forma embarcada nos veículos, além da geração de relatórios dinâmicos em tempo real.

5 *Local area network* (rede de área local) representa uma rede fechada pertencente a um local restrito, como uma propriedade rural.

6 *Key performance indicator* (indicadores de performance). São indicadores que, no caso dos veículos , podem ser o consumo de combustível, tempo de espera com motor ligado, entre outros.

Os KPIs de mecanização são levantados no campo, informando todo o comportamento da máquina, como a velocidade de plantio e o índice de produtividade, que são informados em um monitor conectado a uma rede CAN (*controller area network*) da máquina, que é uma controladora que fornece os dados da máquina, como a temperatura do motor, rotação do motor, temperatura do óleo, horímetro, entre outras informações.

As duas informações, os KPIs de mecanização e os indicadores da rede CAN da máquina, são enviados a um MTG (*modular telematic gateway*), que é um módulo onde os dados são empacotados em um sinal para serem transmitido por conexão wi-fi ou por internet 4G/3G e descarregados no ambiente MyOperations[7] do produtor, subsidiando a elaboração das recomendações agronômicas para determinada operação.

9.4.3 MAPAS TEMÁTICOS

Outra importante tecnologia aplicada pela John Deere está relacionada ao gerenciamento de mapas temáticos, demonstrados na Figura 9.4, que permitem a identificação e representação visual de cada talhão,[8] e podem ser divididos em camadas como solo, produtividade, índice de infestação de pragas, aplicação de insumos, entre outras, que são importantes para o gerenciamento das operações.

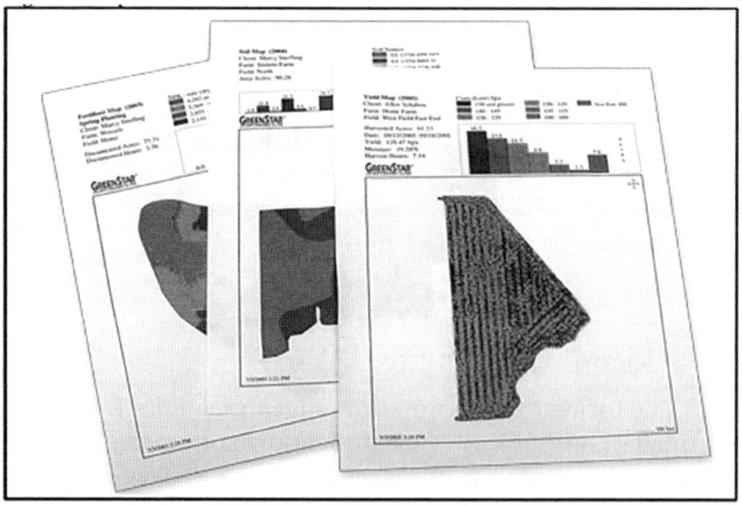

Figura 9.4 – Mapas temáticos.

Fonte: John Deere (2019).

7 Plataforma de gerenciamento do CPS da propriedade.

8 Subdivisões mínimas da área produtiva, podendo variar de tamanho de acordo com a precisão almejada.

Por meio do software Apex™ da empresa John Deere, é possível controlar vários aspectos das operações de uma propriedade. Essa tecnologia é baseada em informações geográficas compiladas e com ferramentas para criação de mapas temáticos com os dados coletados no campo. Esses mapas temáticos são representações amigáveis das condições das áreas analisadas, e a junção dos mapas de fertilidade, classificação de solo, regime hídrico, disponibilidade de água, compactação, plantas daninhas, pragas e insetos, por exemplo, irá subsidiar a recomendação agronômica pormenorizada para cada talhão.

9.4.4 CENTRO DE OPERAÇÕES

Por meio do software JDLink™, é possível realizar o gerenciamento fino das operações agrícolas a partir de qualquer lugar que possua uma conexão com a internet e um computador, seja um *laptop*, tablet ou smartphone. Os dados de máquina, de operações e agronômicos também são disponibilizados pelo software para o centro de operações, que é o local onde se tem centralizado o gerenciamento das operações do CPS da propriedade de forma automática e em tempo real, conforme ilustrado na Figura 9.5, para serem convertidos em informação útil para apoiar a tomada de decisão e posteriormente a decisão tomada ser retransmitida para as máquinas também de forma automática e em tempo real.

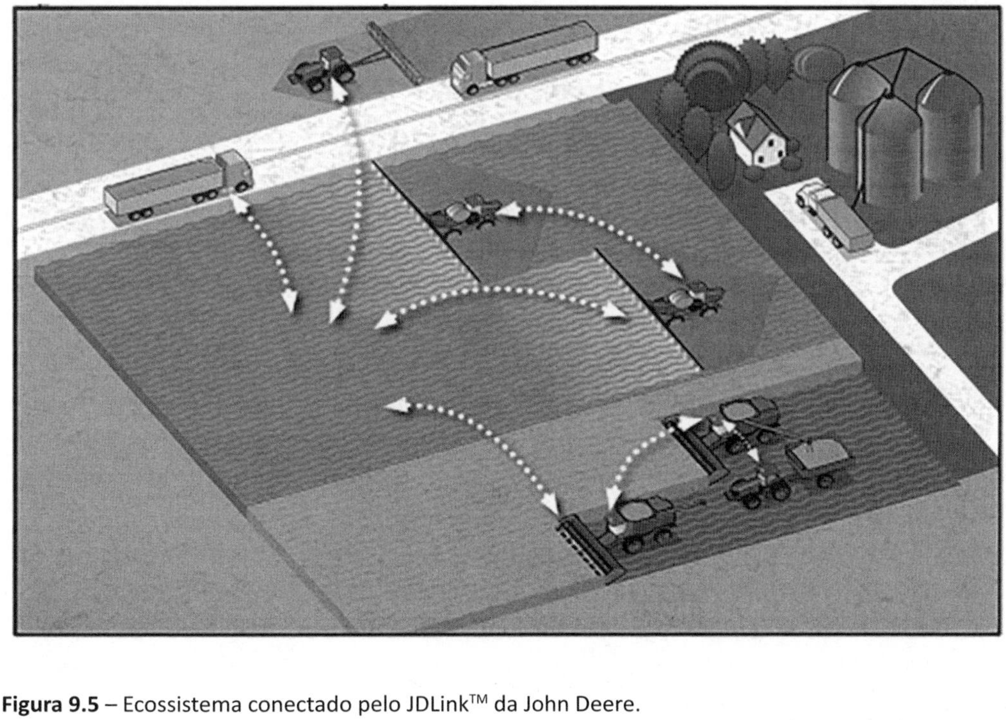

Figura 9.5 – Ecossistema conectado pelo JDLink™ da John Deere.

Fonte: John Deere (2019).

O software é baseado em um ecossistema conectado, conforme visualizado na Figura 9.5, onde a cadeia produtiva se torna autônoma para algumas ações como a manutenções de máquinas, avisos de quebra, o acompanhamento da produtividade em tempo real, inclusive algumas correções de rota e de operação realizadas de forma automatizada, com base em sensores e algoritmos embarcados.

Trata-se de uma plataforma online que busca o gerenciamento das operações de modo integrado com as demais tecnologias utilizando dados agronômicos e dados da operação, baseado em um ecossistema que conecta várias tecnologias para agregar informações e inteligência, possibilitando maior consistência e confiabilidade na tomada de decisão, em tempo real de execução das operações no campo.

Pelo centro de operações é possível consultar dados da máquina, dados da operação e dados agronômicos, sendo que, após a tomada de decisão, que ocorre em tempo real, pode ser feito o envio de arquivos e configurações para as máquinas, em operação também em tempo real, estabelecendo uma conexão entre o escritório em qualquer lugar do mundo e as máquinas.

Também possibilita fazer o planejamento da safra em um alto nível de detalhamento, podendo, por exemplo, informar os equipamentos, os talhões que serão trabalhados, os insumos, taxas de população de semeadura e de aplicação de insumos, gestão das linhas e dos talhões, planejamento de equipe, além oferecer as análises de resultados de safras anteriores de cada talhão, ajudando na tomada de decisão.

A resolução de problemas enquanto ainda estão acontecendo é o grande benefício dessa tecnologia. Imagine-se que, em um cenário de execução ineficiente de uma operação em que o produtor não possui a tecnologia apresentada e, por um motivo qualquer, não pode acompanhar a operação, a falha somente será percebida após a colheita, quando as perdas já não podem ser evitadas; além disso, ainda haverá dificuldades de evidenciar com certeza qual foi o motivo do prejuízo.

Com a disponibilidade desse nível de tecnologia, ao configurar uma máquina agrícola, com as recomendações agronômicas transmitidas pelo centro de operações, a operação será iniciada de forma autônoma, sendo que a própria máquina irá se autorregular conforme a configuração do talhão em que estiver passando, sem a necessidade de interrupções.

Trata-se da aplicação de um conjunto de tecnologias que contribuem para aumentar a precisão de execução de determinada operação, que pode ser uma colheita, uma pulverização ou outra atividade qualquer, e o custo é reduzido por evitar sobreposições ou desperdício de insumos, por exemplo.

9.4.5 VEÍCULOS (SEMI)AUTÔNOMOS

Antes era necessário parar a máquina durante a operação para realizar a regulagem conforme a necessidade. Atualmente as máquinas já possuem um sistema de calibração autônoma, que consiste em um monitor que envia as informações da recomendação agronômica previamente configurada para uma controladora, que recebe informações também do GPS para geolocalização e transforma essas informações em pulsos elétricos, que são enviados para uma válvula PWM,[9] que converte esses pulsos elétricos em movimento hidráulico. Assim, quanto mais pulsos, mais óleo irá agir no motor hidráulico, determinando, por exemplo, a velocidade do ventilador de limpeza da colhedora ou a velocidade da esteira da plantadeira. Um operador considerado bom regula uma máquina duas vezes por dia, enquanto a colhedora da John Deere do modelo S700 chega a fazer mais de 150 regulagens por dia, de forma autônoma.

Entre os principais desafios para a implantação de máquinas autônomas estão a necessidade de uma estrutura física adequada e a de uma arquitetura eletrônica robusta e confiável. A aplicação do protocolo de rede CAN apresenta baixo custo, e ele vem sendo utilizado com êxito na eletrônica embarcada na área automotiva, em que os dados são transmitidos e recebidos usando quadros de mensagens e processados em softwares de apoio à tomada de decisão na nuvem (GODOY *et al.*, 2010).

9.5 CONSIDERAÇÕES FINAIS

A Logística 4.0 é algo inevitável. Os modelos de negócio que não se adequarem deixarão de ser competitivos e terão dificuldades para sobreviver. Estamos em um momento em que a demanda é quem determina o que será produzido, de acordo com as características de interesse do consumo, como produtos sustentáveis, com procedência rastreada e que se identificam com o consumidor.

Os potenciais benefícios que a Logística 4.0 pode trazer para o agronegócio brasileiro são diversos, baseados especificamente na criação de sistemas ciberfísicos rurais, conectando propriedades a centrais de operação, como visto no texto, o que irá permitir maior precisão nas operações e maior produtividade.

A previsão é de que toda cadeia de valor receba a sua própria versão em uma camada virtual baseada nas novas tecnologias e nos sistemas ciberfísicos que irão fazer parte de redes globais, seguindo também a tendência de conectar as propriedades rurais a transportadores, portos, navios, aos silos e consumidores de *commodities*, com o foco em atender as necessidades da demanda com extrema exatidão, tendo como base modelos de servitização, o que poderia otimizar o escoamento da produção agropecuária.

Esse foco se baseia no atendimento do cliente com a individualização e personalização dos produtos, serviços e da entrega, somando-se a isso conceitos de servitização, que é o comércio orientado a serviços em que os fornecedores disponibilizam produtos condicionados a assinaturas ou taxas de uso, possibilitando ao usuário pagar pelo que usa, ao invés de despender capital para aquisição de um produto que provavelmente seria subutilizado.

9 O PWM (*pulse width modulation*) é um módulo que converte o pulso elétrico em força.

Em um contexto de evolução, é importante citar mais alguns desafios e tendências da Logística 4.0, por exemplo, a necessidade de criar ferramentas que permitam a prototipação de um sistema logístico 4.0 baseado na sustentabilidade, nos produtos bem-acabados e em um nível de serviço e qualidade adequados ao consumidor final. Estão sendo observadas tendências de uma maior individualização e flexibilização dos produtos, que poderão gerar uma maior demanda por transporte, e a Logística 4.0 se posiciona como a chave para otimizar de forma integrada a entrega mais econômica e sustentável.

Com a tecnologia disponível, é possível ter acesso a um produto ou serviço a qualquer hora e em qualquer lugar, realizar entregas com drones, o cliente pode produzir o próprio produto a distância em uma impressora 3D, utilizar máquinas autônomas que se comunicam entre si para resolução de problemas, automação da produção e automação do transporte, tendências essas que irão determinar os novos modelos de negócios.

Para o futuro, espera-se o surgimento de redes globais de serviços, baseadas na incorporação das máquinas e dos CPS, onde o mundo real é virtualizado e as trocas de informações ocorrem em tempo real, permitindo otimizar a cadeia de valor, em conjunto com a disponibilização de produtos inteligentes e manufatura em nuvem. Em resumo, será a era dos negócios puramente digitais.

Nesse caminho, as operadoras de telefonia móvel já viram o potencial de preencher o vazio que existe no mercado de conectividade rural e têm demonstrado interesse em investir no seguimento, o que, somado a uma forte tendência do barateamento das conexões via satélite, pode representar um grande avanço contra a deficiência da área de cobertura de internet no meio rural.

Para que isso se realize, é preciso observar o principal fator limitante dessa tecnologia no Brasil, a infraestrutura de conectividade. Mesmo onde existe cobertura de internet, ela é muito precária, limitando a evolução tecnológica nesse sentido. Havendo a possibilidade de uma rede em operação totalmente conectada, é crucial que não haja problemas como quedas e oscilações, que podem comprometer a operação e a segurança dos indivíduos.

Para avançar, e como solução para o problema de capacidade de comunicação, é necessária a implementação da nova rede móvel denominada 5G, que foi desenvolvida para atender as especificidades da IoT.

Para que essa transformação se efetive de forma genérica, existem pré-requisitos. A necessidade de uma infraestrutura inteligente é essencial para o estabelecimento de uma Zona Logística 4.0, sendo necessários avanços nas principais tecnologias básicas para sua implementação, como uma rede sem fio de internet eficiente, a redução dos custos dos sensores, o desenvolvimento de materiais inteligentes e a qualificação da mão de obra.

A redução de áreas onde não há conexão e a qualificação da mão de obra devem ser prioridades onde os sistemas serão integrados a um CPS, o que permitirá que os objetos inteligentes sejam capazes de executar suas tarefas, que podem ter sido emitidas por um homem ou por outro objeto inteligente, de maneira autônoma e proativa.

Ainda existe um vazio da ciência no que se refere à Logística 4.0 no agronegócio. Isso permite sugerir trabalhos futuros, para resolver questões como: quais os impactos da Logística 4.0 para a mão de obra do campo? Quais as vulnerabilidades na cibersegurança dos sistemas ciberfísicos rurais? Quais os impactos econômicos da implantação da Logística 4.0 na cadeia da soja? E a logística 4.0 é uma estratégia de mitigação do déficit de capacidade estática de armazenamento de grãos no Brasil?

Por fim, o estudo de caso aqui apresentado é apenas um retrato das inovações que acompanham a logística no agronegócio, principalmente no que tange à porteira para dentro, que serviu para ilustrar as inovações no setor, mas muitas outras aplicações também têm acontecido no transporte como um todo, e convida-se o leitor a aprofundar-se sobre o assunto em sites de outros diversos fabricantes de máquinas, equipamentos e tecnologia.

REFERÊNCIAS

ALMEIDA, C. A. de; SELEME, R.; CARDOSO NETO, J. Rodovia Transoceânica: uma alternativa logística para o escoamento das exportações da soja brasileira com destino à China. *Revista de Economia e Sociologia Rural*, v. 51, n. 2, p. 351-368, 2013.

GALEGALE, G. P. *et al.* Internet das Coisas aplicada a negócios: um estudo bibliométrico. *Journal of Information Systems and Technology Management*, v. 13, n. 3, p. 423-438, 2016.

GODOY, E. P. *et al.* Design and implementation of an electronic architecture for an agricultural mobile robot | Projeto e implementação de uma arquitetura eletrônica para um robô agrícola móvel. *Revista Brasileira de Engenharia Agricola e Ambiental*, v. 14, n. 11, p. 1240-1247, 2010.

JOHN DEERE. *Agricultura de Precisão*. [*S. l.*], 2019. Disponível em: https://www.deere.com.br/t/tecnologia-de-produtos/agricultura-de-precis%C3%A3o/. Acesso em: 24 out. 2019.

LAROSE, R. *et al.* Closing the rural broadband gap: Promoting adoption of the Internet in rural America. *Telecommunications Policy*, v. 31, n. 6-7, p. 359-373, 2007.

MARTINS, R. S. *et al.* Decisões estratégicas na logística do agronegócio: compensação de custos transporte-armazenagem para a soja no estado do Paraná. *Revista de Administração Contemporânea*, v. 9, n. 1, p. 53-78, 2005.

OLESKOW-SZLAPKA, J. The framework of Logistics 4.0 matury model. *Spring Nature Switzerland*, n. 835, p. 771-781, 2019.

PACHECO, T. P. *Logística 4.0 no agronegócio*: estudo de caso da John Deere. Dissertação (Mestrado em Agronegócios) – Universidade Federal da Grande Dourados, Dourados, 2020.

QUICENO, D. E. G. *et al.* Environmental impact of cloud computing and the internet of things. *Producción + Limpa*, v. 11, p. 1-7, 2016.

SACOMANO, J. B.; SÁTYRO, W. C. Indústria 4.0: conceitos e elementos formadores. *In*: SACOMANO, J. B. *et al.* (org.). *Indústria 4.0: conceitos e fundamentos*. São Paulo: Blucher, 2018.

SANTOS B. P. *et al.* Indústria 4.0: desafios e oportunidades. *Revista Produção e Desenvolvimento*, v. 4, n. 1, p. 111-124, 2018.

SCHMIDTKE, N. *et al.* Technical potentials and challenges within internal logistics 4.0. *In*: 4TH IEEE International Conference on Logistics Operations Management. *Proceedings - GOL 2018*. [*S. l.*], 2018. p. 1-10.

STRATEGY&. Trucking 4.0: an autonomous vehicle ecosystem. *YouTube*, 2018. Disponível em: https://www.youtube.com/watch?v=94cvD_rnQts. Acesso em: 19 out. 2019.

WANG, K. Logistics 4.0 Solution. *International Workshop of Advanced Manufacturing and Automation*, v. 13, n. 2, p. 7, 2016.

CAPÍTULO 10

City logistics e *last mile logistics* na Era da Indústria 4.0

Fernanda Alves de Araújo

João Gilberto Mendes dos Reis

10.1 INTRODUÇÃO

A chamada 4ª Revolução Industrial se diferencia das demais principalmente devido aos altos níveis de conectividade e comunicação entre diversos tipos de dispositivos eletrônicos. Essas tecnologias, ainda que emergentes, estão transformando a manufatura e os serviços operativos ao longo de toda a cadeia de suprimentos; e, em consequência, mudando profundamente as interações entre os humanos (sejam consumidores ou fornecedores) e as máquinas. Os avanços em novas tecnologias aplicadas à indústria tomaram novas direções a partir de 2011, com a promoção global do termo *Indústria 4.0* pelo governo da Alemanha, onde originalmente o foco se deu nas áreas mais operativas, como no desenvolvimento e avanço da manufatura direta; porém diversas áreas e atividades de suporte permaneceram às margens desse desenvolvimento, por exemplo, as atividades de logística e distribuição.

O papel aparentemente secundário que a logística possui dentro da Indústria 4.0 tem ganhado cada vez mais, contornos de protagonismo pela sua função estratégica, tornando-se uma aliada na melhoria de aspectos econômicos e sociais dessas novas tecnologias, visto que a logística tem impacto no cenário competitivo das indústrias, criando valor para as comunidades e também podendo ser uma facilitadora no quesito da sustentabilidade.

Em um cenário global acirrado e competitivo, em que as empresas lutam entre si por investidores e fatias maiores de mercado, ter valor agregado e custos reduzidos ao máximo tem sido a lei que rege o mercado nas últimas décadas. Pode-se notar o reflexo desse padrão mercadológico na lista das marcas mais valiosas de 2020 da *Revista Forbes* (MARCAS..., 2020) em que as cinco principais se mantêm pelo segundo ano consecutivo, sendo elas, nesta ordem, Apple, Google, Microsoft, Amazon e Facebook. Além de as cinco serem todas da indústria da tecnologia, outro ponto chama a atenção: a americana Amazon, fundada em 1994 e a pioneira em vendas pela internet, decidiu investir em logística e montar sua própria rede de entregas inicialmente nos Estados Unidos, além de modernizar boa parte dos seus centros de distribuição com tecnologias da Indústria 4.0 aplicadas ao transporte e armazenagem. Ou seja, a Amazon não é apenas uma empresa de tecnologia, mas também uma empresa de logística. Ainda de acordo com o artigo da Forbes, das cinco maiores, a Amazon foi a que mais apresentou crescimento no valor da sua marca de um ano para o outro, atingindo a marca dos 40% de crescimento em valor de marca.

A logística não pode mais ser considerada simplesmente como uma atividade de transporte de mover pessoas e mercadorias de um lado para o outro; esta deve ser entendida como parte do processo de servitização da Indústria 4.0 e está intimamente conectada aos projetos de cidades inteligentes (*smart cities*) e logística urbana (*city logistics*). Neste capítulo busca-se entender a evolução dos conceitos de logística e sua relação atual e futura com a Indústria 4.0.

10.2 *CITY LOGISTICS* – LOGÍSTICA URBANA

Atualmente mais de 50% da população global vive em centros urbanos, e até 2050 esse número chegará na marca dos 79% (SAVELSBERGH; VAN WOENSEL, 2016). Isso representa uma saturação dos centros urbanos que já estão próximos de seus limites de eficiência atualmente. Olhando mais a fundo como esses desafios afetam a distribuição urbana de cargas, pode-se destacar a mudança de comportamento do consumidor do varejo tradicional para o varejo de *e-commerce*.

Um crescimento substancial e novos modelos de negócios são esperados após o aumento dos volumes de frete devido ao crescimento das compras pela internet (BEKTAS; CRAINIC; VAN WOENSEL, 2017). Como resposta a essas preocupações, surge o conceito de cidade inteligente (*smart city*) e logística urbana (*city logistics*), que engloba a ideia de eficiência e tecnologia trabalhando juntas para resolver problemas futuros e atuais. O diálogo inicial entre cidades inteligentes esteve centrado em temas relacionados às tecnologias da informação e comunicação (TIC), entretanto, evoluiu para conceitos que se inclinam para uma visão holística, considerando três fatores principais: tecnologia (infraestrutura de hardware e software), pessoas (criatividade, diversidade, educação) e instituições (política e governança) (NAM; PARDO, 2011; LEE *et al.*, 2013).

O conceito de logística é bem conhecido, mas sua evolução é o conceito de *city logistics*. Uckelmann (2008) afirma que é razoável agrupar as pesquisas correspondentes e alcançar um entendimento comum, porém a definição deve ser *flexível e adaptativa*, para incorporar futuros desenvolvimentos de tecnologia. A primeira vez que o termo *city logistics* como ciência dos transportes surgiu foi no início do século XXI, apresentado por Taniguchi (1999), desde então o mundo evoluiu desde então, com mais desafios e necessidades. Portanto, não é possível fechar o termo com uma definição absoluta, pois o conceito ainda está em evolução e se adaptando para atender às demandas da sociedade moderna. Em geral, os autores do Quadro 10.1 concordam com uma ideia central de que as *cities logistics* combinam transporte e *otimização de tecnologia* para áreas urbanas. O quadro resume as principais definições acadêmicas do termo, para que o leitor possa acompanhar os diferentes focos nas linhas de pesquisa.

Quadro 10.1 – Definições de *city logistics*

Autor (ano)	Definição	Foco
Taniguchi e Shimamoto (2004)	A *city logistics* foi definida como o processo de otimização total das atividades logísticas e de transporte por parte de empresas privadas com o apoio de sistemas de informação avançados em áreas urbanas, tendo em conta o ambiente de tráfego, o seu congestionamento, segurança e poupança de energia no âmbito de uma economia de mercado.	Otimização
Goldman e Gorham (2006)	A política de *city logistics* sustentável busca reduzir os movimentos de caminhões vazios em bairros e centros urbanos congestionados e melhorar a eficiência ambiental e econômica das operações de frete urbano.	Sustentabilidade
Dablanc (2007)	A *city logistics* pode ser definida como qualquer prestação de serviço que contribua para uma gestão otimizada da circulação de mercadorias nas cidades.	Otimização
Crainic, Ricciardi e Storchi (2009)	A *city logistics* foi criada para enfatizar a necessidade de uma consolidação otimizada de cargas de diferentes embarcadores e transportadores dentro do mesmo veículo de entrega e coordenação das atividades de transporte de carga dentro da cidade.	Otimização
Savelsbergh, e Van Woensel (2016)	Existem muitas definições de *city logistics*, mas o comum a todas é que a *city logistics* consiste em encontrar maneiras eficientes e eficazes de transportar mercadorias em áreas urbanas, levando em consideração os efeitos negativos sobre o congestionamento, a segurança e o meio ambiente.	Eficiência

Novas tecnologias estão surgindo o tempo todo, como a Internet das Coisas (*Internet of Things* - IoT) e a Internet de Serviços (*Internet of Services* - IoS), que são uma realidade para as mais diferentes áreas que estão se beneficiando dela. Assim têm surgido desde dispositivos muito simples aplicados ao nosso dia a dia como sistemas mais robustos na indústria de ponta. Essa automação e inovação no campo da logística é empurrada para acompanhar as necessidades do mercado e sociedade atuais; a Indústria 4.0 afeta a logística tanto no nível operacional quanto por meio de conceitos mais amplos, como centros de distribuição (CDs), centros logísticos, portos secos, terminais terrestres e intermodais, parques logísticos, centros de coleta e retirada, centros de armazenagem, enfim, são vários os termos em diferentes operações e níveis que são usados em diversos países e regiões para descrever operações de logística.

Pensando em países emergentes, como o caso do Brasil, falar nos conceitos de cidades inteligentes e interconectadas para facilitar os fluxos logísticos parece um cenário futurístico e distante, porém, espera-se que as novas tecnologias desenvolvidas na Indústria 4.0 alterem a dinâmica das operações logísticas atuais, principalmente nas atividades de manuseio, armazenagem, distribuição e transporte de última milha (*last mile*), atividades em que sistemas inteligentes e mais eficientes são necessários. A logística tem acompanhado as revoluções industriais, porém com passos mais tímidos em termos de desenvolvimento e sobretudo investimentos de ordem privada e de iniciativas públicas. Entre os chamados *stakeholders* da *city logistics* e da logística como um todo, temos, além da iniciativa privada, a sociedade e o poder público, sendo que este último teria em si a responsabilidade pela infraestrutura, que é o maior desafio em um país de tamanho continental como o Brasil.

Utilizando mais uma vez a gigante americana Amazon como referência, desde 2012 a empresa investiu em robótica para modernizar suas operações nos centros de distribuição. Assim ela adquiriu uma empresa chamada Kiva Systems, que mais tarde foi renomeada como Amazon Robotics. Desde a aquisição da Kiva, a Amazon passou a ser movida pela inovação, pensando em processos mais seguros, eficientes e, claro, com bom custo-benefício. Esses investimentos aproximaram mais a Amazon de conceitos de integração e inovação no campo logístico, atendendo novas demandas de mercado, como entregas no dia seguinte e até mesmo no mesmo dia da compra em muitas localidades dos Estados Unidos. (AMAZON STAFF, 2020). A Amazon já investiu em mais de 10 mil robôs (Figura 10.1), que atuam em diversas frentes nos seus CDs; em contrapartida, já gerou nesses mesmos CDs mais de 300 mil posições de trabalho, provando que *a transformação tecnológica não é sinônimo de extinção de postos de trabalho.*

Figura 10.1 – Robô da Amazon.

Fonte: divulgação Amazon, 2020.
Disponível em: https://www.amazon.science/latest-news/making-robots-better-co-workers.

Centros de distribuição inteligentes são apenas uma pequena fração do potencial das *city logistics* e de onde nossa sociedade precisa se inclinar para uma eficiência sustentável. A exemplo da amplitude desse tema na Europa, existe uma aliança focada no desenvolvimento de inovações logísticas para que seja possível a prática alcançar a teoria; essa aliança é chamada de Alice (Alliance for Logistics Inonvation through Collaboration in Europe).[1] Por autodefinição essa aliança é baseada no reconhecimento da necessidade de uma visão abrangente sobre logística, planejamento e controle da cadeia de suprimentos, na qual os transportadores e prestadores de serviços de logística colaboram estreitamente para alcançar operações eficientes de logística e cadeia de suprimentos. A proposta dessa aliança no bloco europeu é avançar para que até 2050 as diversas frentes das *city logistics* se integrem, gerando zero emissões de gases, tudo interconectado pelo conceito da "internet física", como pode ser observado na Figura 10.2.

1 Site da Alice. Disponível em: http://www.etp-logistics.eu/. Acesso em: 27 mar. 2023.

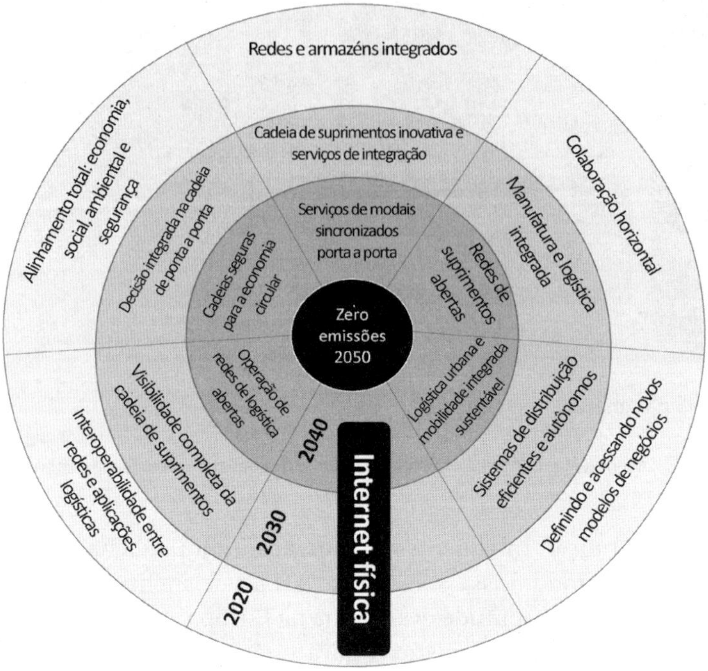

Figura 10.2 – *Roadmap* da Alice.

Fonte: adaptada de http://www.etp-logistics.eu/.

10.2.1 A INTERNET FÍSICA – LOGÍSTICA HIPERCONECTADA

Talvez você nunca tenha ouvido falar nesse termo, ou está pensando como é possível existir uma internet física, mas vamos lhe explicar melhor e entender como o conceito está conectado à logística urbana. O termo pode ainda não ser amplamente divulgado, mas ele não é novo; em 2011 foi publicado o primeiro artigo acadêmico sobre o assunto, pelo autor Benoit Montreuil. Segundo ele, por definição a internet física é um sistema logístico global baseado na interconexão de redes logísticas por um conjunto de protocolos de colaboração padronizados, contêineres modulares e interfaces inteligentes para aumento da eficiência e sustentabilidade (BALLOT; MONTREUIL; MELLER, 2014).

Para simplificar um pouco a compreensão dessa definição, vamos imaginar que a ideia central da internet física é mover cargas da mesma maneira que hoje se transmite dados, ou seja, existem protocolos digitais padronizados para mover e armazenar dados; o conceito seria aplicar a mesma dinâmica às cargas, ter formas padronizadas e protocolares de movê-las e armazená-las. Claro que essa analogia é rasa em termos de aplicabilidade; logicamente, a velocidade com que os dados são transmitidos é infinitamente maior do que a movimentação física de bens no geral, porém o exercício de pensar dessa maneira é válido para moldar o conceito de internet física.

A internet física é um conceito aberto, global e multimodal de sistemas logísticos encontrado na interconectividade tanto no mundo físico, digital, operacional, de negócios e legal, habilitado por meio de embalagens, protocolos e interfaces com padrão mundiais, que futuramente irá nos levar a uma *logística hiperconectada* (CRAINIC; MONTREUIL, 2016). Para tanto, um fator-chave do sucesso da internet física seria a forma de embalagem padronizada; independentemente do tamanho, forma e conteúdo, todos devem ser embalados em módulos/contêineres-padrão que sejam facilmente organizados e modulares para facilitar seu traslado entre os modais logísticos. Na Figura 10.3 podemos ver as características principais de um perfeito contêiner da internet física, baseado em uma logística hiperconectada.

Esse tipo de padronização nos contêineres permitiria sairmos de um modelo focado na logística de um único provedor ponta a ponta, ou no modelo de grandes centros de distribuição e rotas dedicadas ao *last mile,* e caminhar para um modelo de rede logística com uma malha de transporte hiperconectada, menos centralizada e mais distribuída, separando viagens de origem e destino em vários segmentos com centros de logística abertos e conectados, e cada segmento sendo tratado dinamicamente de acordo com o melhor modal, propósito e tipo de negócio. Esse conceito ainda permitiria que os produtores não centralizassem seus centros de distribuição; ao invés disso, poderiam ter múltiplos armazéns e centros menores ao redor do mundo e mais próximos dos consumidores finais, reduzindo o tempo de transporte, custo e as movimentações físicas de seus produtos.

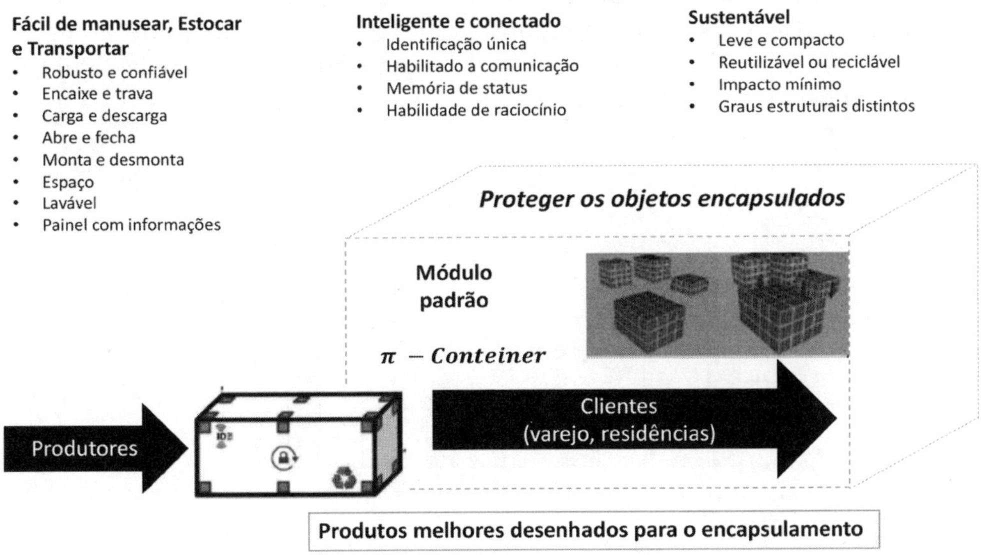

Figura 10.3 – Contêineres da internet física.

Fonte: adaptada de Crainic *et al.* (2016).

10.3 *LAST MILE LOGISTICS* – ENTREGA DE ÚLTIMA MILHA

Agora que já entendemos melhor os conceitos de logística urbana e internet física, vamos falar do último elo dessa cadeia: a entrega de última milha (*last mile delivery*). O termo *last mile* surgiu na indústria de telecomunicações e se referia à perna final de uma rede. Atualmente, *last mile logistics* denota o último setor de um processo de entregas, que geralmente também é o mais caro e menos eficiente de uma cadeia de suprimentos, além de ser o que mais traz preocupações na questão do meio ambiente (LIM; SRAI, 2017).

Um aspecto indiscutível e pré-requisito para a Indústria 4.0 é a *Transformação Digital*. A digitalização dos meios de produção e serviços tem dirigido as mudanças nas diversas cadeias de valor, e a necessidade cada vez mais latente de as empresas se adaptarem e sobreviverem nesse ambiente está intimamente ligada com a *experiência* desse consumidor final. E o que mais decepciona um consumidor do que não ter o produto que ele comprou em perfeito estado e nas suas mãos dentro do esperado? É exatamente nesse aspecto que a entrega ao consumidor final pode fazer (e faz) toda a diferença atualmente.

Outro fator de grande impacto a se considerar nessa dinâmica é o expoente crescimento mundial do *e-commerce*, que em 2020 teve seus números empurrados pela pandemia da Covid-19. Um estudo da Nielsen (2020) mostra a mudança do comportamento do consumidor na América Latina, antes, durante e com projeções para depois da pandemia; podemos ver o resumo em percentuais na Figura 10.4, notando uma tendência de comportamento do consumidor: muitos iniciaram sua jornada nas compras online por necessidade durante a pandemia, mas as projeções mostram que grande parte desses consumidores manterão como canal de compra o *e-commerce* em setores tidos como básicos, como alimentos, bebidas, cuidados pessoais e cuidados domiciliares.

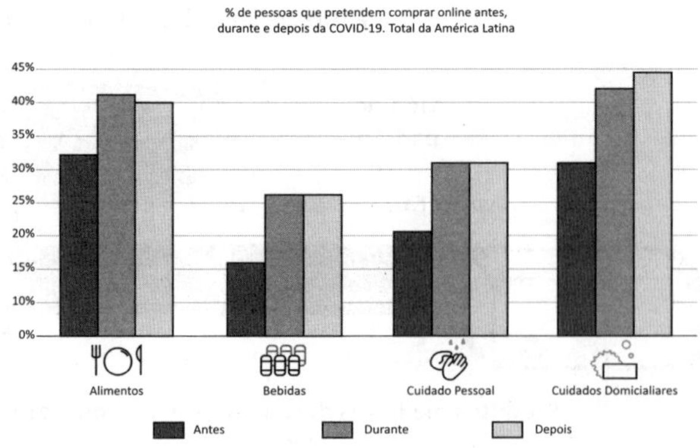

Figura 10.4 – Comportamento do consumidor na América Latina.

Fonte: Nielsen... (2020).

Essa lente de aumento sobre as vendas online e as mudanças do padrão de consumo na indústria trouxe ainda mais à tona o tema das entregas ao consumidor final, o *last mile delivery*. Hoje essa última milha de entrega é a responsável por grande parte dos congestionamentos nos centros urbanos e uma das áreas de maior custo dentro da cadeia de transporte.

A resolução de nossos desafios comuns requer formas radicais de pensar (SCHWAB, 2018). As tecnologias que substituem o trabalho humano, as rigorosas mudanças climáticas, as maiores preocupações em relação à desigualdade e às perspectivas de insegurança econômica estão minando os modelos e paradigmas sobre os quais repousam nossas sociedades. Dessa forma, também o *last mile* apresenta hoje um grande desafio dentro do setor de transportes, urgindo ações tecnológicas que deem luz à problemática atual e futura.

10.3.1 TECNOLOGIAS DE DISTRIBUIÇÃO

O *last mile* depende diretamente das tecnologias de distribuição. Reis *et al.* (2015) discorrem que as revoluções tecnológicas ocorridas nos últimos sessenta anos transformaram a forma como são estabelecidas e gerenciadas essas relações. Se antes se dependia exclusivamente da proximidade geográfica para estabelecer algum tipo de relacionamento, hoje essas barreiras foram rompidas pelos sistemas de informação.

Esses sistemas de informação extrapolam o computador convencional, os chamados produtos *smart*, que fazem uso hoje de da IoT. Schwab (2018) destaca que, em um estudo recente, a IHS, uma empresa londrina de análise de dados do mercado, previu que o número de dispositivos com IoT crescerá de estimados 15,4 bilhões em 2015 para 75,4 bilhões em 2025. O autor revela ainda que esse aumento de cinco vezes acionará uma conectividade mais profunda em todas as áreas da vida, interligará as economias globais de maneiras inovadoras e provavelmente abrangerá uma florescente economia de máquina para máquinas.

Apesar de essas tecnologias ligadas à comunicação serem importantes, uma tecnologia fundamental a ser implementada é a de *lockers*, como os terminais de entrega. Esse tipo de tecnologia, aliada ao *last mile*, foi utilizada de forma pioneira pela Amazon, a princípio nos Estados Unidos. Ele ainda é embrionário em países em desenvolvimento, como o Brasil, porém nos Estados Unidos e na Europa os terminais de entregas já são uma realidade que vem reduzindo custos e garantindo maior comodidade e segurança aos consumidores finais.

Na Europa 54% de todos os consumidores online utilizam a forma de entrega *click & collect*, na qual se utiliza um terminal de entrega como destino final; enquanto uma equipe de entregas tem capacidade operativa de cem encomendas em domicílio, os *lockers* realizam setecentas por dia com o mesmo custo operativo (LOCKERS..., 2017). A Figura 10.5 ilustra um terminal de entregas da empresa inglesa InPost, que está expandindo seus negócios na América Latina, já com alguns modelos de menor tecnologia instalados no Brasil, como pode ser observado na figura.

Figura 10.5 – *Locker* em funcionamento no Brasil.

Fonte: InPost BR.

Como benefícios desse dispositivo de terminais de entregas, pode-se destacar:

- Maior praticidade para o consumidor final.
- Funcionamento 24 horas × 7 dias.
- Possibilidade de acesso às pessoas que não possuem um CEP ou residem em áreas remotas/de risco.
- Reduz o tempo de entrega na visão do consumidor final.
- Menor custo ao consumidor final.
- Não há necessidade de portador para receber a encomenda.
- Pode ser utilizado como ponto de *dropoff* para a logística reversa.
- Confidencialidade de recebimento.
- Mais seguros, pois podem ser instalados em locais de grande circulação.
- Redução de custo do transportador de *last mile delivery.*

As retiradas nos *lockers* se dão pelo envio de um código ao consumidor final, que recebe através de e-mail e SMS uma mensagem com o código do rastreamento e a data em que o item estará disponível para retirada. A partir da disponibilidade deste no terminal de entregas, um *QR code* é enviado ao cliente por aplicativo ou SMS. Os terminais são munidos de um *scanner* para a leitura do *QR code*, que pode estar na própria tela do celular ou em um material impresso. Após a leitura e confirmação do *QR code*, o compartimento que guarda a encomenda é automaticamente liberado.

Evidentemente que, atrelados aos benefícios, existem riscos e custos associados ao investimento em novas tecnologias, pois, em um primeiro momento, haverá necessidade de investir na estrutura de instalação e, posteriormente, na sua manutenção. Porém uma alternativa são os modelos vigentes na Europa que atuam com terceirização, locando os *lockers* e deixando a empresa terceira responsável pela manutenção e atualização dos terminais de entrega.

Outra tecnologia atrelado ao *last mile delivery* são os drones, nome popular de veículos aéreos não tripulados e microveículos aéreos que têm um enorme potencial de aplicação, desde espionagem até tarefas de entretenimento. Nos últimos anos, vimos um aumento dramático na popularidade dos drones, levando a várias pesquisas sobre como explorar/melhorar seus benefícios para uso comercial militar e não militar. Os drones terão um importante impacto socioeconômico na sociedade em muitas áreas, como: coleta de dados volumétricos; inspeção; organizações humanitárias, transporte e outros. Além disso, destacam-se os aplicativos de transporte, cujos responsáveis afirmam que os drones ajudarão os países desenvolvidos a melhorar a qualidade do serviço em áreas congestionadas ou remotas (FLOREANO; WOOD, 2015).

No entanto, como uma tecnologia recente, o uso de drones ainda não está totalmente regulamentado. A ativação de uma nova indústria requer um acordo compartilhado entre múltiplos atores sobre a oportunidade de explorar um novo desenvolvimento tecnológico. O reconhecimento de oportunidades precisa ser combinado com uma percepção compartilhada de que há uma demanda potencial e baixas barreiras de entrada na nova área de atividade econômica nascente. Essa percepção compartilhada de uma demanda potencial tem atraído a atenção das empresas de logística em todo o mundo. Focando o potencial de última milha, uma pesquisa recente[2] trouxe à tona que a entrega tradicional de última milha, por caminhões, enfrenta vários problemas. Por fatores como o motorista humano e a grande fração de trabalho improdutivo (por exemplo, por clientes ausentes ou atrasos no tráfego), as entregas de caminhões são caras e, além disso, vistas como uma importante fonte de efeitos negativos sobre o congestionamento, a segurança e o meio ambiente nos grandes centros urbanos. Muitas grandes empresas, como Amazon, DHL, FedEx e UPS, estão atualmente investigando o uso efetivo de drones para entrega de encomendas. Na verdade, independentemente de sua aplicação, os drones são movidos por uma motivação geral de tornar os processos mais rápidos e flexíveis, ao mesmo tempo que aumentam a precisão e a economia.

2 Boysen *et al.*, 2018.

REFERÊNCIAS

AMAZON STAFF. Join our team on a guided video-tour through a fulfillment center. *Amazon*, 24 set. 2020. Disponível em: https://www.aboutamazon.com/amazon-fulfillment/our-innovation/what-robots-do-and-dont-do-at-amazon-fulfillment-centers/. Acesso em: 27 mar. 2023.

BALLOT, E.; MONTREUIL, B.; MELLER, R. D. *The Physical Internet*: the network of logistics networks. Paris: La Documentation Française, 2014.

BEKTAŞ, T.; CRAINIC, T. G.; VAN WOENSEL, T. From managing urban freight to smart city logistics networks. *In*: GAKIS, K.; PARDALOS, P. *Network design and optimization for smart cities.* [*S. l.*], 2017. p. 143-88. (Series on Computers and Operations Research, v. 8) World Scientific. https://doi.org/10.1142/9789813200012_0007.

BOYSEN, N. *et al.* Drone delivery from trucks: drone scheduling for given truck routes. *Networks*, v. 72, n. 4, p. 506-527, dez. 2018. DOI: https://dx.doi.org/10.1002/net.21847. Disponível em: https://onlinelibrary.wiley.com/doi/10.1002/net.21847. Acesso em: 27 mar. 2023.

CRAINIC, T. G.; RICCIARDI, N.; STORCHI, G. Models for evaluating and planning city logistics systems. *Transportation Science*, v. 43, n. 4, p. 432-454. DOI: https://dx.doi.org/10.1287/trsc.1090.0279. Disponível em: https://pubsonline.informs.org/doi/10.1287/trsc.1090.0279. Acesso em: 26 mar. 2023.

CRAINIC, T. G.; MONTREUIL, B. Physical Internet Enabled Hyperconnected City Logistics. *Sciwnce Direct.* v. 12, p. 383-398, Jun. 2016. DOI: https://dx.doi.org/10.1016/j.trpro.2016.02.074. Disponível em: https://www.sciencedirect.com/science/article/pii/S2352146516000752?via%3Dihub.

DABLANC, L. Goods transport in large European cities: difficult to organize, difficult to modernize. *Transportation Research Part A*: policy and practice, v. 41, n. 3, p. 280-285, 2007. DOI: https://dx.doi.org/10.1016/j.tra.2006.05.005. Disponível em: https://www.sciencedirect.com/science/article/abs/pii/S0965856406000590?via%3Dihub. Acesso em: 27 mar. 2023.

FLOREANO, D.; WOOD, R. J. Science, technology and the future of small autonomous drones. *Nature*, v. 521, n. 7553, p. 460-466, maio 2015. Disponível em: https://www.nature.com/articles/nature14542. Acesso em: 27 mar. 2023.

GOLDMAN, T.; GORHAM, R. Sustainable urban transport: four innovative directions. *Technology in Society*, v. 28, n. 1-2, p. 261-273, 2006. DOI: https://dx.doi.org/10.1016/j.techsoc.2005.10.007. Disponível em: https://www.sciencedirect.com/science/article/pii/S0160791X05000606?via%3Dihub. Acesso em: 26 mar. 2023.

LEE, J. H. *et al.* Resilience: a meta-analytic approach. *Journal of Counseling & Development*, v. 91, n. 3, p. 269-279, jul. 2013. DOI: https://dx.doi.org/10.1002/j.1556-6676.2013.00095.x. Disponível em: https://onlinelibrary.wiley.com/doi/10.1002/j.1556-6676.2013.00095.x. Acesso em: 26 mar. 2023.

LIM, S. F. W.; JIN, X.; SRAI, J. S. Consumer-driven e-commerce: a literature review, design framework, and research agenda on last-mile logistics models. *International Journal of Physical Distribution & Logistics Management*, v. 48, n. 3, p. 308-332, 2018. Disponível em: https://www.emerald.com/insight/content/doi/10.1108/IJPDL-02-2017-0081/full/html. Acesso em: 27 mar. 2023.

LOCKERS InPost são lançados no Brasil. *Revista Mundo Logística*, 3 fev. 2017. Disponível em: https://www.revistamundologistica.com.br/noticias/lockers-inpost-sao-lancados-no-brasil. Acesso em: 05 de maio 2019.

MARCAS mais valiosas do mundo em 2020. *Revista Forbes*, 28 jul. 2020. Disponível em: https://www.forbes.com.br/listas/2020/07/as-marcas-mais-valiosas-do-mundo-em-2020. Acessado em: 01 nov. 2020.

NAM, T.; PARDO, T. A. Conceptualizing smart city with dimensions of technology, people, and institutions. *In*: *Proceedings of the 12th Annual International Digital Government Research Conference on Digital Government Innovation in Challenging Times*. College Park, Maryland: ACM Press, 2011. DOI: https://dx.doi.org/10.1145/2037556.2037602. Disponível em: https://dl.acm.org/doi/10.1145/2037556.2037602. Acesso em: 26 mar. 2023.

NIELSEN consumer insigths. [*S. l.*], abr. 2020. Disponível em: https://www.nielsen.com/br/pt/insights/digital/. Acessado em: 10 de abril 2020.

REIS, J. G. M. dos *et al. Qualidade em rede de suprimentos*: a qualidade aplicada ao supply chain management. São Paulo: Atlas, 2015.

SAVELSBERGH, M.; VAN WOENSEL, T. 50th anniversary invited article – City logistics: challenges and opportunities. *Transportation Science*, v. 50, n. 2, p. 579-590, 2016. DOI: https://dx.doi.org/10.1287/trsc.2016.0675. Disponível em: https://pubsonline.informs.org/doi/10.1287/trsc.2016.0675. Acesso em: 26 mar. 2023.

SCHWAB, K. *Aplicando a quarta revolução Industrial*. São Paulo: Edipro, 2018.

TANIGUCHI, E.; SHIMAMOTO, H. Intelligent transportation system based dynamic vehicle routing and scheduling with variable travel times. *Transportation Research Part C*: emerging technologies, v. 12, n. 3-4, p. 235-250, 2004. DOI: https://dx.doi.org/10.1016/j.trc.2004.07.007. Disponível em: https://www.sciencedirect.com/science/article/abs/pii/S0968090X04000221?via%3Dihub. Acesso em: 26 mar. 2023.

UCKELMANN, D. A definition approach to smart logistics. *In*: BALANDIN, S.; MOLTCHANOV, D.; KOUCHERYAVY, Y. (org.). *Next generation teletraffic and wired/wireless advanced networking*. Berlin/Heidelberg: Springer, 2008. p. 273-284. (Lecture Notes in Computer Science).

CAPÍTULO 11

Qualidade e produtividade na Indústria 4.0

Pedro Luiz de Oliveira Costa Neto

Lilane de Araújo Mendes Brandão

Marcos de Oliveira Morais

11.1 INTRODUÇÃO

Qualidade é uma palavra mágica que tem reverberado no mundo empresarial no último século corrido. De fato, conseguir qualidade nos processos de produção de bens e serviços tem sido, em maior ou menor escala, uma preocupação dos administradores dos mais variados tipos de empreendimentos, em particular daqueles que produzem os bens e facilidades tão importantes para a vida na sociedade moderna.

No entanto, a preocupação com a qualidade é tão antiga quanto a própria atividade humana da produção de coisas. Podem ser vistos em museus joias e dispositivos produzidos há vários milênios nos quais existem evidências de preocupação com a qualidade desses produtos. Também no campo da arte esculpida e da arquitetura encontram-se evidências bem conservadas dessa preocupação dos antigos seres humanos.

É possível, pois, reconhecer a presença da qualidade mesmo em tempos imemoriais, embora ela na prática tenha passado a ser buscada sistematicamente e reconhecida como uma necessidade para o sucesso empresarial somente em tempos muito mais recentes.

O advento da 1ª Revolução Industrial, discutida a seguir, teve decerto influência indireta na necessidade do aprimoramento das práticas em prol da qualidade, inicialmente de produtos tangíveis e posteriormente também dos serviços oferecidos, como uma própria consequência do surgimento da produção industrial em larga escala e da competição entre fabricantes na busca pelo sucesso com seus clientes.

Esse processo de conhecimento, conceituação e propositura de formas para obter a qualidade na prática passou a ter um desenvolvimento contínuo, cujo início pode ser visualizado há cerca de um século, tendo se destacado uma sucessão de ilustres colaboradores ou gurus da qualidade, entre os quais podem-se citar: Walter Andrew Shewhart (1891-1967), William Edwards Deming (1900-1993), Joseph Moses Juran (1904-2008), Armand Vallin Feigenbaum (1922-2014), Philip Bayard Crosby (1926-2001), Kaoru Ishikawa (1915-1989) e, em termos de Brasil, Vicente Falconi Campos (1940-).

O histórico da evolução da qualidade pode ser resumido pela citação de eventos sucessivos relacionados com a produção de bens e serviços, como a 1ª Revolução Industrial, o controle estatístico do produto, o controle estatístico do processo, a garantia da qualidade, a gestão da qualidade total (*total quality management* – TQM), a normalização da qualidade, os prêmios da qualidade, a qualidade como fator estratégico e, como meta maior de todo esse esforço, a busca pela qualidade de vida para a totalidade dos seres humanos.

A intenção no presente capítulo é tecer uma divagação – palavra conscientemente escolhida em face das imponderabilidades do prospecto – sobre o fato que certamente deve assinalar mais uma etapa nessa evolução dos conceitos e características da qualidade, com o advento da Indústria 4.0.

Entretanto, permeia todo esse processo uma série de circunstâncias que tornam o conhecimento e a aplicabilidade dos conceitos e metodologias da qualidade uma atividade complexa. Não por mero acaso, a própria definição do que seja qualidade não ficou claramente estabelecida. Os próprios citados gurus da qualidade tinham visões distintas a esse respeito.

Assim, Deming entendia a qualidade como o resultado de um processo de melhoria contínua, para o qual o ciclo PDCA (*plan-do-check-act*) constitui um elemento fundamental; Juran enxergava a qualidade como adequação ao uso; Crosby a entendia como conformidade com os requisitos de projeto; Feigenbaum e Ishikawa imaginavam a qualidade como o resultado dos esforços de todos na organização. Coube a David Alan Garvin, conforme discutido à frente, propor cinco abordagens para a qualidade geralmente aceitas como alternativas válidas, devido à diversidade de situações encontradas na prática.

O mais veterano dos autores deste capítulo gosta de citar uma definição para a qualidade usada, com aprovação do orientador, por um mestrando seu na Escola Politécnica da Universidade de São Paulo (USP). Em sua dissertação intitulada *Ética e qualidade nas empresas* (na qual praticamente provou que qualidade e ética são indissociáveis), esse mestrando colocou que

> Qualidade é o somatório de todas as características dos bens e serviços oferecidos que satisfaçam as necessidades razoáveis dos clientes, juntamente com o conjunto de situações envolvidas na obtenção e no uso desses produtos que favoreçam uma existência saudável e autenticamente humana a todos que são afetados. (CERQUINHO, 1994)

Há, entretanto, uma outra palavra mágica a ser considerada nesta discussão, que é *produtividade*, em princípio muito mais simples de definir, o que pode ser feito, de uma maneira geral, pelo quociente:

$$\text{Produtividade} = \frac{\text{Resutados}}{\text{Insumos}}$$

Evidentemente, há várias outras maneiras pelas quais esse conceito se apresenta conforme o que se queira conceituar. Por exemplo:

$$\text{Taxa de valor agregado} = \frac{\text{Faturamento}}{\text{Custos}}$$

$$\text{Renda } \textit{per capita} = \frac{\text{Produto interno bruto (PIB) Custos}}{\text{População média}}$$

Historicamente, as preocupações com a produtividade surgiram muito após aquelas com a qualidade e só passaram a ser críticas quando se acirrou a competição entre empresas concorrentes, principalmente a partir da segunda metade do século XX.

Houve, inclusive, um período no qual qualidade e produtividade foram consideradas propósitos antagônicos. Isso ocorreu quando a busca pela qualidade implicava a rejeição ou o retrabalho de itens não conformes, logo a qualidade se conseguia mediante a indesejável perda da produtividade. Hoje é perfeitamente reconhecido que qualidade e produtividade devem e podem ser conseguidas concomitantemente, inclusive se apoiam entre si, podendo ser consideradas como as duas faces de uma mesma moeda chamada *competitividade*.

A situação descrita vale especialmente quando há mercados razoavelmente estabilizados com bens e serviços que concorrem entre si, pois os clientes desejam produtos com boa qualidade e bons preços, sendo que estes só podem ser conseguidos com custos baixos e ausência de desperdícios, ou seja, trabalhando com produtividade.

Evidentemente, há também situações nas quais outras características dos bens ou serviços, além de qualidade e preço (produtividade), podem ser interessantes para os clientes, tais como atendimento, prazo, imagem (efeito do marketing) e, nos tempos modernos, as incríveis inovações com as quais o crescimento exponencial das possibilidades tecnológicas brinda os insaciáveis e emocionais consumidores humanos.

Hoje se consideram os conceitos de qualidade e produtividade associados, respectivamente, aos de eficácia de um sistema e eficiência de seus pontos constituintes, correspondendo a eficácia a fazer as coisas certas e a eficiência a fazer certo as coisas. A Figura 11.1 ilustra essa comparação.

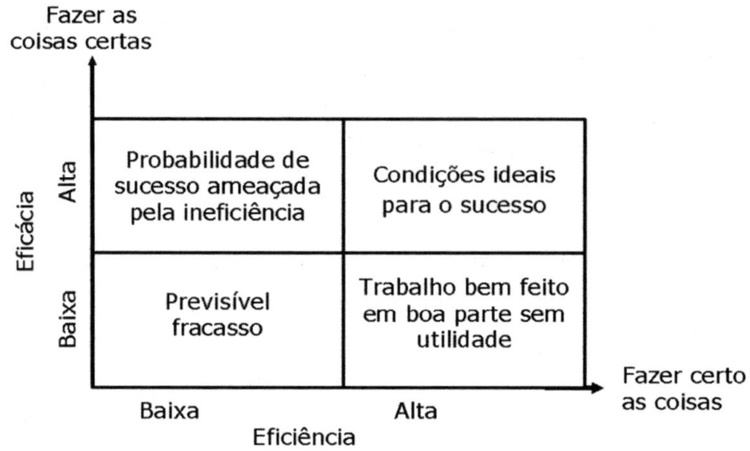

Figura 11.1 – Eficiência e eficácia.

Fonte: Costa Neto e Canuto (2010).

11.2 AS REVOLUÇÕES INDUSTRIAIS E A QUALIDADE

É sobejamente conhecido o fenômeno ocorrido há cerca de três séculos na história da produção humana denominado Revolução Industrial. Esse fenômeno caracterizou-se por uma formidável modificação no modo de produzir bens para o consumo geral, com o advento de inovações tecnológicas como a máquina a vapor em 1698 por Thomas Newcomen, na Inglaterra, aperfeiçoada por James Watt posteriormente, em 1765. Esse aperfeiçoamento permitiu que essa inovação passasse a fornecer o elemento motor às indústrias, em particular às do vestiário, substituindo o trabalho humano individual com muito maior produtividade.

Logo em seguida, a máquina a vapor levou ao surgimento das estradas de ferro e passou a ser usada em navios, aumentando extraordinariamente as capacidades de transporte e comércio, o que gerou inúmeras outras oportunidades de progresso, mormente nos países mais adiantados de então. Foi consequência direta dessa revolução o crescimento considerável da manufatura, com o surgimento de grandes indústrias e da produção em massa, dando ensejo ao advento de uma classe operária com mão de obra especializada e longas jornadas de trabalho.

Não é nosso propósito nos estendermos sobre esse fenômeno, mas pode-se dizer que ele foi o estopim de subsequentes eras de desenvolvimento industrial acelerado e exponencial, em função também de outras descobertas e invenções que mudaram as formas de viver neste planeta.

Nessa sequência, os estudiosos estabeleceram a ocorrência, na verdade, de quatro revoluções industriais, das quais a já citada foi a primeira. Essas ocorrências estão relacionadas no Quadro 11.1.

Quadro 11.1 – Revoluções industriais

Revoluções industriais e épocas	Significado
Primeira: a partir do século XVIII até os anos 1860	A economia passa a ser liderada pela indústria, com a introdução das máquinas a vapor e novos métodos de produção mecânica. Os trens e navios a vapor intensificam o comércio nacional e internacional.
Segunda: dos anos 1870 a 1960	Marcada pela produção em massa e pelo surgimento da energia elétrica, que passou a ser uma importante fonte do trabalho industrial.
Terceira: dos anos 1970 a 2000	Marcada pela automação dos processos de produção, com a implementação da tecnologia da informação (TI) nas atividades industriais.
Quarta: a partir dos anos 2010	Representada pela fusão dos mundos real e virtual na produção, o uso de tecnologia de sensores, de robótica e interconectividade.

Fonte: adaptado de Federação das Indústrias do Rio de Janeiro (2016).

A essas quatro revoluções correspondem as designações de Indústria 1.0, 2.0, 3.0 e 4.0, respectivamente.

A 2ª Revolução Industrial minimiza as longas jornadas de trabalho, introduzindo a divisão do trabalho em etapas múltiplas e a manufatura em massa. Esta reduz o custo de produção, aumenta a padronização, com o intuito de reduzir o preço e produzir de forma não personalizada, preocupada com a produtividade e exigindo maior esforço da qualidade.

Já a 3ª Revolução Industrial destaca-se pelo sistema de produção enxuta, pela automação e pelo uso da tecnologia da informação baseada na internet, alicerçada pela redução de desperdícios e produção sob demanda, também voltada ao aumento da produtividade e da qualidade.

Na 4ª Revolução Industrial, a mão de obra especializada, o conhecimento, a tecnologia e a inovação formam o alicerce para a retomada do crescimento e o aumento da produtividade com qualidade. A integração do conhecimento junta tecnologias disruptivas por meio da Internet das Coisas (IoT), Internet dos Serviços (IoS), *Big Data*, computação em nuvem (CC), robôs autônomos, simulação, manufatura aditiva, realidade aumentada e sistemas ciberfísicos. As principais funções são atender aos requisitos ágeis e dinâmicos de produção e melhorar a eficácia e eficiência de toda a indústria, buscando esses objetivos com um maior nível de automação.

É interessante notar que Srour (1998) prefere alternativamente identificar na história da humanidade três revoluções: a Neolítica, ocorrida a partir de cerca de 6 mil anos antes da era cristã, a Industrial (designada por primeira no Quadro 11.1) e a Digital (que corresponderia à terceira no Quadro 11.1 e englobaria a quarta como decorrência natural).

Mas, voltando à cronologia exposta no Quadro 11.1, cabe indagar como foi a evolução da qualidade e da produtividade no decorrer desse tempo. Já foi comentado que a preocupação com a qualidade remonta aos princípios da civilização, mas durante muito tempo pode-se considerar que foi uma prerrogativa de verdadeiros artistas, seja na produção de bens tangíveis ou mesmo de serviços. Quando o homem passou a exercer a agricultura como forma de sobrevivência, preocupou-se, sem o saber, em como fazê-lo melhor e com melhores resultados. Estava-se, de alguma forma, em busca de qualidade e produtividade.

No entanto, com o decorrer dos séculos, ficaram evidentemente mais claras as preocupações com a qualidade do que as com a produtividade. Grandes catedrais e outros monumentos foram erigidos como verdadeiras obras de alta qualidade artística, mas que levaram muitas décadas para serem concluídas.

Essa relação prioritária da qualidade sobre a produtividade em geral se verificou até o advento da 1ª Revolução Industrial, quando a invenção da máquina a vapor aumentou enormemente a produtividade dos processos de produção, decerto com alguma influência também na melhoria da qualidade dos produtos produzidos. O mesmo efeito certamente ocorreu posteriormente, quando do aporte da energia elétrica, uma das características da chegada da 2ª Revolução Industrial.

Entretanto, no dia a dia dos trabalhos no chão da fábrica, a qualidade ainda prevalecia sobre a produtividade, pois aquela era conseguida em detrimento desta, conforme já citado, por meio de refugos e retrabalhos, levando à errônea suposição de serem vantagens contraditórias.

De fato, praticamente durante todo o desenvolvimento da 1ª Revolução Industrial, o procedimento que predominou na busca pela qualidade foi a inspeção. Inspecionavam-se os itens após cada processo na cadeia produtiva, descartando-se os não conformes ou, eventualmente, retrabalhando-os. Esse cenário se prolongou até os anos 1920, quando começaram a surgir os métodos de controle estatístico da qualidade.

O controle estatístico praticamente vigorou durante boa parte da 2ª Revolução Industrial. Havia o controle estatístico do produto, exercido sobre lotes produzidos de itens relativamente simples, podendo levar à aceitação ou rejeição do lote. Andrew Shewhart, entretanto, demonstrou a inconveniência desse procedimento, embora deva ser utilizado em certos casos, pois estava-se controlando os efeitos das falhas, e não as suas causas, pois estas ocorrem durante o processo de produção. Shewahart propôs então o controle estatístico do processo, por meio dos gráficos de controle que criou e passaram a ser uma das sete ferramentas básicas da qualidade. Entretanto, essa ferramenta identifica apenas as causas especiais ou assinaláveis das falhas, e não as causas comuns, em geral mais danosas e mais difíceis de serem identificadas. A identificação dessas falhas está diretamente relacionada com a produtividade dos processos.

Nesse ínterim, nas primeiras décadas do século XX, portanto no âmbito da 2ª Revolução Industrial, merecem destaque, entre outros, os trabalhos de Frederick Winslow Taylor (1856-1915), considerado o pai da administração científica, cidadão americano que iniciou a vida como operário e chegou a engenheiro, portanto, com larga vivência dos processos industriais, que demonstrou que administrar é uma ciência e não uma arte e preocupou-se intensamente com as formas de realizar as operações industriais, dando inestimável contribuição à produtividade dos processos. Seu livro de 1911, *Princípios de administração científica*, representa um marco das conquistas que obteve nesse campo de atividade industrial, embora não se preocupasse com os aspectos humanos do trabalho. Simultaneamente, o francês Jules Henri Fayol (1841-1925), considerado o idealizador da teoria clássica da administração, preocupou-se com aspectos gerenciais das organizações, visando o sucesso do empreendimento. Suas ideias foram divulgadas no livro *Administração industrial e geral*, também de 1911.

O conjunto da obra desses dois pioneiros trouxe decerto uma grande contribuição à eficiência e eficácia das empresas de então, ou, visto de outra forma, à sua produtividade e qualidade, pois a primeira foi preocupação intrínseca de Taylor e a segunda, de Fayol.

O próximo passo na evolução das formas de se controlar a qualidade nos processos industriais e de serviços foi o de garantia da qualidade. O significado dessa expressão pode ser mais bem entendido se se pensar nos casos da indústria nuclear e da aviação civil, ou mesmo de carga ou militar. São atividades nas quais a ocorrência de falhas pode resultar em graves acidentes ou mesmo catástrofes, logo toda a atenção quanto à qualidade e confiabilidade dos equipamentos passa a ser fundamental. De fato, os setores citados têm suas próprias normas, com exigências rígidas a serem cumpridas para minimizar a possibilidade de falhas, mas essa filosofia também repercutiu em outras atividades produtivas. Concomitantemente surgiu o conceito de gestão da qualidade total, defendido por Armand Feigenbaum e Kaoru Ishikawa, segundo os quais a qualidade na organização só se consegue se todos os participantes dela estiverem engajados no esforço para consegui-la. Esses avanços na conceituação da qualidade passaram a existir, segundo Garvin (1992), a partir dos anos 1950, logo coincidem com a época de passagem da Segunda para a 3ª Revolução Industrial.

A partir dos anos 1980, passaram a surgir as normas referentes à qualidade, em particular as da série ISO 9000, voltadas à existência de um sistema de gestão da qualidade de grande importância e aceitação voluntária pelas empresas e organizações atuando na era da 3ª Revolução Industrial. Também podem ser considerados uma característica dessa era os prêmios da qualidade, voltados à excelência organizacional, que passaram a se espalhar pelo mundo a partir do final dos anos 1980.

A evolução histórica do conceito de qualidade traz a seguir a sua compreensão como condição estratégica organizacional, ou seja, as administrações geral e da qualidade passam a ser indissociáveis nas organizações para o seu sucesso como tal. Esta é a concepção da qualidade que coincide com esta nova era na qual estamos penetrando, ou seja, a da 4ª Revolução Industrial e da Indústria 4.0.

11.2.1 CONSIDERAÇÕES TECNOLÓGICAS

Com a adequação das indústrias à realidade da Indústria 4.0, o planejamento e o controle da produção passou a ser realizado por integração entre mídias físicas e digitais com foco na automação dos processos de produção e integração em toda a cadeia, gerando automaticamente listas de pedidos, verificando o estoque, consultando fornecedores para checar preços e prazos de entrega, fazendo negociação com clientes, alocando o pedido na linha de produção, reconfigurando as linhas de produção se assim for necessário e aumentando a eficiência e a eficácia do processo. Considerando que as linhas de produção têm a capacidade de se reconfigurar e a grande interconectividade das estações de trabalho, é possível uma produção em larga escala com itens personalizados, o que deve resultar em ganhos de produtividade. É importante salientar que a digitalização aumentará a eficiência da gestão dos setores industriais para atender às necessidades dos consumidores. De fato, os sistemas ciberfísicos são capazes de aumentar a produtividade, promover o crescimento, modificar o desempenho da força de trabalho e produzir bens de maior qualidade com custos mais baixos por meio da coleta e análise de dados (SACOMANO *et al.*, 2018).

Essas integrações resultam no surgimento de fábricas inteligentes, onde a eficiência do processo é otimizada por meio da automação de máquinas e equipamentos. Elas são caracterizadas pela conexão dos sistemas produtivos com os ciberfísicos (CPS), usando também a IoT como interface máquina-máquina, homem-máquina ou homem-homem, simultaneamente com uma enorme aquisição de dados sendo analisados em tempo real por meio da tecnologia de *Big Data*. A fábrica inteligente combina objetos inteligentes com análise de *Big Data* e pode ser capaz de produzir produtos personalizados de forma eficiente e lucrativa, prever possíveis falhas e se adaptar em tempo real às condições alteradas. Os processos de produção são flexíveis conforme a mudança na demanda do cliente por produtos específicos (GILCHRIST, 2016; BENESOVÁ; TUPA, 2017; FIRMINO *et al.*, 2020). A análise fundamentada em conjuntos de dados surgiu no mundo da manufatura como forma de otimizar a qualidade da produção, economizar energia e melhorar o serviço do equipamento (RÜßMANN *et al.*, 2015).

Robôs colaborativos atuam em atividades de apoio e atendimento, realizando tarefas repetitivas ou que apresentam risco ao trabalhador com melhor precisão de execução e maior velocidade, propiciando um aumento na produtividade, na qualidade e na segurança do trabalho (SACOMANO; SÁTYRO, 2018).

A robótica, uma das tecnologias para a manufatura avançada, tem dupla importância: diminuir o custo do trabalho e fazer frente ao avanço de outras economias nos requisitos de qualidade, produtividade e intensidade tecnológica de seus produtos e processos de fabricação. A manufatura avançada está relacionada à digitalização, à conectividade e à automação dos processos produtivos, que, por sua vez, dependem de robôs industriais flexíveis. Ao avançar sobre os segmentos de automação e robótica, acredita-se equacionar um dos gargalos mais importantes para a economia, que é sua baixa eficiência produtiva (ARBIX *et al.*, 2018).

Por outro lado, o crescimento da demanda por produtos agroalimentares colocará sob pressão os atuais sistemas de produção e abastecimento de alimentos. A alta demanda requer alta produtividade agrícola. As tecnologias da Indústria 4.0 prometem um enorme potencial no campo das cadeias de suprimentos agrícolas por meio da digitalização. Uma integração inteligente de CPS, IoT, computação em nuvem (CC) e *Big Data* com sistemas agrícolas pode ser aplicada para alavancar cadeias de suprimentos agrícolas e aumentar a produtividade (ROHIT; SHREYANSHU; ANJALI, 2020).

A simulação computacional é efetiva para garantir a eficácia e a eficiência no desenvolvimento de produtos, uma vez que dados em tempo real são utilizados para espelhar o mundo físico em um modelo virtual, que pode incluir máquinas, produtos e humanos (RÜßMANN *et al.*, 2015).

O modelo virtual de uma cadeia de valor permite o uso de simulações como apoio à tomada de decisão. As simulações elucidam o espaço de decisão e oferecem a possibilidade de melhorar a qualidade da tomada de decisão por meio da criação rápida e fácil de cenários (ALBERTIN *et al.*, 2017).

A inovação aumenta a eficiência das instituições e atinge um nível de rentabilidade sustentável. É usada como meio de acelerar o desenvolvimento em países inovadores (ARBIX *et al.*, 2018).

O potencial da automação na Indústria 4.0 aumenta a eficiência dos sistemas. Sistemas de produção operando com alto nível de processos de automação oferecem às indústrias a oportunidade de economizar com o descarte de funcionários não qualificados. Calcula-se que instituições que implementam a Indústria 4.0 podem aumentar seus níveis de eficiência em até 30%. As tecnologias apresentam diferentes métodos para aumentar a produtividade. Uma vantagem frequentemente mencionada é que a produção de protótipos pode aumentar a velocidade do produto para o mercado (RÜßMANN *et al.*, 2015).

Os postos de trabalho manuais são incrementados por componentes digitais e o uso da realidade aumentada cria uma interface entre colaboradores e produtos, levando a postos de trabalho interativos na adaptação das indústrias à realidade da Indústria 4.0. Dessa forma, a realidade aumentada pode ser agregada para aumentar a produtividade em quase todas as atividades do setor fabril, desde atividades básicas no chão de fábrica até suporte para processos de manutenção e treinamento. A realidade aumentada é uma das principais tecnologias capazes de ajudar os processos industriais a se tornarem mais inteligentes, principalmente nas operações que requerem procedimentos, na manutenção e assistência remota, no treinamento dos colaboradores, no controle da qualidade, na gestão de riscos, no design de produtos e na logística. Em uma fábrica da Indústria 4.0, a interação entre os membros da linha de produção e das unidades de produção, ou ainda de diferentes empresas, acarretará a otimização na logística e nos sistemas produtivos e estabelecerá uma maior conexão entre os elos da cadeia de produção, resultando em aumento da produtividade e da eficiência no uso de recursos (ALBERTIN *et al.*, 2017).

Buscando aumentar a produtividade por meio de novos dispositivos, essas tecnologias se destacam pela capacidade de captar e interpretar informações, comunicarem-se entre si e, assim, agirem em conjunto. A Indústria 4.0 admite uma resposta mais rápida às necessidades do cliente do que é possível na indústria tradicional. Melhoram a flexibilidade, a velocidade, a produtividade e a qualidade do processo de produção (RÜßMANN *et al.*, 2015).

Esta pequena resenha confirma o já sobejamente esperado quanto ao substancial aumento de produtividade dos processos industriais proporcionados pela Indústria 4.0. A qualidade também, certamente, deverá ser incrementada, até porque, como já visto, ambas caminham juntas, mas como isso se dá é ainda uma evidência não devidamente examinada pela literatura.

11.3 OS CONCEITOS E A REALIDADE 4.0

Conforme citado, Garvin propôs cinco abordagens para a qualidade geralmente aceitas, conforme apresentado no Quadro 11.2 e ilustrado com o exemplo do produto automóvel.

Evidentemente, os graus de objetividade e subjetividade diferem conforme a abordagem considerada, sendo a primeira praticamente total no caso da abordagem baseada no processo e a segunda bastante intensa no caso da abordagem baseada no usuário. Também não faz sentido atribuir maior ou menor importância comparativa a essas abordagens, pois se referem a situações e enfoques distintos.

Cabe, entretanto, a conjetura: como podem ser vistas essas abordagens da qualidade em face do cenário proporcionado com o advento da Indústria 4.0?

Acreditamos que a condição transcendental seja mais passível de ser alcançada, pois a parafernália 4.0 terá melhores condições para proporcionar a excelência do produto, mas, como este se destina a um público bastante limitado, há de se considerar se o investimento necessário será compensador.

Parece ser claro que a abordagem baseada no produto deve ser alavancada pela Indústria 4.0, pois as características desta podem ser aproveitadas para aumentar o grau de customização dos produtos oferecidos, desta forma atendendo com mais especificidade aos desejos dos clientes quanto a determinadas preferências que o produto pode suprir.

Sendo focada em um público majoritário, a abordagem baseada no usuário pode ser contemplada positivamente pela Indústria 4.0, pois uma produção em escala maior com maior certeza compensará o investimento feito visando oferecer produtos a um custo mais acessível. Essa consideração também se aplicaria no caso da abordagem baseada no valor.

Todavia, acredita-se que a abordagem da qualidade que provavelmente será mais contemplada positivamente pela indústria 4.0 seja aquela baseada no processo, pois é característica básica dessa abordagem que a forma de produzir obedeça, com precisão tendendo à perfeição, às especificações do projeto estabelecidas para o produto.

Não podemos, no entanto, deixar de nos referir a como a Indústria 4.0 atende ou não às considerações sobre o sentido da qualidade contido na definição de Fabio Cerquinho que foi apresentada na Introdução, quando se refere a "favorecer uma existência saudável e autenticamente humana a todos que são afetados". A pergunta que o advento da Indústria 4.0 traz de imediato ao considerarmos esse pensamento é quanto ao destino dado às maiorias de trabalhadores que perdem seus empregos por serem substituídos por sistemas ciberfísicos e robôs.

Talvez a mais conveniente resposta que se possa dar a essa pergunta é que se trata de uma questão de governo, mas estarão todos os governos envolvidos em condições de achar uma solução justa para o problema, ou mesmo preocupados com ele?

O mesmo David Garvin já citado, em celebrado artigo intitulado *What does Product Quality really mean* (GARVIN, 1984), apresentou também um conjunto de oito dimensões da qualidade de produtos tangíveis, apresentadas no Quadro 11.3.

Quadro 11.3 – Dimensões da qualidade de produtos

Dimensões	Conceito
Desempenho	Referente à correta realização das atividades principais para as quais o produto foi concebido.
Complementos	Referente a itens que se agregam à realização das principais funções, contribuindo para melhorar o desempenho.
Confiabilidade	Referente à segurança no uso, ausência de riscos e não ocorrência de falhas.
Conformidade	Diz respeito ao cumprimento das especificações do projeto.
Durabilidade	Relacionada com a vida útil do produto.
Assistência técnica	Referente ao apoio pós-venda e às facilidades para manutenção em caso de falha.
Estética	Referente à boa aparência, ao bom gosto e às sensações agradáveis proporcionadas pelo produto.
Qualidade percebida	Dimensão subjetiva, relacionada à opinião de cada cliente, influenciada por aspectos específicos do produto.

Fonte: adaptado de Garvin (1984).

Quadro 11.2 – Abordagens da qualidade

Abordagem	Conceito	Exemplo	A quem prioriza	O que prioriza	O que não prioriza
Transcendental	Excelência geralmente reconhecida, baseada em marcas e padrões de alto nível	A marca Rolls-Royce	Clientes ricos *Status*	Excelência Marca	Custo
Baseado no produto	Qualidade reflete características determinadas do produto	"Prefiro o automóvel X pois dispõe de *airbags* e freios ABS"	Clientes tecnicamente esclarecidos	Utilidade Atendimento da necessidade	Supérfluos
Baseado no usuário	Abordagem subjetiva conforme as necessidades do usuário	"Prefere tração nas 4 rodas, para usar em estradas sujeitas a lama e buracos"	Público majoritário	Apelo do produto Conhecimento do mercado Custo	O que escapa à visão majoritária
Baseado no processo (ou na produção)	Atendimento às especificações do produto ou serviço	"Prefiro o automóvel X pois necessita menos assistência técnica"	Mercado em geral	Engenharia Processo Conformidade	Conhecimento do mercado
Baseado no valor	Relaciona as características do produto e o preço estipulado	"Comprei o carro X porque tenho condições de pagar por ele"	Clientes economicamente esclarecidos	Itens que valorizam sem onerar	Supérfluos

Fonte: adaptado de Costa Neto e Canuto (2010).

Transportando essas dimensões para a realidade trazida pela Indústria 4.0, parece claro que as cinco primeiras dimensões citadas só têm a ganhar nessa nova realidade, em função da redução das fontes de falhas e ao aumento da precisão que a nova produção deve proporcionar. A dimensão da assistência técnica segue sendo um fator de tranquilidade aos usuários do produto, conforme o caso, mas deve perder importância por ser menos acionada. Quanto às duas últimas dimensões citadas, que são de natureza subjetiva, não vemos elementos para poder opinar contrária ou favoravelmente.

11.3.1 FERRAMENTAS DA QUALIDADE

Seguindo os ensinamentos de Deming e Juran, que em seu país ministraram, após a devastação causada pela Segunda Guerra Mundial, concorridos treinamentos e palestras sobre assuntos referentes à qualidade empresarial, os japoneses conseguiram se tornar paradigmáticos quanto à excelência e bons preços com que ofereciam seus produtos, tornando-se fortemente competitivos nos mercados ocidentais.

Para tanto, muito contribuiu a adoção das recomendações sugeridas pelos mestres, menos atendidas em seu país de origem. Sob a batuta de Kaoru Ishikawa e outros importantes especialistas, adotaram o TQM com adaptação à realidade local, instituíram os círculos de controle da qualidade, o processo gerencial denominado gerenciamento pelas diretrizes, a produção *just-in-time*, a troca rápida de ferramentas e muitas outras iniciativas que lhes permitiram gerar produtos de alta qualidade com excelente produtividade.

Em nível de fábrica, foram intensivamente utilizadas as chamadas sete ferramentas (básicas) para a qualidade, que são as seguintes:

- lista de verificação;
- histograma;
- gráfico de Pareto (ou curva ABC);
- diagrama de Ishikawa (ou espinha de peixe);
- gráficos de controle de processos;
- estratificação;
- diagrama de dispersão.

Mais informações a respeito são encontradas em inúmeras referências sobre qualidade.

Além dessas ferramentas, podem-se citar também o fluxograma, diversas ferramentas gerenciais (diagramas de afinidade, de inter-relacionamentos, matriz de prioridades etc.), o ciclo PDCA, a análise de modos e efeitos de falhas (*faiture mode and effect analysis* – FMEA), o *poke-yoke*, que são expedientes para evitar distrações, e muitos outros recursos visando a melhoria contínua.

Uma das indagações que se podem fazer no presente capítulo é até que ponto cada um desses recursos amplamente utilizados na busca pela qualidade e produtividade em empresas tradicionais mantém ou não sua importância na nova realidade proporcionada pela Indústria 4.0.

A mais simples, universal e corriqueira dessas ferramentas é a lista de verificação, usada pelas donas de casa quando vão ao supermercado, mas também por profissionais que devem realizar um conjunto de atividades como forma de não se esquecer de nenhuma delas. Embora não tenhamos claro em quais situações essa ferramenta seria usada no contexto da Indústria 4.0, julgamos que ela não deixa de ter a sua importância exatamente pela sua universalidade.

O diagrama de Ishikawa, usado para identificar as possíveis causas de um problema, também não deve perder totalmente a sua utilidade. Já os tradicionais gráficos de controle estatístico de processos tomarão decerto a forma de algum tipo de verificação de conformidade baseada em diversos sensores aplicados aos sistemas completamente automatizados que estarão nos processos na nova realidade industrial.

Não consideramos que haja informações suficientes para avaliar a utilidade das demais ferramentas básicas da qualidade na Indústria 4.0. Quanto às demais, o fluxograma decerto será utilizado sob a forma de complexos e multirrelacionados macrodiagramas para representar em seus diversos relacionamentos os intrincados macroprocessos que comporão a parafernália de equipamentos do ciberespaço, decerto passíveis de análise por especialistas altamente capacitados. O ciclo PDCA decerto não perderá sua utilidade, também por sua grande universalidade de aplicação, e o *poka-yoke* será obrigatório nesses grandes e complexos sistemas. Cabe aguardar para ter uma conclusão quanto às outras possibilidades citadas, bem como a outras aqui não mencionadas.

11.3.2 SERVIÇOS

Juran (2002) considerava produtos quaisquer resultados das atividades humanas de produção, classificando-os em:

- Bens: itens tangíveis, como um ventilador, um navio etc.
- Serviços: resultados intangíveis, como educação, teatro, viagem aérea etc.
- Software: não enquadradas nos itens anteriores, como programas de computador, portais na internet etc.

Na opinião dos autores deste capítulo, os projetos em geral podem ser enquadrados na terceira categoria.

Nesta seção interessam os serviços, que no mundo moderno ganham cada vez mais importância como necessidades das pessoas e geradores de empregos em relação às atividades de produção de bens tangíveis, que tiveram maior ênfase até a primeira metade do século XX.

O Quadro 11.4 ilustra as principais diferenças entre as atividades de geração de produtos (tangíveis) e serviços.

Quadro 11.4 – Diferenças entre produtos e serviços

Produtos	Serviços
Tangíveis, têm existência física	Intangíveis, imateriais, não têm existência física
Executados ao longo de um processo de produção	Executados instantaneamente ou em curto espaço de tempo
Podem ser estocados e transportados	Não podem ser estocados e transportados
Produção antecede o consumo	Produção simultânea com o consumo
Produção fora do alcance do cliente	Produção com participação física ou virtual do cliente
Formas de produção em geral homogêneas	Heterogeneidade na produção, muitas maneiras de prestar eficazmente
Fácil avaliação da qualidade	Difícil avaliação da qualidade

Fonte: Costa Neto e Canuto (2010).

Deve-se frisar que, via de regra, as atividades de geração de produtos (tangíveis) em algum grau também necessitam se valer de serviços e vice-versa, ou seja, as atividades geradoras de serviços também necessitam utilizar em algum grau produtos (tangíveis) para serem realizadas.

Silvestro *et al.* (1992) estabeleceram uma apropriada distinção entre tipos de serviço, conforme ilustrado no Quadro 11.5.

Quadro 11.5 – Tipos de serviço

Tipos	Características	Exemplos
Serviços de massa	Muitos clientes Despersonalização Padronização	Transporte urbano Cartão de crédito Televisão
Lojas de serviços	Varejo Volume intermediário de clientes Especialização	Lojas Universidades Restaurante Hospital
Serviços profissionais	Alto contato com clientes Alta customização Alta especialização	Consulta médica Consultoria Advocacia

Fonte: adaptado de Silvestro *et al.* (1992).

Se se pensar em como a produção 4.0 de serviços influenciará a qualidade em cada uma dessas três categorias, é de se imaginar que essa influência favorável se dê mais intensamente nos serviços de massa que nas lojas de serviços e que nos serviços profissionais, mas essa afirmação não é necessariamente geral. Assim, por exemplo, um serviço de televisão 4.0 certamente deverá ser muito bom quanto à qualidade de imagem e de som, mas pode ser inferior aos anteriores quanto à qualidade da programação. Além disso, uma qualidade 4.0 (aqui entendida como a qualidade proporcionada pela Indústria 4.0) que incida sobre os serviços hospitalares deve ser altamente benéfica aos pacientes desse hospital, o que é certamente mais importante que os seus efeitos na televisão ou nos serviços dos restaurantes. Por sua vez, os serviços profissionais também devem se beneficiar pela adoção da qualidade 4.0, mas não podem prescindir da competência dos médicos, consultores, advogados etc.

Parasuraman, Zeithaml e Berry (1988) propuseram dez dimensões da qualidade em serviços voltadas à sua prestação, conforme apresentado no Quadro 11.6.

Quadro 11.6 – Dimensões da qualidade em serviços

Dimensão	Conceito
Aspectos tangíveis	Evidências físicas do serviço, aparência das instalações, pessoas, materiais, objetos e ferramentas.
Confiabilidade	Consistência e capacidade demonstradas na prestação de serviço.
Responsividade	Disposição para ajudar o cliente e proporcionar com presteza o serviço.
Competência	Habilidades específicas e conhecimentos necessários para executar o serviço.
Cortesia	Fineza, respeito, consideração e amabilidade no contato pessoal.
Credibilidade	Confiança, honestidade e integridade transmitida pelo prestador de serviço.
Segurança	Ausência de risco, perigo ou dúvida.
Acesso	Proximidade e facilidade de contato.
Comunicação	Manter o cliente informado de forma compreensível e escutá-lo.
Conhecimento do cliente	Esforço para conhecer e atender suas necessidades.

Fonte: adaptado de Parasuraman, Zeithaml e Berry (1988).

Como o advento da Indústria 4.0 e a correspondente qualidade 4.0 podem interferir nessas dimensões da qualidade em serviços? Nos parece que seguramente a principal influência, supostamente positiva, deve se dar quanto aos aspectos tangíveis, pois é de se supor que a Indústria 4.0 possa fornecer esses elementos, como equipamentos, dispositivos, instrumentos e ferramentas necessários à realização do serviço, com melhor qualidade, sofisticação e customização.

Por outro lado, é provável que diversos serviços possam se valer de dispositivos típicos da Indústria 4.0, como o uso de robôs para realizar atividades de serviço antes executados por pessoas, com muito maior padronização e ausência de erros e descuidos. Nesse caso, as dimensões de confiabilidade, competência, segurança e comunicação seriam privilegiadas pela mecanização, ao passo que as dimensões responsividade, cortesia, credibilidade, acesso e conhecimento do cliente perderiam sentido, sendo que, em certos casos, isso poderia ser um elemento minorador do interesse dos clientes pelo serviço. Isso decorre do fato de que o contato humano, em serviços como restaurantes, farmácias e lojas de varejo, é decerto um elemento bastante prezado por muitos dos clientes.

Em resumo, está decerto bastante em aberto a questão de como o advento da Indústria 4.0 vai influenciar o complexo e amplo mercado de prestação de serviços.

11.3.3 OUTRAS CONSIDERAÇÕES

Certamente é ponto pacífico que a Indústria 4.0 acarretará novos ganhos de produtividade em relação ao já anteriormente conseguido, até porque, se isso não ocorresse, não se justificariam os altos investimentos em maquinário e software de última geração necessários para tanto. Logo, a própria existência da Indústria 4.0 é evidência para isso.

As dúvidas que permanecem referem-se à questão da qualidade. É de se supor que este importante aspecto da produção de bens tangíveis e serviços também registre uma melhoria sensível, como consequência da sofisticação dos equipamentos e processos utilizados. A pergunta que fica, no entanto, é como se dará essa melhoria, ou também quais princípios, procedimentos e ferramentas tradicionalmente usados na busca pela qualidade terão maior ou menor importância no universo da Indústria 4.0.

A esse respeito, uma pesquisa descrita em Morais *et al.* (2020) investigou a questão no tocante às seguintes ferramentas da qualidade: ciclo PDCA (*plan, do, check, act*), metodologia Seis Sigma, FMEA (*failure mode and effect analysis*), histograma, carta (ou gráfico) de controle e diagrama de dispersão (usado para representação gráfica da correlação entre duas variáveis quantitativas).

Para tanto, entre mais e junho de 2019 foram colhidos dados entre dois tipos de respondentes: público geral (constituído, no caso, por profissionais de empresas e acadêmicos) e especialistas na área da qualidade.

A questão da pesquisa foi "A empresa utiliza a ferramenta de qualidade X para aplicação na indústria 4.0?", na qual X representa cada uma das ferramentas supracitadas. As respostas foram dadas segundo uma escala de Likert com as possibilidades: nunca, muito pouco, com certa frequência, frequentemente, muito.

Os resultados indicam, em ordem decrescente de importância para a Indústria 4.0:

- Para o público geral: PDCA, Pareto, Ishikawa, histograma e FMEA.
- Para os especialistas: FMEA, histograma, PDCA, Pareto e Ishikawa.

Note-se que, em ambos os casos, as ferramentas Seis Sigma, carta de controle e diagrama de dispersão foram ao menos consideradas. Uma interpretação mais refinada do que se conseguiu deixamos a cargo da inteligência dos leitores.

A pesquisa também testou estatisticamente a independência ou não das opiniões dos dois grupos, tendo resultado uma dependência ao nível de 5% de significância para as ferramentas FMEA, histograma e diagrama de dispersão.

Outra consideração que julgamos importante fazer refere-se a uma terceira palavra mágica que tem tudo a ver com a presente discussão. Essa palavra mágica é inovação. Ora, é óbvio que essa conquista se apresenta inúmeras vezes no processo de ocorrência das revoluções industriais, sendo, numa relação de complexa interdependência, tanto a causa como a consequência. É o caso da máquina a vapor na primeira delas, mas o dito vale também para descobertas, como a da eletricidade no caso da Segunda Revolução.

É sabido também que, em tempos mais recentes, as inovações têm surgido em quantidades exponenciais, muitas vezes surpreendendo e encantando seus potenciais usuários. Cabe, entretanto, a pergunta: será que todas as inovações são boas? Ou também: quais são melhores do que quais? Isso tem decerto forte relação com a qualidade de vida como a grande meta para a humanidade. Será que estamos na direção certa para consegui-la?

Esse assunto foi discutido por Costa Neto e Morais (2016), os quais, na sequência, ousaram estabelecer tentativamente um índice para medir a qualidade da inovação, o que não é o mesmo que inovação em qualidade, conforme exposto em Morais (2018).

11.4 CONCLUSÃO

No presente capítulo buscou-se tecer considerações sobre o futuro da qualidade e produtividade na nova realidade da Indústria 4.0. A tarefa, indiscutivelmente, não foi das mais fáceis, até porque muitas incógnitas permanecem nesse horizonte.

Quanto à produtividade, a previsão é, sem dúvida, mais sólida, mas quanto à qualidade há ainda muitas indefinições, conforme sugere o próprio resultado da pesquisa mencionada na seção anterior.

Mesmo assim, um raciocínio lógico acerca do que tem ocorrido historicamente permite elaborar um gráfico como o apresentado na Figura 11.2.

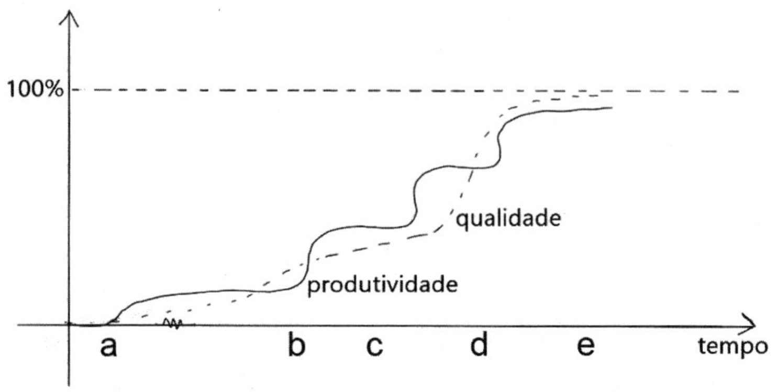

a = Revolução Neolítica, invenção da roda
b = 1ª Revolução Industrial, máquina a vapor
c = 2ª Revolução Industrial, eletricidade
d = 3ª Revolução Industrial, digitalização
e = 4ª Revolução Industrial, Indústria 4.0

Figura 11.2 – Evolução histórica da qualidade e produtividade.

O restante fica por conta da imaginação de cada um, como também quais soluções dar ao problema humano resultante dos modernos processos envolvidos nas indústrias e atividades de serviço no tocante à crescente desativação dos postos de trabalho. Eis aí um formidável campo de atuação para os pesquisadores sociais, os empresários da Indústria 4.0 e os governos dos países onde ela se instale.

Encerramos este capítulo com as opiniões de dois respeitáveis membros da Academia Brasileira da Qualidade (ABQ). Durante seminário organizado por essa instituição em 12 de novembro de 2020, Dia Mundial da Qualidade, o megaempresário Jorge Gerdau Johannpeter referiu-se à questão da qualidade na nova realidade da 4ª Revolução Industrial dizendo que a concepção tradicional da qualidade foi incorporada pelas novas tecnologias, mas com adaptações, e novas cabeças pensantes a respeito substituirão as anteriores cabeças; será uma transição não trivial na qual as *startups* terão uma participação ativa.

Na mesma ocasião, Vicente Falconi Campos ressaltou a importância das inovações na nova realidade, para o que a metodologia QFD (*quality function deployment*, em português; desdobramento de função qualidade) terá grande importância, pois leva a voz dos clientes às especificações de projeto do produto e processo de produção, permitindo planejar adequadamente as ações quando os investimentos em tecnologia são de grande monta.

REFERÊNCIAS

ALBERTIN M. R. *et al.* Principais inovações tecnológicas da indústria 4.0 e suas aplicações e implicações na manufatura. *In*: XXIV SIMPÓSIO DE ENGENHARIA DE PRODUÇÃO, Bauru, 2017.

ARBIX G. *et al.* Made in China 2025 e indústria 4.0. A difícil transição chinesa do catching up à economia puxada pela inovação. *Revista de Sociologia da USP*, v. 30 n. 3, 2018.

BENESOVÁ, A.; TUPA, J. Requisitos para educação e qualificação de pessoas na indústria 4.0. *Procedia Manufacturing*, v. 11, p. 2195-2202, 2017. DOI: http://dx.doi.org/10.1016/j.promfg.2017.07.366. Disponível em: https://www.sciencedirect.com/science/article/pii/S2351978917305747?via%3Dihub. Acesso em: 28 mar. 2023.

CERQUINHO, F. Z. *Ética e Qualidade nas Empresas*. 1994. Dissertação (Mestrado) – Escola Politécnica da USP, Universidade de São Paulo, São Paulo. São Paulo, 1994

COSTA NETO, P. L. O.; CANUTO, A. S. Administração com qualidade. São Paulo: Blucher, 2010.

COSTA NETO, P. L. O.; Morais, M. de O. Innovation and quality. *In*: *Advances in Production Management Systems. Initiatives for a Sustainable World: IFIP WG 5.7 International Conference*, APMS 2016, Iguassu Falls, Brazil, Revised Selected Papers (p. 431-437). Springer International Publishing. 2016

FEDERAÇÃO DAS INDÚSTRIAS DO RIO DE JANEIRO (FIRJAN). *Cadernos Senai de Inovação*: Indústria 4.0. Rio de Janeiro, 2016. Disponível em: https://firjan.com.br/publicacoes/publicacoes-de-inovacao/industria-4-0-1.htm.

FIRMINO, A. S. *et al.* Rumo à Indústria 4.0: uma análise baseada em SWOT para empresas localizadas na Região Metropolitana de Sorocaba, São Paulo, Brasil. *Gestão e Produção*, São Carlos, v. 27 n. 3, 2020. DOI: https://dx.doi.org/10.1590/0104-530X5622-20. Disponível em: https://www.scielo.br/j/gp/a/tdqBhbj5TDcztX5y9xzWGNg/?lang=en. Acesso em: 28 mar. 2023.

GARVIN, D. A. *Gerenciando a qualidade*: a visão estratégica e competitiva. Rio de Janeiro: Qualitymark, 1992.

GARVIN, D. A. *"What does product quality" Really Mean?*. Sloan management review, v. 25, 1984.

GILCHRIST A. Fábricas inteligentes. *In*: *Indústria 4.0*. Berkeley, CA.: Apress, 2016. DOI: https://dx.doi.org/10.1007/978-1-4842-2047-4_14. Disponível em: https://link.springer.com/chapter/10.1007/978-1-4842-2047-4_14. Acesso em: 28 mar. 2023.

JURAN, J. M. *A qualidade desde o projeto*: os novos passos para o planejamento da qualidade em produtos e serviços. São Paulo: Thompson/Pioneira, 2002.

MORAIS, M. O. *A inovação e o conhecimento como elementos estratégicos nas organizações*. Tese apresentada para obtenção de título de doutor. Universidade Paulista. São Paulo. 2018

MORAIS, M. O. *et al.* A evolução da qualidade na Indústria 4.0. *Research, Society and Development*, v. 9, n. 10, 2020.

PARASURAMAN, A.; ZEITHAML, V. A.; BERRY, L. L. Servqual: a multiple item scale of measuring customer perception of service quality. *Journal of Retailing*, v. 64, 1988.

ROHIT, S.; SHREYANSHU, P.; ANJALI, S. *Aplicações da Indústria 4.0 na agricultura*: sistemas ciber-físicos agrícolas (CPASs). [*S. l.*], 2020.

RÜßMANN, M. *et al. Indústria 4.0*: o futuro da produtividade e do crescimento nas indústrias de manufatura. Boston: Boston Consulting Group, 2015.

SACOMANO, J, B. *et al. Indústria 4.0*: conceitos e fundamentos. São Paulo: Blucher, 2018.

SILVESTRO, R. *et al.* Towards a classification of service processes. *International Journal of Service Industry Management*, v. 3, n. 3, 1992.

SROUR, R. H. *Poder, cultura e ética nas organizações*. Rio de Janeiro: Campus, 1998.

PARTE IV
EDUCAÇÃO E SOCIEDADE

CAPÍTULO 12

Indústria 4.0 e economia circular: uma simetria entre conceitos

Abelino Reis Guimarães Neto

Rodrigo Rodrigues

Rodrigo Franco Gonçalves

Silvia Helena Bonilla

Os conceitos de Indústria 4.0 e economia circular estão se posicionando de forma especial em todo o cenário mundial, seja no debate científico acadêmico, no desenvolvimento tecnológico ou no mercado. Se, por um lado, a Indústria 4.0 representa o atendimento a uma demanda do mercado por processos produtivos ágeis e flexíveis e um *mix* de produtos e serviços customizados, a economia circular (EC) representa o atendimento às demandas da sociedade por sustentabilidade, diante de impactos socioambientais cada vez mais perceptíveis. Nesse sentido, o presente capítulo procura traçar uma simetria entre conceitos no sentido de avaliar como os elementos da Indústria 4.0 podem contribuir para a EC.

O número de publicações desses conceitos cresce progressivamente, e junto a esse interesse surge a oportunidade de criar uma identidade entre seus aspectos e elementos. Ambas estão simetricamente relacionadas a questões produtivas, possuindo como diferença: enquanto a Indústria 4.0 concentra seu discurso no como aprimorar o processo produtivo, a economia circular tem como foco a criação de processos e modelos de negócios sustentáveis que diminuam os impactos da produção humana ao meio ambiente. Logo, existe simetria na observância dos processos produtivos entre esses conceitos. O que acaba sendo diferente, e não divergente, são suas expectativas finais, pois, enquanto em um conceito esperamos atender por completo os desejos do agente cliente, no outro, a expectativa é de proteger a natureza. Unificar esses objetivos finais é repensar de forma conjunta a evolução dos processos produtivos oportunizando que as ferramentas da Indústria 4.0, junto com os princípios e a economia circular, corroborem o desenvolvimento sustentável.

Para apresentar essa simetria foram utilizadas algumas dessas ferramentas e princípios, as quais serão apontadas após uma síntese dos temas centrais.

A Indústria 4.0 tem relação direta com o uso e integração de tecnologias que permitem a otimização e flexibilização de processos, bem como a criação de novas plataformas produtivas e modelos de negócio. Este quarto paradigma da produção industrial permite a concepção de estratégias de gestão disruptivas, ou seja, é possível pensar em estratégias de gestão consolidada, local e/ou remota, porém integrando diversas linhas produtivas em prol do segmento econômico, das demandas de negócio e mercado, produtos, fornecedores, clientes, regiões e parceiros de negócio.

Para tanto, em relação à Indústria 4.0, é importante compreender os conceitos e características de elementos que se integram em detrimento de silos tecnológicos; estes permitem a integração de processos de uma organização e/ou entre organizações a fim de criar, ampliar ou otimizar modelos de negócios.

Como um elemento fundamental da Indústria 4.0 é necessário compreender o conceito de fábricas inteligentes (*smart factory* – SF). Embora amplo, esse conceito pode ser compreendido a partir da implementação e integração de tecnologias e princípios de produção (vide o Capítulo 2).

Os sistemas ciberfísicos (*cyber-physical system* – CPS) permitem a automatização e o gerenciamento de processos de forma preditiva e autorregulada, realizada pelo próprio equipamento ou conjunto de equipamentos conectados. Dessa forma, uma máquina, um veículo, um eletrodoméstico e/ou qualquer outro dispositivo interconectado por uma infraestrutura específica de TI pode gerar demanda para autocorreção de forma proativa. A partir desse contexto é possível entender que, diante de uma variação de demanda, um CPS pode acionar outros segmentos, recursos e linhas produtivas com vistas ao atendimento da demanda ou simplesmente em atendimento da garantia de funcionamento dos elementos em uso.

A Internet das Coisas (*Internet of Things* – IoT) permite o acionamento remoto, gerenciamento e controle de dispositivos interconectados por rede, por meio da internet, seja nas fábricas, como nas casas e nas cidades. Nesse contexto é possível entender que a Internet de Serviços (*Internet of Services* – IoS) permite gerar e controlar a demanda por um serviço por meio de dispositivos móveis ou remotos; como exemplo é possível citar a iminência da revisão de um bem que necessita desse serviço para continuar com a garantia de um fabricante.

Em relação direta com os elementos supracitados, o *Big Data* se refere ao grande volume de dados gerados por todos esses sistemas, dispositivos e usuários, ao longo de toda a cadeia produtiva, podendo estender-se até a utilização do produto pelo usuário final e até sua disposição em fim de ciclo de vida.

Tal volume de dados e de capacidade de processamento de múltiplas fontes e dispersos geograficamente demanda o uso de tecnologias de computação em nuvem (*cloud computing* – CC), que estendem a capacidade computacional localizada, dispensando *data centers* locais e transferindo o processamento – que também pode ocorrer no próprio equipamento ou máquina, o que se chama *edge computing* – e, principalmente, a armazenagem para serviços contratados de empresas especializadas nesse fim.

A EC, por sua vez, pode ser observada como o conceito guarda-chuva que engloba vários elementos dos pilares econômico e socioambiental da sustentabilidade (Figura 12.1).

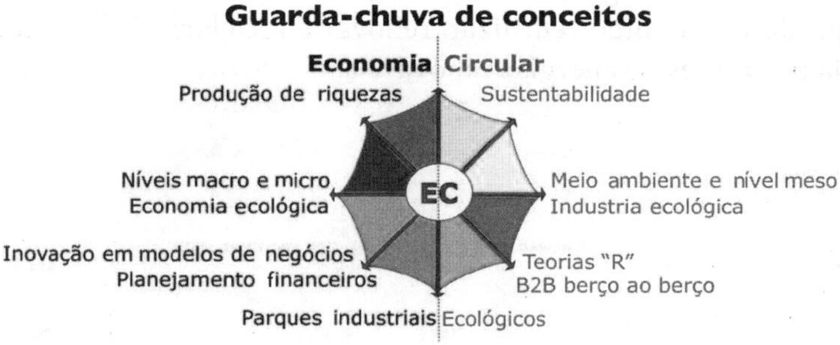

Figura 12.1 – A economia circular envolve diferentes conceitos.

Fonte: Guimarães Neto (2020).

A economia circular é um conceito proposto como forma de promover sustentabilidade tanto no nível macro da economia, que envolve todo o domínio do consumo, das cadeias produtivas desde a extração à manufatura dos bens de consumo e serviços, como também no governo; no nível meso da economia, encontram-se os condomínios ecoindustriais, arranjos produtivos setoriais e consumo e governos regionais; o nível micro trata de modelos de negócios de EC em setores econômicos de produção e consumo específicos, como latas de alumínio, embalagens tetrapak etc. (KORHONEN; HONKASALO; SEPPÄLÄ, 2018; GUIMARÃES NETO *et al.*, 2020). O conceito de economia circular, conforme o modelo da Comissão Europeia (2014), enquadra-se como uma perspectiva micro, setorial, de cunho aplicado, e a visão da Ellen MaCarthur Foundation (2015) enquadra-se na perspectiva macro.

O nível macro envolve políticas públicas reativas *ad valorem* (tributos e multas) e proativas com financiamento e investimento em parques industriais ecológicos, cultura e educação. O nível meso fomenta a produção de riquezas e a diminuição dos impactos negativos ao meio ambiente, a partir da reengenharia de seus produtos, os que possibilita novas parcerias e negócios. No nível micro, empresas e clientes trocam entre si produtos com procedência e destino atrelados à sustentabilidade em rede, o que oportuniza a sustentabilidade líquida. Os princípios fundamentais de EC são: prolongamento da vida útil de recursos e produtos, sempre objetivando aumentar o número de ciclos de reciclagem do material utilizado; menor consumo de recursos naturais escassos, respeitando a recuperação da terra; rastreio de tudo que é descartado pelo ser humano e em sua produção que não sejam biodegradáveis, promovendo a logística reversa e gerando resultados econômicos com as atividades diretas e indiretas de coleta; menor emissão de resíduos, a partir de processos e atividades inteligentes e sustentáveis; projeto de produtos inteligentes, que propiciem sua reciclagem total (ecodesign e *design for recycling*). Esses princípios estão divididos em dois grupos de ciclos: a) os biológicos, que envolvem fluxos renováveis orgânicos e naturais de fontes renováveis; b) os técnicos, originários de processos produtivos e seus recursos e materiais finitos (Figura 12.2). O primeiro grupo enfoca a preservação da biosfera com a utilização de biogás, digestão anaeróbica, extração de matérias-primas bioquímicas; enquanto o segundo grupo enfoca as questões técnicas de prolongamento da vida útil de produtos (manter, reutilizar, renovar e reciclar). Toda essa engrenagem sendo movida por fontes de energias renováveis.

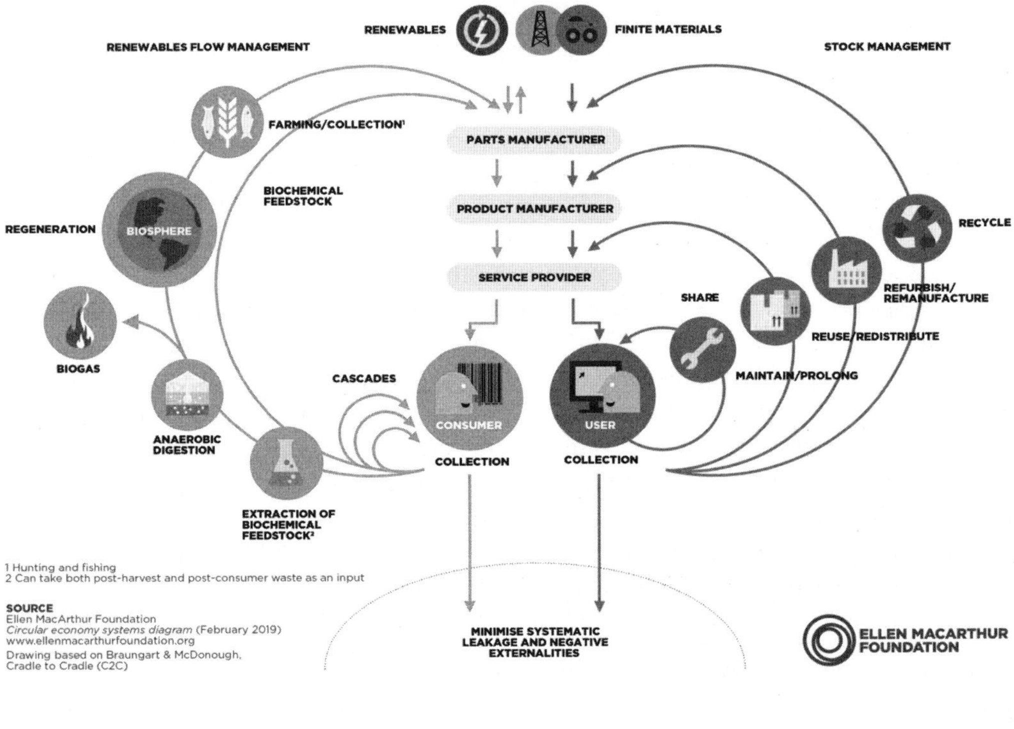

Figura 12.2 – Modelo "borboleta" da economia circular no nível macro. O lado direito trata dos ciclos técnicos, de bens e materiais finitos, e o lado esquerdo de produtos orgânicos e renováveis.

Fonte: material aberto para reprodução.

Alinhado a esse contexto, a Fundação Ellen MaCarthur desenvolveu o modelo ReSOLVE, um *framework* de atividades para negócios circulares. Esse sistema é dividido em seis princípios, conforme apresentado a seguir (ELLEN MACARTHUR FOUNDATION, 2015):

- *Regenerate* (regenerar): possui foco em substituir todo consumo de energia não renovável por renovável e devolver os recursos biológicos recuperados à biosfera, regenerando os ecossistemas.
- *Share* (compartilhar): propõe o compartilhamento de recursos e produtos, diminuindo a velocidade com que algo é descartado, reutilizando e estendendo sua vida útil. Objetiva a manutenção, o reparo e a reciclagem.
- *Optimise* (otimizar): aumentar o desempenho e eficiência de processos e produtos, removendo resíduos excedentes com características poluentes e agressivas ao meio ambiente. Dinamizar as cadeias de abastecimento, a logística de produção e distribuição com a utilização de gestão de dados (*Big Data*), sensoriamento remoto, princípios de produção enxuta e produção limpa (*cleaner produciton*).
- *Loop* (ciclos): dinamização dos circuitos internos, propondo o aumento de vezes que um material pode ser reciclado e reutilizado, manufaturando produtos e componentes. Propõe a diminuição do consumo de produtos orgânicos na produção, os quais devem ser substituídos por produtos biossintéticos. Essa mudança diminui o consumo de recursos naturais escassos e facilita o fechamento de circuitos (consumir e reciclar) e o aumento de vezes em que ocorrem esses ciclos.
- *Virtualize* (virtualizar): assim como ocorre com músicas e livros, que podem estar totalmente virtualizados e arquivados em nuvem, propõe esse dinamismo para escritórios, veículos autônomos, compras, consultas, aulas, diminuindo a produção de resíduos poluentes emitidos no consumo de energias não renováveis.
- *Exchange* (intercâmbio): propõe a substituição de materiais não reciclados por reciclados, de peças e componentes complexos por outros de fácil substituição por impressão em terceira dimensão. Total substituição do consumo de recursos, produtos e materiais obsoletos por produtos com avanços tecnológicos e renováveis.

O Quadro 12.1 apresenta alguns conceitos que podem ser alavancados a partir da sinergia das ferramentas da Indústria 4.0 com os princípios do modelo ReSOLVE.

Quadro 12.1 – Tecnologias habilitadoras da Indústria 4.0 para o modelo ReSOLVE da economia circular

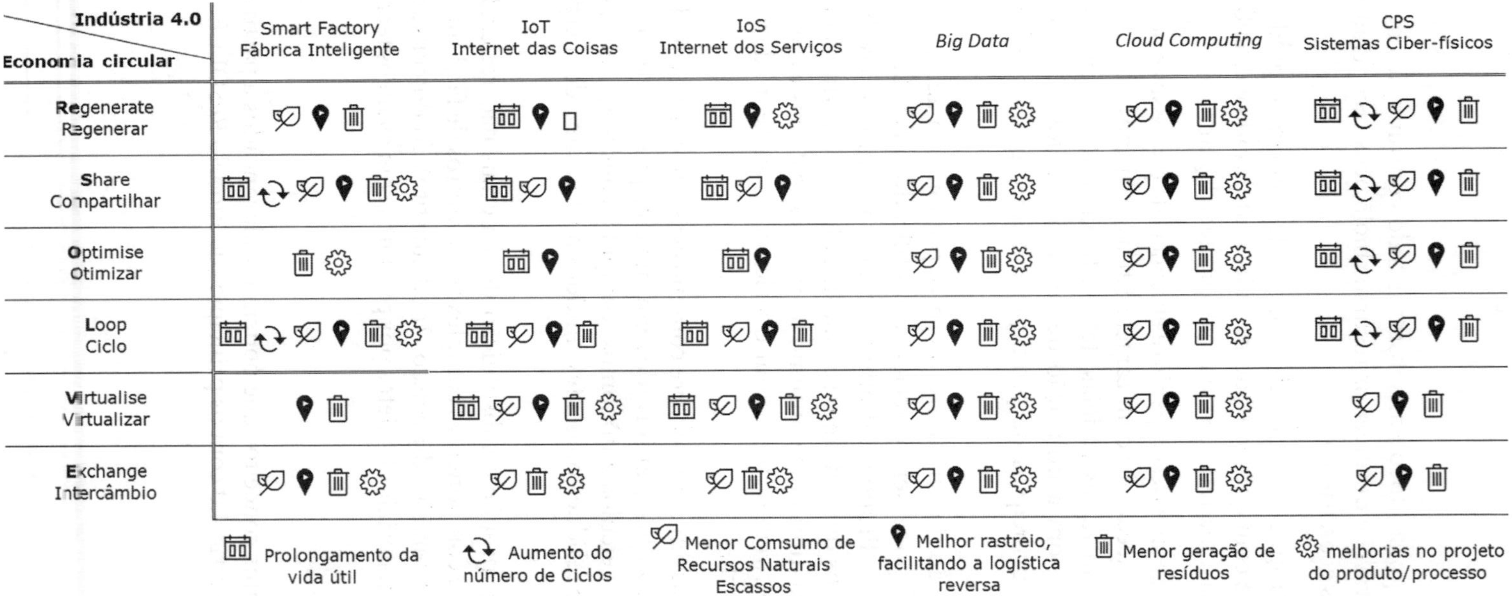

Os elementos da Indústria 4.0 podem potencializar os princípios do modelo ReSOLVE, por estas características:

- *Smartfactory*: este conceito permite uma produção mais enxuta e mais limpa, com otimização do uso de energia, redução dos desperdícios de materiais.
- IoT: permite a identificação e rastreabilidade de itens ao longo de seu ciclo de vida e favorece a captura e troca de dados em tempo real e otimização de processos e fluxos de energia.
- IoS: favorece a criação de modelos de negócios e processos com serviços de valor agregado, favorecendo o compartilhamento de recursos, projeto, rastreabilidade e melhoria de processos.
- *Big Data*: a análise de grandes volumes de dados de produtos e processos permite ampliar ciclos, estender a vida útil de produtos e equipamentos de produção com manutenção preditiva, além de otimizar produtos e processos.
- Computação em nuvem: permite a otimização dos recursos computacionais, redução de resíduos de informática, compartilhamento de dados e processamento.
- Sistemas ciberfísicos: favorecem a otimização e regulação dos processos produtivos, com redução de desperdício.

O Quadro 12.1 propõe que os conceitos e ferramentas da Indústria 4.0, quando conectados aos princípios do modelo ReSOLVE, podem dinamizar o desenvolvimento sustentável, prolongando a vida útil dos recursos e produtos, fechando e aumentando o número de ciclos, diminuindo o consumo dos recursos naturais escassos, aumentando as possibilidades de rastreio dos resíduos sólidos e aprimorando os projetos de produtos com design totalmente reciclável.

Por outro lado, deve-se considerar que a Indústria 4.0 também pode apresentar impactos negativos para a sustentabilidade (BONILLA *et al.*, 2018), como maior geração de resíduos, dada a customização de produtos e a obsolescência de produtos anteriores. Outro ponto que ainda desperta muitas controvérsias é o potencial de provocar desemprego, com a substituição de mão de obra por recursos tecnológicos.

Investir em iniciativas e transformações em processos produtivos com as ferramentas da Indústria 4.0 unidas aos conceitos de economia circular são fortes estratégias para direcionar a produção e a economia ao desenvolvimento sustentável.

O grande desafio para a economia circular ainda é a viabilização econômica dos ciclos de retorno. Entretanto, esses processos podem ser geradores de emprego e renda, tornando-se viáveis em um nível macro da EC, dadas as externalidades positivas geradas. Novos modelos de negócio no contexto da Transformação Digital também procuram viabilizar a EC, com destaque para aplicações envolvendo *blockchain* e criptoativos socioambientais.

REFERÊNCIAS

BONILLA, S. H. *et al.* Industry 4.0 and sustainability implications: a scenario-based analysis of the impacts and challenges. *Sustainability*,v. 10, n. 10, 3740, 2018.

COMISSÃO EUROPEIA (CE). *Towards a circular economy*: a zero waste programme for Europe. Brussels, 2014.

ELLEN MACARTHUR FOUNDATION (EMF). *Growth within*: a circular economy vision for a competitive Europe. [*S. l.*]: McKinsey Center for Business and Environment/ SUN, 2015.

GUIMARÃES NETO, A. R. *et al.*Economy and its symbiosis with circularity. *In*: *IFIP International Conference on Advances in Production Management Systems*. Cham: Springer, Aug. 2020.p. 599-606.

GUIMARÃES NETO, A. R.*Economia Circular*: uma proposta de modelo para análise de negócios circulares e ecoeficiência. Dissertação (Mestrado) –Universidade Paulista, São Paulo, 2020.

KORHONEN, J.; HONKASALO, A.; SEPPÄLÄ, J. Circular economy: the concept and its limitations. *Ecological Economics*, v.143, p.37-46, 2018.

CAPÍTULO 13

Laboratório da Indústria 4.0: projeto, construção e metodologia de ensino

Pedro José Gabriel Ferreira

José Benedito Sacomano

13.1 INTRODUÇÃO

A formação de profissionais que possam atuar no contexto de tecnologias disruptivas e que remodelam a produção é um desafio para os administradores educacionais. O debate a respeito da necessidade ou não de aulas práticas não é uma novidade; o fato é que a formação de profissionais com certas habilidades depende muitas vezes da experimentação. Isso porque nada substitui a preparação do aparato experimental, as dificuldades que ocorrem durante essa montagem, a observação do fenômeno que ocorre diante dos olhos do aprendiz e, principalmente, a perturbação. Sim, a perturbação. Nenhum software irá prever a instabilidade de uma rede elétrica durante a operação de um conjunto motor-bomba em um laboratório de mecânica dos fluidos. Como o aprendiz irá interpretar essa perturbação e como poderá excluir seu efeito?

Obviamente a simulação é uma realidade e ela deve ser utilizada na formação dos novos profissionais. Na realidade, todas essas tecnologias devem ser utilizadas simultaneamente, com o intuito de alcançar as habilidades necessárias e, mais especificamente, para atuar no contexto da 4ª Revolução Industrial e neste novo momento em que o bem-estar humano se torna uma exigência da sociedade.

Este capítulo trará ao leitor o desenho de um conjunto de laboratórios, tecnologias e infraestrutura pensado para a formação de um profissional com habilidades técnicas, interpessoais (*soft skills*) e empreendedoras (*entrepreuneurial skills*). Não iremos aqui determinar um roteiro para a formação desses profissionais, e sim um ambiente onde os professores possam elaborar atividades pensando nas habilidades desejadas, onde o aluno possa dirigir seu próprio processo de aprendizagem dentro das dimensões ética, social, técnica, científica, ambiental e econômica.

Este capítulo será dividido em cinco tópicos, com o objetivo de estabelecermos uma infraestrutura adequada para o ambiente de aprendizagem. Iniciaremos explorando o projeto e construção de ambientes de aprendizagem prática, que é iniciado pelo design do processo de aprendizagem, do estabelecimento de um ambiente visualmente projetado, suas ferramentas e tecnologias e os ambientes de convivência. Posteriormente definiremos as habilidades técnicas, interpessoais e empreendedoras. Definiremos as tecnologias disruptivas, os novos ambientes de aprendizagem, denominados espaços *maker* ou *Fab Labs*, e, finalmente, o Laboratório 4.0 (Lab 4.0), com sua fábrica de aprendizagem e metodologia de ensino por desafio.

Esperamos que esses conceitos auxiliem os administradores educacionais e professores na modelagem de seus ambientes de aprendizagem e, consequentemente, os alunos na obtenção das habilidades necessárias para o seu sucesso profissional.

13.2 PROJETANDO E CONSTRUINDO O AMBIENTE DE APRENDIZAGEM PRÁTICA

13.2.1 DESIGN DO PROCESSO DE APRENDIZAGEM

A ideia de que um laboratório depende apenas de um espaço para a realização de experimentos e coleta de dados é tão ultrapassada quanto os espaços projetados de maneira tradicional para esse fim. O processo de elaboração do espaço deve ser pensado de acordo com as dimensões que serão trabalhadas e as habilidades que se deseja desenvolver. É importante que o administrador educacional tenha em mente o desenho do seu processo de aprendizagem e quais atividades poderão ser executadas lá para o desenvolvimento das habilidades. A Figura 13.1 é um exemplo do design de um conjunto de laboratórios de engenharia da Universidade Paulista, especificamente pensados para formar o engenheiro que trabalhará na indústria, que é remodelada de acordo com os conceitos da 4ª Revolução Industrial.

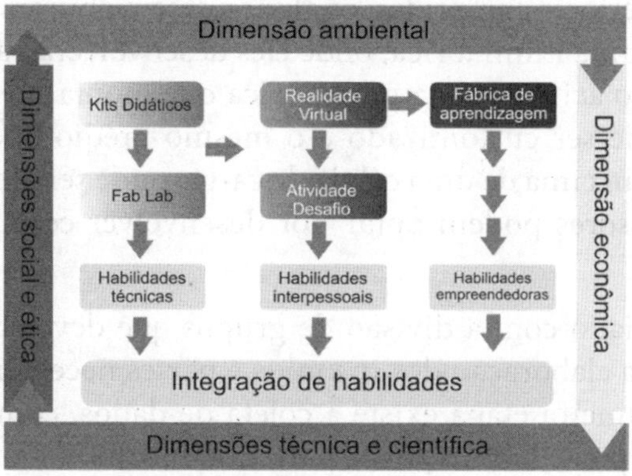

Figura 13.1 – Design do conjunto de laboratórios.

Podemos observar que todo o conjunto de atividades é cercado pelas dimensões provenientes da diretriz curricular dos cursos de engenharia. Isso implica que as atividades executadas nos laboratórios sempre visarão atuar nessas dimensões, portanto o professor será parte importante do processo, não apenas na transmissão do conhecimento, mas também na elaboração de atividades que atuem nessas dimensões. O processo é iniciado do lado esquerdo da figura, em que são utilizados *kits* didáticos (que serão exemplificados mais à frente) e um *Fab Lab*. A ideia é capacitar os alunos para a programação de tecnologias disruptivas e em novos processos de manufatura, desenvolvendo as habilidades técnicas e possibilitando o avanço para a próxima etapa (blocos centrais da figura). Na próxima etapa é utilizada a realidade virtual para simular processos produtivos, ambientar o aluno com o chão de fábrica e iniciar as propostas de atividade por desafio. Como resultado dessas atividades, teremos o desenvolvimento de habilidades interpessoais. A próxima etapa é a utilização da fábrica de aprendizagem, que é demonstrada na Figura 13.2.

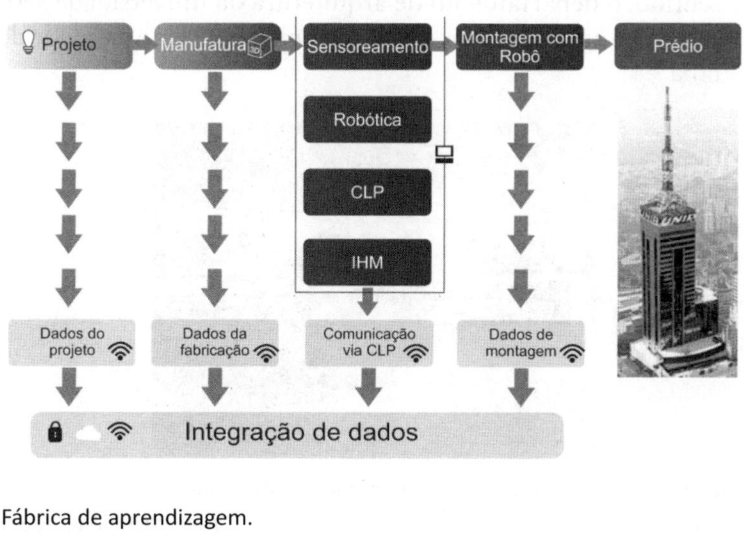

Figura 13.2 – Fábrica de aprendizagem.

Com as etapas anteriores cumpridas, os alunos desenvolveram as habilidades necessárias para atuar em uma minifábrica, onde eles desenvolverão as habilidades empreendedoras. O exemplo acima é uma minifábrica que monta prédios por meio de um robô. O produto pode ser customizado e o mesmo prédio pode ser montado com materiais diferentes em cima de uma célula de carga, onde será realizado o controle de qualidade. Os professores podem optar por desenvolver com os grupos de alunos outros produtos.

O processo é iniciado com a divisão de grupos que deverão projetar o processo produtivo, seguido da elaboração dos insumos e partes necessárias para a fabricação do produto. Já na primeira etapa existe a coleta de dados, como tempo despendido com o projeto e o tempo de fabricação de partes ou insumos. Outros dados podem ser coletados, de acordo com o nível de profundidade que se deseja atingir.

O próximo passo é a programação de toda a manufatura e a comunicação entre as tecnologias. Ao final dessa etapa o robô poderá montar o produto e os dados destas e demais etapas podem ser integrados em um banco de dados. Dados do processo produtivo poderão ser coletados e ao final teremos a integração de todos os dados, com o projeto de um banco de dados, computação em nuvem e cibersegurança.

As etapas descritas na primeira figura são executadas ao longo do curso e ao final da última etapa espera-se a integração de todas as habilidades desenvolvidas, as técnicas, as interpessoais e as empreendedoras.

13.2.2 PROJETANDO O ESPAÇO FÍSICO

O ambiente de aprendizagem é uma parte importante do projeto dos laboratórios e ele deve ser pensado para que os alunos naturalmente o utilizem, mesmo quando não terão aulas com experimentos, ou seja, será parte da rotina acadêmica. O espaço deverá ser entendido como fator de estímulo à criatividade, inovação e empreendedorismo. Nesse sentido, o departamento de arquitetura da universidade será importantíssimo. Na Figura 13.3 apresentamos um espaço *maker* da Universidade de Auckland, na Nova Zelândia.

Figura 13.3 – Foto do centro de inovação da Universidade de Auckland.

Fonte: The University of Auckland (*s. d.*).

As cores do ambiente são diferenciadas, assim como a iluminação e as bancadas de trabalho, que podem ser movimentadas e combinadas para formar novos *layouts*. Os móveis possuem design diferenciado e espaço para todo o ferramental e componentes necessários para experimentos ou criação de protótipos.

13.2.3 USO DE TECNOLOGIAS E FERRAMENTAS PARA INOVAÇÃO E OS AMBIENTES DE CONVIVÊNCIA

O espaço deve possuir uma infraestrutura de rede que possibilite que os alunos utilizem seus smartphones e notebooks, tanto para programação das tecnologias disruptivas quanto para a troca de projetos com a rede mundial. Ferramentas de apoio como a lousa digital facilitam o trabalho dos professores, que podem inovar no ensino e proporcionar aos alunos uma experiência mais interativa. Possibilitar o uso de smartphones é uma grande vantagem no ensino de engenharia, e *apps* como o GeoGebra® apoiam o ensino de matemática dinâmica e o ensino de engenharia.

Outras facilidades podem ser inseridas no ambiente, como o quadro de modelo de negócios (*business model canvas*), que permitirá aos alunos desenvolver seu modelo de negócios em conjunto com as atividades de sua fábrica de aprendizagem. A análise SWOT também auxiliará os alunos a identificar forças, fraquezas, oportunidades e ameaças aos seus projetos. Ambas as ferramentas podem ser dispostas como um adesivo na parede dos laboratórios, como apresentado na Figura 13.4.

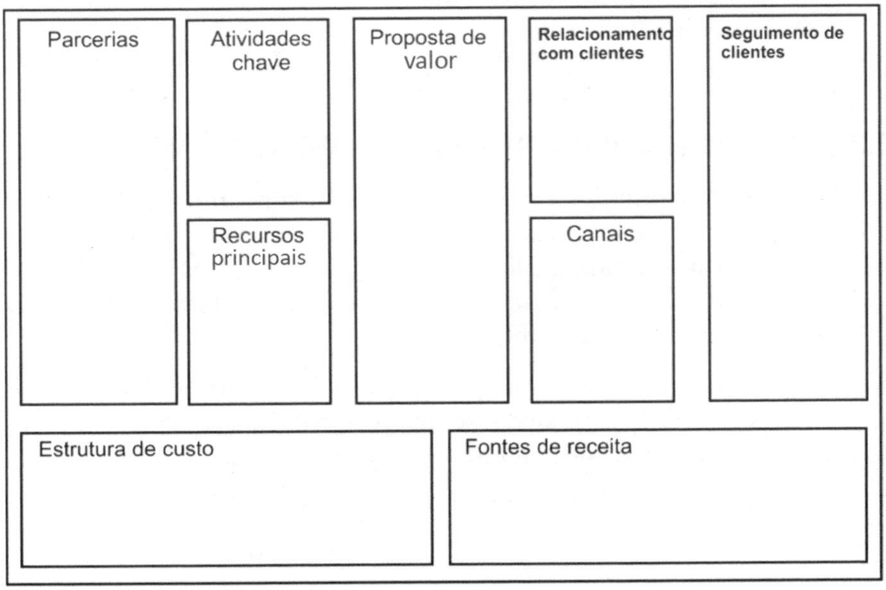

Figura 13.4 – Exemplo de *business model canvas* para adesivo de parede.

Os ambientes de convivência também podem auxiliar na criação de um vínculo dos alunos com o local onde as aulas ocorrem. Esses espaços permitem que os alunos convivam com outros membros da comunidade acadêmica, criando um ambiente onde a troca de experiência pode ocorrer além da própria turma a que o aluno pertence. Na Figura 13.5, é apresentado um exemplo desse tipo de ambiente, onde bancos de alturas diferentes propiciam um espaço para que os alunos sentem e acomodem os seus notebooks e possam acessar a rede pelo wi-fi do laboratório.

Figura 13.5 – Ambientes de convivência da Universidade Paulista: os alunos podem sentar-se e acomodar seus computadores com acesso à rede.

Fonte: arquivo pessoal do autor.

13.3 TIPOS DE HABILIDADES E A SUA IMPORTÂNCIA

O ambiente de trabalho dos engenheiros está em constante mudança devido as novas tecnologias, que promovem também uma mudança nos ambientes educacionais e na sociedade. As universidades devem se adaptar de forma a atender as novas demandas, ajustando suas atividades para desenvolver três tipos de habilidades: as técnicas, as interpessoais e as empreendedoras.

O engenheiro sofre há algum tempo para desenvolver as habilidades interpessoais e as empreendedoras. Essas habilidades se sobrepõem em alguns casos, mas podemos dizer que as empreendedoras seriam um termo mais adequado e amplo para as habilidades sociais e vitais para as empresas.

13.3.1 HABILIDADE TÉCNICAS

As primeiras habilidades, que são desenvolvidas há anos nos cursos de engenharia, são as habilidades técnicas. Espera-se que um engenheiro possua os conhecimentos necessários para atuar e elas variam de acordo com a habilitação escolhida. No Quadro 13.1 são apresentadas algumas habilidades técnicas que são desenvolvidas nos cursos de engenharia para os profissionais que atuarão no contexto da Indústria 4.0.

Quadro 13.1 – Habilidades técnicas

Projetar sistemas elétricos e eletrônicos, programação de robôs, programação de controladores lógicos programáveis, programação de interface homem-máquina, instalação e configuração de sensores, montagem e ajuste de inversores de frequência, programação de microcontroladores, modelagem 3D, seleção de materiais, projeto e seleção de elementos de máquinas, processos de manufatura, processos de qualidade, ergonomia, hidráulica e pneumática, software e estatísticas.

13.3.2 HABILIDADES INTERPESSOAIS E EMPREENDEDORAS

As habilidades interpessoais, como a comunicação e o trabalho em equipe, são essenciais para que o engenheiro possa atuar de forma efetiva em seu ambiente de trabalho. Esse fato é conhecido há muito tempo, assim como a falta dessas habilidades nos engenheiros, mais especificamente na geração Y ou nos chamados milênicos (nascidos após 1980).

As habilidades interpessoais são fundamentalmente reconhecidas pelas habilidades de viver e trabalhar com outras pessoas, ou seja, ser uma engrenagem no mundo corporativo. Muitas linhas de pensamento sugerem que essas habilidades seriam mais importantes do que as técnicas para que o indivíduo obtenha sucesso em sua vida profissional, e elas possuem nomenclatura diferenciada em diversos estudos. No Quadro 13.2 são exemplificadas algumas dessas habilidades.

Quadro 13.2 – Habilidades interpessoais

Comunicação, trabalho em equipe, liderança, resolução de problemas, organizacionais, interpessoais, autorregulamentação, iniciativa, inovação e responsabilidade.

As habilidades empreendedoras são mais amplas do que as interpessoais. Elas estão relacionadas ao comportamento empreendedor; no caso de engenheiros bem-sucedidos, podemos dizer que eles possuem uma mentalidade empreendedora. As organizações têm identificado esse tipo de habilidade como um ativo importante e, por esse motivo, elas frequentemente são avaliadas nas entrevistas de emprego. No Quadro 13.3 são apresentadas algumas habilidades empreendedoras.

Quadro 13.3 – Habilidade empreendedoras

Oportunidade, assunção de riscos, marketing, influência, tomada de decisões, orientação estratégica, rede de contatos, negociação e influência.

Os administradores educacionais devem definir quais habilidades são essenciais para seus alunos e promover as atividades necessárias para que eles as alcancem. O conceito aqui apresentado provém da interpretação de que os futuros engenheiros deverão possuir todos as habilidades citadas – na realidade as alcançarão em etapas durante sua formação.

13.4 TECNOLOGIAS DISRUPTIVAS

A tecnologia disruptiva é aquela que rompe com os padrões ou modelos já estabelecidos no ambiente em que vivemos. Podemos dizer que ela revoluciona ou cria um mercado, produto ou processo. Como administradores educacionais podem ser disruptivos? Utilizando as tecnologias para romper processos educacionais tradicionais e criar modelos de ensino para que as dimensões anteriormente citadas possam ser alcançadas. Acreditamos que o uso dessas novas tecnologias trará maior facilidade para que os futuros engenheiros alcancem as habilidades empreendedoras e técnicas para atuar no contexto da indústria competitiva e customizada, agora em massa.

Apresentaremos as principais; de acordo com as citações da literatura, elas podem ser visualizadas na nuvem de palavras da Figura 13.6. Iremos relacionar algumas delas com a possibilidade de uso no processo de ensino como exemplo.

Figura 13.6 – Tecnologias disruptivas.

O tamanho das palavras significa a quantidade de vezes que ela foi citada na literatura, no período de 2011 a 2019 e relacionadas ao termo Indústria 4.0. Isso nos dá uma ideia de como podemos investir em nossos laboratórios e quais as prioridades; também é importante citar que não necessariamente elas devem estar em um *kit* educacional ou em uma prática prevista no currículo, podendo ser sugeridas nas atividades por desafio ao longo do curso pelos professores. Isso terá um impacto financeiro interessante, já que a aquisição ou desenvolvimento de *kits* educacionais não são baratos.

Você conhece a Internet das Coisas (IoT)? De forma simplificada, podemos dizer que se refere à conexão de objetos cotidianos. Que tal fazermos um projeto com um microcontrolador Arduino® ou Raspberry® para que os alunos controlem esse dispositivo pelos smartphones? Pode ser um conversor de texto em fala ou um alimentador automático para um *pet*.

Pode passar pela cabeça do leitor que é dispendioso para uma universidade utilizar todas essas tecnologias, mas a criatividade do professor será muito importante nesse processo. Os robôs são dispositivos eletromecânicos capazes de realizar trabalhos de forma programada e autônoma. Os sensores inteligentes são aqueles que monitoram os processos industriais e representam o início da coleta de dados, sendo comumente encontrados nas faculdades de engenharia. O professor pode aqui criar um processo produtivo com seus alunos e armazenar os dados desse processo produtivo em uma nuvem, na qual vários usuários podem acessá-lo. Esse é o início da computação em nuvem e dos sistemas ciberfísicos.

Outra tecnologia que ganha força na indústria é a manufatura aditiva ou impressão 3D. As universidades têm utilizado essas técnicas nos espaços *maker* ou *Fab Labs*, e elas abrem um leque de possibilidades. Podemos aqui sugerir aos alunos atividades por desafio no ramo da nanotecnologia (tecnologia em escala nanométrica) ou com biotecnologia, utilizando as resinas biocompatíveis.

13.5 OS *FAB LABS* E OS ESPAÇOS *MAKER*

13.5.1 O CONCEITO

Os espaços *maker* ganham cada vez mais espaço nas instituições de ensino, nos ambientes de trabalho, nas *startups* e na sociedade. O propósito é que as pessoas possam criar, projetar, fabricar e testar suas ideias, e isso tudo sem a necessidade de grandes equipamentos ou fornecedores de materiais e serviços. A cultura *maker* é baseada no conceito de que as pessoas possam ser capazes de construir, reparar e alterar objetos com as mais diferenciadas funções.

A sociedade passa por um momento em que a palavra de ordem é inovar, compartilhar ideias e ser sustentável. Então é cada vez mais comum a criação de espaços com recursos digitais e que esse ambiente possa despertar nos usuários o empreendedorismo e a inovação. A prática de fazer as coisas é inerente à história do ser humano, e o movimento *maker* tem o surgimento baseado em fatores econômicos, culturais e tecnológicos. Então períodos de grande recessão como os vividos entre os anos 2000 e 2010 impulsionam novas formas de trabalho como as que vemos nesses espaços.

Por trás de todas essas tecnologias e movimentos, temos as grandes mentes que ajudam a impulsioná-las, como Dale Dougherty e Neil Gershenfeld. O primeiro deles é fundador da primeira publicação especializada na cultura *maker*, muito popular nos Estados Unidos e que promove milhares de feiras de inventores, a *Make*. O segundo é professor do Massachusets Institute of Technology (MIT) e fundou o primeiro centro de manufatura com o movimento "Como Fazer (Quase) de Tudo" - *How to Make (Almost) Anything* -, onde os alunos utilizam ferramentas de fabricação digital para fabricar tudo com suas próprias mãos. Aí nasce o conceito dos *Fab Labs*, que formam uma rede de laboratórios de mesmas características ao redor do mundo, como pode ser visualizado na Figura 13.7. O nome, abreviado do inglês *Fabrication Laboratory*, é dado a espaços que atendam o mínimo de recursos e que são certificados pela Fab Foundation, além de possuir máquinas de corte, fresadoras, impressoras 3D, entre outros.

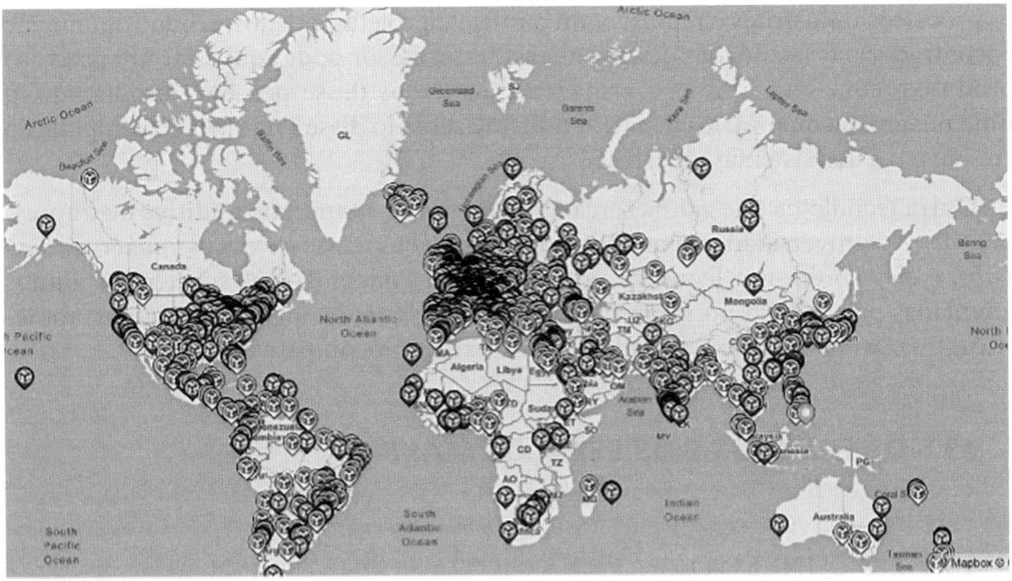

Figura 13.7 – Rede *Fab Lab* ao redor do mundo.

Fonte: fablabs.io.

13.5.2 A INOVAÇÃO E O EMPREENDEDORISMO

A principal forma de inovar é a nossa capacidade de aproveitar os interesses da sociedade para criar soluções alterando o meio de vida, portanto formar engenheiros inovadores está conectado com o contexto da 4ª Revolução Industrial. Inovar é desenvolver algo diferente e nunca visto no mercado, romper com paradigmas existentes em produtos, serviços ou modelos de negócios. Então você já consegue entender que os espaços citados acima são fundamentais para formar um engenheiro inovador. O empreendedorismo é a iniciativa de implantar novos negócios ou mudanças em empresas já existentes e é intimamente relacionado ao processo de inovar nos produtos.

Mas como realizar tudo isso de forma organizada e adequada? Uma forma é o chamado *design thinking*, um modelo de pensamento criativo. Com a ferramenta é possível organizar ideias e soluções, criando condições para maximizar os *insights* e a aplicação deles. A partir da reunião dos alunos (os talentos) é possível aplicar a metodologia, seguindo as etapas de empatia, observação, ideação, prototipação e teste. A etapa de empatia é aquela na qual os alunos se conectarão com as pessoas que são alvos da ação de forma a tentar entender o problema a ser resolvido, levantando todas as necessidades e características necessárias. Na segunda etapa ocorre a definição mais exata do problema a ser resolvido e demandas que serão atendidas. Na fase de ideação todos os talentos serão bem-vindos, aceitando todas as ideias, sem críticas e com abertura para todos os *insights*. A próxima etapa é a criação dos protótipos, utilizando os *Fab Labs*, experimentando as melhores ideias e avaliando a viabilidade. Nessa fase podemos utilizar os quadros brancos para registrar as ideias mais viáveis. Por último entramos na fase de testes e o produto final é levado às pessoas que o demandaram, momento em que verificaremos se ele funcionou. A fase posterior é a análise da fabricação dele em nossa fábrica de aprendizagem, onde os alunos poderão analisar a programação de máquinas e o processo produtivo desse produto, assim como simular a fabricação real, o controle da produção e outros fatores.

13.5.3 EQUIPAMENTOS E SUAS CARACTERÍSTICAS

A seleção de equipamentos dependerá do propósito do laboratório que será montado. Apresentaremos equipamentos que foram avaliados por nós com relação à confiabilidade, manutenção e capabilidade e que possuem médio custo para aquisição. Todos eles foram testados exaustivamente para garantir que ofereceriam as características que eram desejadas por nós para nosso projeto educacional.

Iniciaremos falando das impressoras 3D. Basicamente elas adicionam materiais em camadas nas seções transversais até produzirem um produto. Existem diversos processos de impressão. Aqui definiremos apenas dois, pois são suficientes para atender a maioria dos processos de fabricação que nossos alunos necessitam. Além disso, esses processos possibilitarão que os alunos entendam como a manufatura aditiva funciona. Os professores poderão elaborar atividades por desafio abrangendo todas as tecnologias disruptivas e demonstrar os outros processos de impressão existentes, inclusive com metais.

As impressoras multifuncionais ou híbridas são muito interessantes, pois podem oferecer uma gama de processos de fabricação além da impressão 3D. Com a simples troca de um cabeçote é possível gravar ou cortar a *laser* ou trabalhar com uma fresadora. A impressão com dois materiais distintos também é possível e possibilita que sejam trabalhados materiais diferentes ao mesmo tempo, por exemplo, com um material para fabricação de suporte solúvel e outro material para a impressão da peça propriamente dita. A impressão em duas cores ou degradê também é possível. O equipamento multifuncional que trabalha com filamento fundido (*fusion deposition model* – FDM) é apresentado na Figura 13.8.

Figura 13.8 – Impressora multifuncional Zmorph.

Fonte: arquivo pessoal do autor.

O segundo equipamento escolhido utiliza resinas para a impressão, com processo denominado *digital light processing* (DLP). O equipamento conta com um reservatório de resina e ele utiliza uma tela de projeção digital para exibir a imagem da camada, sendo o contato entre a resina e a luz UV do projetor conhecido como cura da camada. As camadas são curadas progressivamente até formar a peça desejada. Especificamente para engenheiros, as vantagens do processo são a estanqueidade para desafios com fluido como água ou ar, precisão e exatidão da impressão devido à temperatura mais baixa de impressão em relação ao primeiro equipamento apresentado. A variedade de resinas também é um atrativo; há as mais flexíveis, as mais resistentes ao impacto ou as biocompatíveis (vamos relembrar as tecnologias disruptivas?).

Um bom *scanner* é conveniente para o processo de engenharia reversa, processo de alta precisão que vem auxiliando diversas áreas da indústria. Ele consiste em um processo da digitalização de uma peça física em um desenho 3D. Os benefícios são diversos, desde uma peça ou componente sem reposição, a digitalização de uma ferramenta ou molde trabalhados manualmente, reconstrução de máquinas e equipamentos e o desenvolvimento de um produto. Esse componente auxiliará alunos e professores no desenvolvimento de novas tecnologias para uso nos laboratórios e em seus projetos. O processo de engenharia reverso é representado na Figura 13.9.

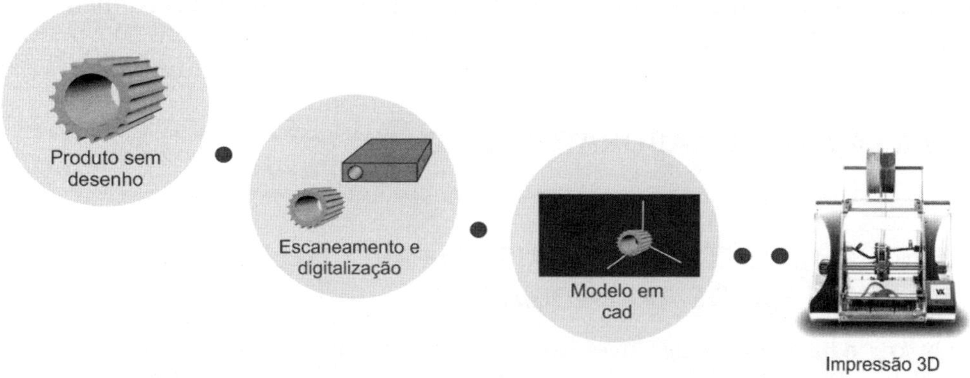

Figura 13.9 – Processo de engenharia reversa.

Outros componentes são importantes para o funcionamento de um *Fab Lab*, como uma máquina de recorte que possibilitará o incremento de questões visuais no protótipo, as ferramentas manuais que são utilizadas tanto para a montagem quanto para o acabamento das peças impressas, um fotopolimerizador para a cura das peças impressas em resina, componentes eletrônicos, microcontroladores, fios e outros materiais de pequeno valor.

13.5.4 O PROCESSO DE CERTIFICAÇÃO DE UM *FAB LAB* E SUAS POTENCIALIDADES

O processo de certificação de um *Fab Lab* é muito simples e pode ser realizado eletronicamente. Obviamente o laboratório deverá atender alguns requisitos mínimos, e estes podem ser consultados no site Fab Foundation, que fornece acesso as ferramentas e ao conhecimento, visando apoiar a rede de *Fab Labs* ao redor do mundo. Basicamente é realizado um cadastro e o gestor do laboratório escolhe três *Fab Labs* para que eles avaliem a infraestrutura do laboratório candidato. No caso do *Fab Lab* da Universidade Paulista, o processo envolveu um *Fab Lab* francês, um japonês e um canadense.

A certificação de um *Fab Lab* traz muitas vantagens para a instituição de ensino, mas dois deles são fundamentais em nossa visão: a abertura do espaço para a sociedade e o intercâmbio de projetos entre alunos ao redor do mundo. Abrir o espaço para a sociedade significa multiplicar o conhecimento da digitalização e estar imerso nos problemas do local onde está instalado, criando soluções, inovando e contribuindo. Estar conectado à rede possibilita que os alunos de engenharia se conectem a alunos de outros países, e isso tem grande relevância. Imagine um aluno brasileiro publicando seu projeto e horas depois um aluno ou cidadão japonês informá-lo que viu o projeto, o melhorou e disponibilizou novamente? Aqui a universidade pode auxiliar e treinar a sociedade a se adaptar às tecnologias disruptivas: topa abrir as portas da manufatura aditiva para todos ao seu redor?

13.6 LAB 4.0 OU LABORATÓRIO 4.0

13.6.1 OS *KITS* EDUCACIONAIS E O PAPEL DELES NO PROCESSO DE APRENDIZAGEM

Os *kits* educacionais desenvolvem um papel muito importante no desenvolvimento de habilidades técnicas nos alunos do curso de engenharia. Não sugerimos a compra de *kits* prontos, e sim o desenvolvimento dos *kits* junto com as ferramentarias e empresas do ramo de controle e automação industrial. Entendemos que os administradores educacionais conhecem seus alunos, suas dificuldades e suas necessidades, portanto nada mais adequado que eles mesmos desenvolverem suas soluções. Também entendemos que os *kits* devem ser desenvolvidos com equipamentos industriais, os mesmos que os alunos encontrarão no mercado de trabalho.

A primeira etapa do desenvolvimento deste tipo de *kit* é entender a carga horária disponível para utilização dele em determinada disciplina. Qual é o tempo de aula? Qual a quantidade de aulas disponíveis no semestre? Pode ser que esse *kit* seja utilizado em atividades extraclasse, portanto não será necessária essa etapa da análise.

Definido o propósito do *kit* e o tempo que o aluno terá para utilizá-lo, passamos à etapa de análise das habilidades técnicas que desejamos desenvolver no aluno. No caso do nosso laboratório, desejamos desenvolver as habilidades técnicas para que um engenheiro atue no contexto da Indústria 4.0, portanto desenvolveremos kits baseados nas tecnologias disruptivas e nas habilidades necessárias para programá-las e utilizá-las. Para exemplificar o desenvolvimento desses equipamentos, falaremos de dois *kits* educacionais, um utilizando um controlador lógico programável (CLP) e outro utilizando um robô (ambos com uma interface homem-máquina – IHM).

O controlador lógico programável ou CLP está presente na indústria desde 1968, quando a General Motors percebeu a grande dificuldade e gasto para mudar a lógica de controle em seus painéis de comando, quando ocorriam as mudanças na linha de montagem. Até hoje ele é parte fundamental do controle e automação e estará presente por um bom tempo nas plantas industriais; por esse motivo foi o primeiro *kit* a ser desenvolvido em nosso laboratório. Um CLP é composto basicamente por uma fonte de alimentação, uma CPU, memória, módulos de entradas e saídas, módulos de comunicação e módulos especiais. Os CLPs podem ser compactos, quando suas entradas e saídas estão na mesma unidade, ou modulares, quando os pontos de entrada e saída podem ser conectados e desconectados de acordo com a necessidade de alteração do processo a ser controlado. Na Figura 13.10 são apresentados os dois tipos de controladores.

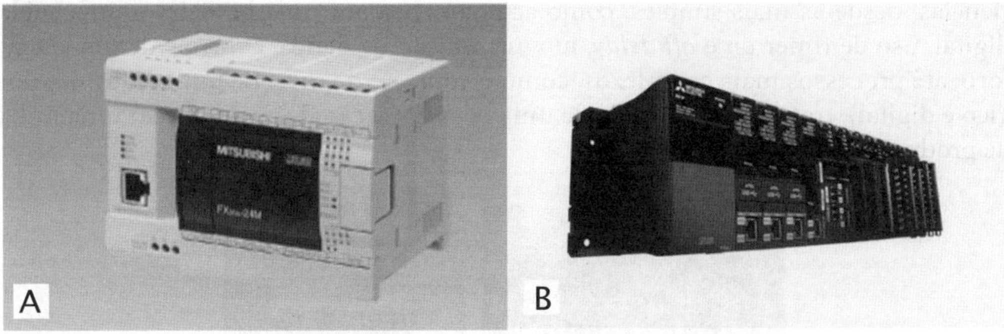

Figura 13.10 – CLPs Mitsubishi: a) compacto e b) modular.

Fonte: Mitsubishi Electric.

Outras premissas são importantes para o desenvolvimento do *kit*, e o custo é uma das mais importantes no contexto brasileiro. Utilizamos o modelo compacto pelo preço de aquisição e pela possibilidade de ser acomodado dentro de uma maleta, que pode ser movimentada para outros locais e projetos.

E como podemos fazer algo que seja interessante do ponto de vista da utilização e que prenda a atenção do aluno durante o processo de aprendizagem? Precisamos abandonar a ideia de ensinar apagando ou acendendo LEDs ou acionando uma buzina. É óbvio que, do ponto de vista lógico e de programação, o processo citado atende, mas o aluno quer ver o processo industrial e de maneira fácil e intuitiva. Para atingir o objetivo de mostrar um processo industrial sem a necessidade de possuir um dentro do laboratório, a solução foi utilizar uma IHM. Podemos dizer, simplificadamente, que ela consiste em um painel que permite que um usuário se comunique com uma máquina ou um sistema, conforme mostrado na Figura 13.11.

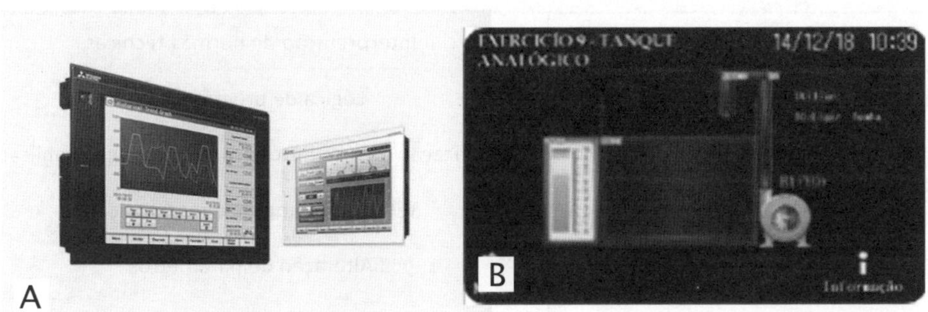

Figura 13.11 – Interface homem-máquina (IHM) e tela de um exercício do *kit*.

Fonte: Mitsubishi Electric; arquivo pessoal do autor.

O *kit* desenvolvido é apresentado na Figura 13.12. Ele é composto por doze experiências, desde as mais simples, como acionamento por uma botoeira e uma saída digital, uso de timer *on* e *off delay*, movimentação de dados, controle de um semáforo, até processos mais complexos, como o controle de nível de um tanque (analógico e digital), tratamento térmico de uma peça e seleção de produtos em uma linha de produção industrial.

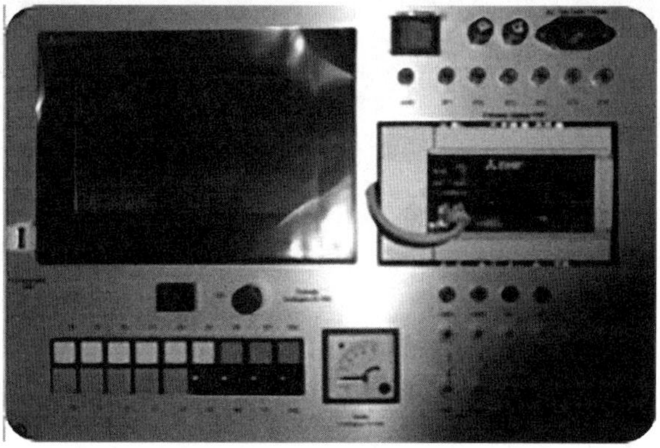

Figura 13.12 – *Kit* CLP com IHM.

Fonte: arquivo pessoal do autor.

Um menu na tela principal permite que o usuário navegue nas experiências, que foram elaboradas por nós mesmos e são fornecidas ao professor com um livro de respostas. O aluno utiliza o próprio software de programação industrial, o que já o ambienta com o que lhe espera na indústria. No Quadro 13.4 são listadas as habilidades que esperamos desenvolver com esse equipamento.

Quadro 13.4 – Habilidades do *kit* CLP com IHM

Equipamento	Habilidade
Controlador Lógico Programável (CLP) com interface homem-máquina (IHM)	Interpretação de normas técnicas
	Lógica de programação
	Especificação da arquitetura correta para cada aplicação
	Técnicas de análise e manutenção
	Alteração de parâmetros
	Tratamento de sinais analógicos e digitais
	Visão e comunicação com processos industriais

Outro *kit* desenvolvido foi o de robótica, em que um braço robótico é integrado com uma IHM. Nele, alunos e professores podem programar o controle do braço para uma determinada função por meio da IHM. Outro conceito inserido nesse conjunto é o de que as soluções para os problemas industriais ou do dia a dia podem estar ao nosso redor. Instintivamente a natureza realiza diversas tarefas com muita facilidade e eficiência, e a ideia de aprender com ela faz sentido. Por que não incentivar nossos alunos a buscar as soluções em um ambiente em que tudo ocorre da maneira mais perfeita e harmônica possível? Esse ambiente é a natureza. Desenvolvido pela Festo, o dedo adaptável é baseado no comportamento da cauda de um peixe e ele se adapta ao contorno de uma peça que desejamos manipular, com uma pegada sensível para objetos que necessitam de maior delicadeza na manipulação.

Na Figura 13.13 é apresentado o *kit* de um robô com IHM manipulando um ovo cru. Nesse *kit* os alunos programam o robô para que ele execute diferentes operações e customizam as telas da IHM para o controle e verificação dos parâmetros de operação. Os professores também têm uma série de informações a respeito da teoria e especificação dos equipamentos que podem ser facilmente acessadas na tela da IHM. No Quadro 13.5 relacionamos o equipamento com as habilidades que serão desenvolvidas.

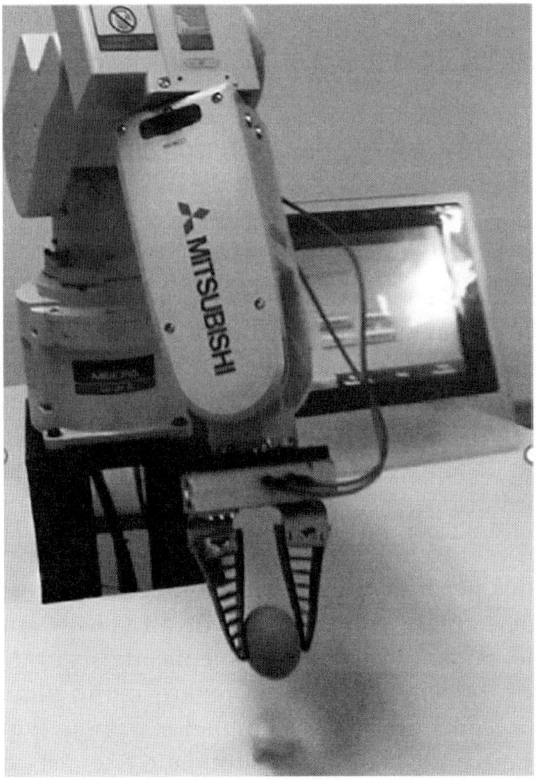

Figura 13.13 – *Kit* de robô e IHM com garras adaptáveis.

Fonte: arquivo pessoal do autor.

Quadro 13.5 – Habilidades do *kit* de robô e manipulador com IHM

Equipamento	Habilidade
Robô com interface homem-máquina (IHM) e manipulador	Identificação e diferenciação de sistemas robóticos
	Seleção de robôs
	Integrar robôs com outras máquinas
	Lógica de programação
	Simulação
	Alteração de parâmetros
	Visão e comunicação com processos industriais
	Técnicas de análise e manutenção
	Classificação e seleção de manipuladores
	Posição e orientação no espaço tridimensional.

Outros *kits* que irão compor o Lab 4.0 são o de eficiência energética, o de inteligência artificial e sensores inteligentes. As demais tecnologias disruptivas serão abordadas na Seção 13.6.4 "Aprendizagem por desafio" e complementarão o ensino desejado.

13.6.2 USO DE REALIDADE VIRTUAL

Os recursos de realidade virtual existem há décadas, mas ganharam força na indústria recentemente, devido à possibilidade de colocar o engenheiro em um ambiente virtual para a realização de testes antes da montagem do projeto ou do produto. Com ela geramos um ambiente pelo computador e o usuário tem controles tridimensionais e interativos, manipula e explora dados. Como dito, pode ser empregada no planejamento da fábrica, simulação da produção, treinamento de funcionários e validação de protótipos.

Que tal trazermos essa tecnologia para os nossos laboratórios? Esses sistemas de aprendizado simulados permitem que novos conteúdos e cenários de treinamento sejam cobertos. Além do mais, equipamentos de alto custo, como os utilizados em automação e controle, podem ocasionar problemas de segurança para os alunos e, quando mal operados, podem ter custo de reparo muito alto. Quando fazemos o processo de aprendizagem dentro de um simulador, é possível que os alunos operem robôs dentro de um ambiente de produção simulado e sem riscos.

Com um simples comando no mouse, é possível inserir um cilindro ou um sensor em uma planta industrial, inclusive simulando falhas. Na Figura 13.14 podemos ver os óculos de realidade virtual e a tela do software Ciros®.

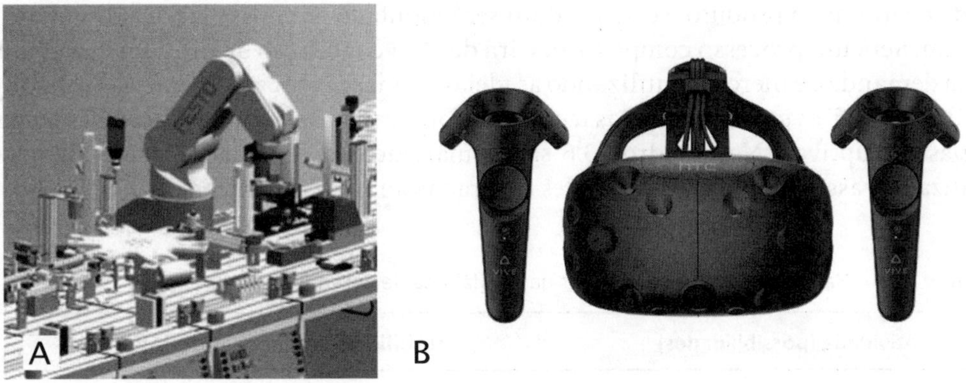

Figura 13.14 – Software Ciros® e óculos de realidade virtual.

Fonte: Festo; HTC.

Com este tipo de tecnologia pretendemos fornecer aos alunos, além das habilidades técnicas, as chamadas interpessoais. Os alunos poderão tomar decisões em seu processo produtivo quando elas são necessárias e sem comprometer o processo. Aqui, planejar, fazer e checar faz parte do processo sem medo de errar.

13.6.3 A MINIFÁBRICA DE APRENDIZAGEM

Em nosso processo de aprendizagem em laboratório, a minifábrica de aprendizagem é a última etapa do processo de ensino e a etapa que complementará o desenvolvimento de habilidades denominadas empreendedoras. Existe um processo predefinido, que é o de construção de um edifício (opção Banespa ou Universidade Paulista Vergueiro). Cada um dos prédios pode ser construído com três massas (materiais) diferentes e cada um dos blocos e partes do edifício foi construído em nosso laboratório de manufatura aditiva. Os edifícios possuem então uma massa-padrão, de acordo com a customização realizada pelo “cliente” em nossa IHM. Quando selecionado o tipo do edifício e o tipo de construção, o cliente receberá um e-mail com o seu *QR code*, com o qual poderá acompanhar os dados de produção do produto. Os braços robóticos serão responsáveis pela montagem do prédio em cima de uma célula de carga, que ao final do processo permitirá que seja identificado se nenhum bloco incorreto foi utilizado. Caso isso tenha ocorrido, o robô desmontará o prédio e, em uma célula de carga auxiliar, medirá a massa de todos os blocos, identificando quais estão incorretos. Esse processo pode parecer simples, mas dependerá de os alunos programarem o robô, a IHM, o CLP, amplificarem o sinal das células de carga para análise da massa correta e programarem todas as ações necessárias em cada hipótese. Um banco de dados deverá ser criado, assim como o tratamento dos dados, o armazenamento em nuvem e as questões de segurança desse banco de dados.

Para as turmas mais avançadas ou para os projetos de conclusão de curso, o professor poderá propor um projeto aberto. Ou seja, os alunos irão estudar a viabilidade de um novo produto e esse produto será montado em nossa fábrica de aprendizagem. Será um processo completo, que irá desde a concepção do produto que atenda uma demanda de mercado, utilizando as ideias citadas neste capítulo (*design thinking*, análise SWOT e *canvas*) e todas as técnicas de programação e comunicação das tecnologias disruptivas. No Quadro 13.6 são sumarizadas as atividades que podem ser realizadas, assim como as habilidades esperadas ao final do processo.

Quadro 13.6 – Habilidades empreendedoras da minifábrica de aprendizagem

Atividade (possibilidades)	Habilidades empreendedoras
Processo criativo (*design thinking*)	Oportunidade, liderança, autorregulamentação, comunicação, responsabilidade, assunção de riscos e habilidade gerencial. (As demais habilidades técnicas e interpessoais foram desenvolvidas ao longo do curso das outras disciplinas e atividades teóricas e laboratoriais).
Fabricação de protótipo	
Análise SWOT	
Business canvas model	
Criação de moldes e ferramentas	
Programação de robôs, CLP, sensores, IHM etc.	
Cronoanálise	
Qualidade	
Estudo de ergonomia	
Balanced scorecard	
Plano de manutenção preventiva e preditiva	
Relatórios com indicadores gerenciais	
Segurança do trabalho	
Sustentabilidade e meio ambiente	
Coleta de dados	
Gerenciamento de projetos e equipes	
Simulação de certificação ISO	
Cumprimento de normas técnicas	

13.6.4 APRENDIZAGEM POR DESAFIO

A aprendizagem por desafio é um dos principais mecanismos para a obtenção de habilidades interpessoais. Isso porque os trabalhos são em grupo e normalmente reproduzem problemas cotidianos do trabalho em equipe e técnico dentro de uma empresa. A proposta aqui é que em todo semestre um desafio seja lançado para um grupo de alunos em um determinado semestre do curso. Os alunos não necessitam necessariamente possuir todos os conhecimentos técnicos para a construção dos protótipos que serão testados ao fim de cada semestre e avaliados por um grupo de professores.

Nossa experiência indica que os alunos encaram esse desafio como um momento mais próximo da sua carreira profissional, um momento de testar e buscar novos conhecimentos, trabalhar em equipe e enfrentar os problemas do dia a dia profissional. É um momento também em que os alunos de vários grupos podem se encontrar e até competir com suas soluções. Um momento de relaxamento e diversão, no meio de um ambiente sério e de avaliações constantes. Na Figura 13.15 são apresentados os trabalhos realizados por alunos do primeiro e do terceiro semestre do curso de Engenharia.

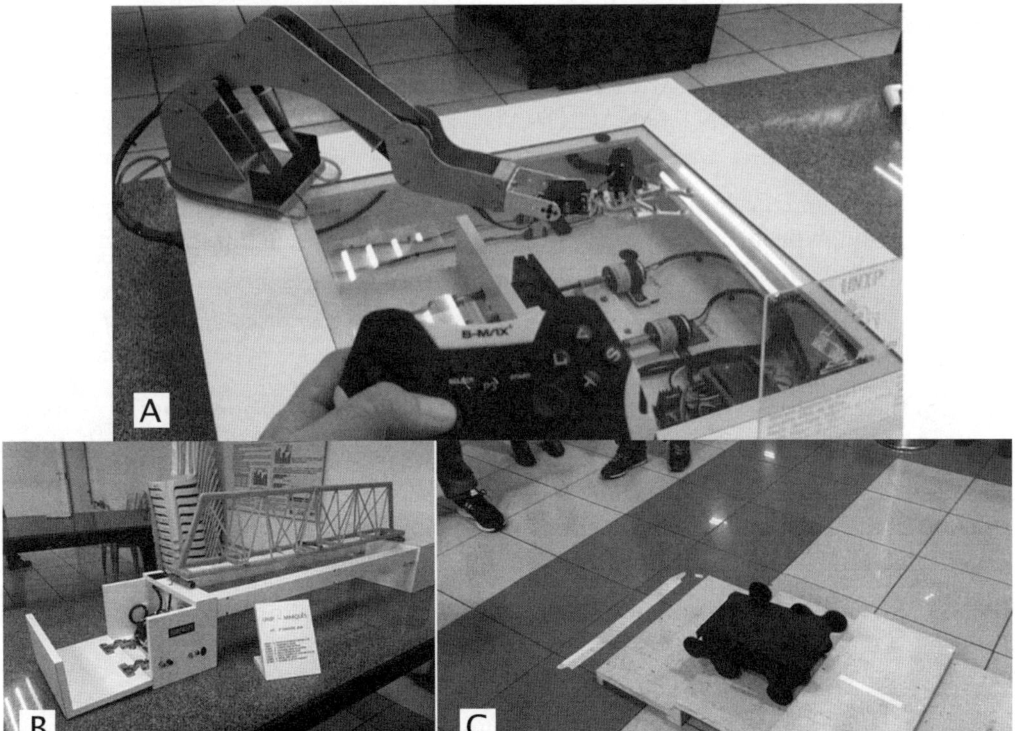

Figura 13.15 – Atividades por desafio: a) Braço robótico com seringas automatizado; b) Ponte de macarrão com sensores de força (*strain gauges*) nas estruturas; e c) Robô que sobe escadas (Arduino®).

Fonte: arquivo pessoal do autor.

Neste tipo de atividade iremos também incluir as demais tecnologias disruptivas, como a biotecnologia e uso de drones. Na primeira atividade os alunos podem utilizar as impressoras 3D em conjunto com outros cursos da área da saúde e, por exemplo, construir uma parte de um crânio ou uma face. Também podem ser desenvolvidos projetos de construção de drones para inspeção de fábricas, locais de difícil acesso como chaminés, perigosos como caldeiras, ou na agricultura, para a coleta de imagens e de temperatura utilizando uma câmera termográfica.

A atividade por desafio também está presente em eventos externos estudantis, como a Meca (*Mission, Execution, Communication and Achievement*), uma competição entre instituições de ensino na área de engenharia, automação industrial e outras. As equipes participam com projetos inovadores utilizando produtos previamente especificados.

Esperamos que os conceitos apresentados, baseados em pesquisa e experiência acadêmica dos autores, permitam ao leitor expandir as possibilidades de aprendizagem rumo aos novos desafios da nossa sociedade.

REFERÊNCIAS

ALARCON, D. *et al.* Os desafios da educação em rede no contexto da indústria 4.0. *In*: VIII CONGRESSO INTERNACIONAL DE CONHECIMENTO E INOVAÇÃO. *Anais...* [*S. l.*], 2018.

ARAÚJO, R. *et al.* Developing professional and entrepreneurship skills of engineering students through problem-based learning: a case study in Brazil. *International Journal of Engineering Education*, v. 36, n. 1, p. 155-169, 2020.

BAENA, F. *et al.* Learning Factory: the path to Industry 4.0. *Procedia Manufacturing*, v. 9, p. 73-80, 2017.

BENESOVA, A.; HIRMAN, F. S.; TUPA, J. Analysis of education requirements for electronics manufacturing within concept Industry 4.0. *In*: 2018 41st International Spring Seminar on Electronics Technology (ISSE), Zlatibor, 2018, p. 1-5.

BLIKSTEIN, P.; KRANNICH, D. The makers' movement and FabLabs in education. *In*: Interaction Design and Children Conference. *Anais...* [*S. l.*], 2013

BONGOMIN, O. *et al.* Exponential disruptive technologies and the required skills of Industry 4.0. *Journal of Engineering.* v. 2020, 2020.

BONILLA, S. H. *et al.* Industry 4.0 and sustainability implications: a scenario-based analysis of the impacts and challenges. *Sustainability*, v. 10, n. 10, 2018.

BOSTON CONSULTONG GROUP. *Embracing Industry 4.0 and rediscovering.* Disponível em: https://www.bcg.com/capabilities/operations/embracing-industry-4.0-rediscovering-growth.aspx. Acesso em: 15 abr. 2019

BRASIL. Conselho Nacional de Educação. Resolução CNE/CES 11/2002, aprovada em 11 de março de 2002. Institui as Diretrizes Curriculares Nacionais do Curso de Graduação em Engenharia. Brasília: *Diário Oficial da União*, 25 fev. 2002b. Seção 1, p. 17.

BROCKVELD, M. V. V.; TEIXEIRA, C. S.; SILVA, M. R. D. A Cultura Maker em prol da inovação: boas práticas voltadas a sistemas educacionais. *In*: CONFERÊNCIA ANPROTEC 2017. Anais... [*S. l.*], 2017

CARVALHO, L. de A. *et al.* Uma análise comparativa entre as competências requeridas na atuação profissional do engenheiro contemporâneo e aquelas previstas nas diretrizes curriculares nacionais dos cursos de Engenharia. *Gestão & Produção*, v. 24, n. 4, p. 829-841, 2017.

CHONG, S. *et al.* Integration of 3D printing and industry 4.0 into engineering teaching. *Sustainability*, Switzerland, v. 10, n. 11, 2018.

CHOU, C. *et al.* A measure of pre-teachers' self-regulated learning strategies on Industry 4.0 & 107 curriculum reform. *International Journal of Psychology and Educational Studies*, v. 5, n. 2, p. 12-20, 2018a.

CHOU, C. *et al.* Industry 4 . 0 manpower and its teaching connotation in technical and vocational education: adjust 107. *Curriculum Reform*, v. 5, n. 1, p. 9-14, 2018b.

COŞKUN, S.; KAYIKCI, Y.; GENÇAY, E. Adapting engineering education to industry 4.0 vision. *Technologies*, v. 7, n. 1, p. 10, 2019.

DALENOGARE, L. S. *et al.* The expected contribution of Industry 4.0 technologies for industrial performance. *International Journal of Production Economics*, v. 204, p. 383-394, 2018.

ELLAHI, R. M.; KHAN, M. U. A.; SHAH, A. Redesigning curriculum in line with Industry 4.0. *In*: *Proceedings 2nd International Conference on Emerging Data and Industry 4.0 (EDI40)*. Belgium, 2019.

EXPLORING the University of Auckland's innovation hub and maker space. *Newsroom*. New Zealand: The University of Auckland. Disponível em: https://www.cie.auckland.ac.nz/newsroom/innovation-hub-and-maker-space/.

FERREIRA, P. J. G. *et al.* Ensino de física em cursos de engenharia e atividades práticas supervisionadas: uma proposta de ensino baseada na aprendizagem por desafio. *In*: XIII INTERNATIONAL CONFERENCE ON ENGINEERING AND TECHNOLOGY EDUCATION, Guimarães, Portugal, 2014.

GONZÁLEZ, I.; CALDERÓN, A. Development of final projects in engineering degrees around an Industry 4.0-oriented flexible manufacturing system: preliminary outcomes and some initial considerations. *Education Sciences*, v. 8, n. 4, p. 214, 2018.

HAJSHIRMOHAMMADI, A. Incorporating experiential learning in lower division engineering courses. *In*: *Proceedings of the Canadian Engineering Education Association*, n. 11, p. 2-5, 2017.

JAFARI, R.; BURCH, R.; SMITH, B. K. Engineering soft skills vs. engineering entrepreneurial skills. *Journal of Engineering Education*, v. 35, n. 4, p. 988-998, 2019.

LANGMANN, R.; ROJAS-PEÑA, L. PLCs as Industry 4.0 components in laboratory applications. *International Journal of Online Engineering*, v. 12, n. 7, p. 37-44, 2016.

MACKRELL, K.; PRATT, D. Constructionism and the space of reasons. *Mathematics Education Research Journal*, v. 29, p. 419-435, 2017.

MARTINEZ, G. E. The missions of the universities in the XXI century. *Revista TELOS*, v. 101, n. 2, p. 1-8, 2015.

MENDOZA, R. A. R.; MENENDEZ, R. M.; SALDIVAR, R. P. Engineering education 4.0: proposal for a new curriculum. *In*: IEEE GLOBAL ENGINEERING EDUCATION CONFERENCE, 2018.

MORENILLA, A. J. *et al.* Using virtual reality for industrial design learning: a methodological proposal. *Behaviour and Information Technology*, v. 35, n. 11, p. 897-906, 2016.

MOURTZIS, D. *et al.* Cyber- physical systems and education 4.0 – The teaching factory 4.0 concept. *Procedia Manufacturing*, v. 23, p. 129-134, 2018.

PETERSON, T. E. Constructivist Pedagogy and Symbolism: Vico, Cassirer, Piaget, Bateson. *Educational Philosophy and Theory*, v. 44, n. 8, p. 878-891, out. 2012.

SACKEY, S. M.; BESTER, A.; ADAMS, D. Industry 4.0 learning factory didactic design parameters for industrial engineering education in South Africa. *South African Journal of Industrial Engineering*, v. 28, n. 1, p. 114-124, 2017.

STACEY, M., The FAB LAB network: a global platform for digital invention, education and entrepreneurship. *Innovations*, v. 9, n. 1, p. 221-238, 2014.

TERKOWSKY, C.; FRYE, S.; MAY, D. Online engineering education for manufacturing technology: is a remote experiment a suitable tool to teach competences for "Working 4.0"?. *European Journal of Education*, v. 54, n. 4, p. 577-590, 2019.

VERNER, I.; MERKSAMER, A. Digital design and 3D printing in technology teacher education. *In*: 25th CIRP DESIGN CONFERENCE DIGITAL. *Proceedings*... [*S. l.*], Elsevier, 2015.

ZINN, B. Bedingungsvariablen der Ausbildung 4.0 – Ausbildung der Zukunft. *Journal of Technical Education*, v. 3, p. 10-18, 2015.

CAPÍTULO 14

Transformação Digital e Educação 4.0: as plataformas de ensino

José Geraldo Basante

Márcia Terra da Silva

14.1 PLATAFORMAS DE INTERMEDIAÇÃO

Num contexto em que a formação e o ensino superam as barreiras da distância física, a existência de plataformas de *e-learning* tem assumido um destaque fundamental na aprendizagem de várias áreas do saber, de maneira a tornar o aprendizado acessível aos usuários da internet. Com isso, o aprimoramento das ferramentas de ensino a distância gera um potencial de mercado emergente que cresce a dois dígitos em alguns países do mundo e novas oportunidades de negócio na área de educação se estabelecem.

Simultaneamente, o panorama atual de elevada competitividade entre os diversos setores da sociedade promove estratégias que passam pela capacidade de inovação das empresas e, como decorrência, pelo corpo de conhecimento que detêm. A busca por competência se dá por duas formas básicas – pela contratação de profissionais formados ou pela capacitação dos seus funcionários. As duas opções encontram respaldo no uso da internet como espaço de partilha de conhecimento, para o melhoramento das competências e currículos profissionais e acadêmicos dos utilizadores (SILVA, 2014).

Não é surpresa, portanto, a propagação e crescimento nas últimas décadas de ferramentas tecnológicas para a aprendizagem de diversas áreas do saber. A internet torna esses instrumentos facilmente acessíveis a todos os indivíduos, facilitando a obtenção de conhecimento, ao mesmo tempo que o constante aprimoramento das ferramentas de aprendizagem permite que os usuários possam se beneficiar de uma interface visualmente atraente e de um aprendizado orientado pela experiência (SILVA, 2014).

Além disso, espera-se que esses serviços aumentem a produtividade dos funcionários, razão pela qual muitas empresas optam por soluções de *e-learning* em vez de métodos de aprendizagem tradicionais.

Claramente, esse conjunto de fatores deve impactar positivamente a demanda do mercado de *e-learning* nos próximos cinco anos, que se beneficiará também da expansão do uso desses serviços em smartphones, tablets e outros dispositivos móveis. Assim, este capítulo visa explorar o mercado e as tecnologias de ensino a distância disponíveis no momento, para discutir as alternativas disponíveis para organizações de ensino ou empresas que buscam a capacitação de seus funcionários.

14.2 DEFINIÇÃO E CONTEXTUALIZAÇÃO

Nos dias de hoje, a educação e a aprendizagem passam necessariamente pela internet. Em duas décadas, a web ganhou a atenção de todas as áreas do conhecimento, das relações humanas e sociais, apresentando-se atualmente como o ambiente ideal dos nativos digitais (PRENSKY, 2001).

Usamos nossos sentidos, como audição e visão, para interpretar as mídias. Nesse sentido, podemos considerar textos, imagens, áudios e vídeo como canais de mídia, na medida em que intermedeiam ideias e imagens que transmitem significados. Toda interação que temos com as mídias, nesse sentido, é uma interpretação da realidade e normalmente envolve alguma forma de intervenção humana, como a escrita (para textos), desenho ou design para imagens, e fala, roteirização ou gravação para áudio e vídeo.

Note que há dois tipos de intervenção nas mídias: pelo "criador", que constrói a informação, e pelo "receptor", que também precisa interpretá-la.

A mídia depende da tecnologia, mas a tecnologia é apenas um elemento da mídia. Assim, podemos pensar na internet como meramente um sistema tecnológico ou como um meio que contém formatos únicos e sistemas de símbolos que ajudam a transmitir significado e conhecimento.

A computação como uma mídia inclui animações, redes sociais online, que podemos usar como uma ferramenta de busca ou planejar e desenvolver simulações. Assim, o Google usa uma ferramenta de busca como sua tecnologia primária, mas é também uma mídia, pois precisa de conteúdo e provedores de conteúdo, e um usuário final que define os parâmetros da busca, além da tecnologia de algoritmos de computadores que apoia a busca (BATES, 2016).

A criação, comunicação e interpretação são características adicionadas que transformaram a tecnologia em uma mídia. Assim, em termos de conhecimento representativo, podemos pensar nas seguintes mídias para propósitos educacionais:

a) texto
b) imagens
c) áudio
d) vídeo
e) computação

Em cada uma dessas mídias existem subsistemas, como:

a) texto (livros didáticos, romances e poemas);
b) imagens (diagramas, fotografias, desenhos, pôsteres e grafite);
c) áudio (sons e fala);
d) vídeo (programas de televisão, vídeos do Youtube e cabeças falantes);
e) computação (animações, simulações, fóruns de discussão online e mundos virtuais).

Na educação, podemos pensar o ensino em sala de aula como uma mídia. Tecnologias ou ferramentas são usadas (giz, quadro-negro ou PowerPoint e um projetor), mas a componente-chave é a intervenção do professor e a interação com os alunos em tempo real em determinado tempo e local. Podemos pensar também no ensino online como uma mídia diferente, com computadores, a internet (no sentido de rede de comunicação) e o ambiente virtual de aprendizagem como a tecnologia central, mas é a interação entre professores, alunos e recursos online no contexto único da internet que é o componente essencial da aprendizagem online (BATES, 2016 p. 262).

Assim, algum conhecimento de como as mídias funcionam é essencial para o ensino em uma era digital. Em particular, precisamos saber a melhor forma de projetar e aplicá-las para facilitar a aprendizagem.

14.2.1 SÍNCRONA OU ASSÍNCRONA

Os desafios do ensino a distância são variados, sendo que é importante oferecer alternativas para melhorar o engajamento dos alunos e o aprendizado. Existem métodos que aproveitam o contato direto com professores, enquanto outros dão liberdade e autonomia para esse processo, sendo importante encontrar um equilíbrio entre essas abordagens.

14.2.1.1 Ferramentas síncronas

As ferramentas síncronas são aquelas que precisam da participação do aluno e do professor ao mesmo tempo e no mesmo ambiente. Sendo assim, ambos devem estar conectados no mesmo horário e interagir de alguma forma para que a aula aconteça conforme o planejado.

A interação não é uma obrigatoriedade, porém os professores têm a possibilidade de solicitar a participação e colaborações dos estudantes de alguma maneira. Do mesmo modo, os alunos podem tirar dúvidas e apresentar questionamentos em tempo real.

Essa possibilidade traz diversos benefícios para o processo de aprendizagem, principalmente a de tirar dúvidas. Também é uma forma de compreender qual é o engajamento do aluno com o curso, pois ele precisará estar no horário certo em todas as ocasiões.

As aulas do ensino a distância nessa modalidade exigem, ainda, que o aluno esteja concentrado de modo semelhante ao de uma aula presencial. Dessa forma, é possível conseguir qualificar o processo de aprendizagem e aumentar o engajamento de maneira efetiva, evitando a evasão (EQUIPE LICEUM, 2020).

Essa técnica de aulas síncronas foi o método de aplicação utilizada nas instituições de ensino na modalidade remoto, quando da alta *necessidade* nos tempos da pandemia de Covid-19 no ano de 2020.

14.2.1.2 Ferramentas assíncronas

As ferramentas assíncronas são aquelas que não precisam de conexão simultânea em tempo real. Sendo assim, mesmo que alunos e professores não estejam conectados ao mesmo tempo, é possível dar continuidade às atividades.

Sendo assim, as assíncronas trazem mais *liberdade e flexibilidade para o ensino, tanto para os estudantes quanto para os professores*. Por meio delas, cada um pode conduzir o aprendizado de acordo com suas preferências, como tempo, local e horário.

Os professores também conseguem mais autonomia, pois podem gravar as aulas e não precisam estar online em um horário específico. Desse modo, é possível produzir um conteúdo direto, sem interrupções e que pode ser aproveitado por muito tempo.

Para que esse modelo funcione de maneira eficiente, os alunos precisam de mais comprometimento, pois serão os responsáveis por controlar seus hábitos de estudo. No caso das assíncronas, também é possível avaliar o aprendizado do aluno por meio de avaliações e testes depois do momento de aprendizado (EQUIPE LICEUM, 2020).

Quadro 14.1 – A separação entre professores e alunos por tempo e espaço

		Locais		
		Comum	**Diferente**	**Tipos de ferramenta**
Tempo	Comum	*Live* (*face to face*) Mídia: palestras, seminários, tutorial, *labs*, workshops	*Webnars* Videoconferência Trabalhos virtuais *Labs* remotos	Síncronas
	Diferente	Autodirigido *Labs*/workshops/ Studio Biblioteca/centro de aprendizagem	Mídia gravada: livros, cassetes, LMS, online Fóruns de discussão, captura de palestra Vídeo transmitido, *wikis* e *blogs*	Assíncronas

Fonte: adaptado de Bates (2016).

Em geral há grandes benefícios educacionais associados com mídias assíncronas ou gravadas, pela capacidade de acessar informação ou comunicação a qualquer hora, ofertando aos alunos mais controle e flexibilidade.

Os benefícios educacionais têm sido confirmados em vários estudos. Means *et al.* (2010), por exemplo, constataram que os alunos foram melhor no ensino hibrido porque gastaram mais tempo nas tarefas, já que os materiais online estavam disponíveis.

14.3 APRENDIZAGEM EXPERIMENTAL EM AMBIENTES DE APRENDIZAGEM ONLINE

Defensores da aprendizagem experiencial frequentemente fazem muitas críticas à aprendizagem online, com o argumento de que é impossível incorporar a aprendizagem com exemplos da vida real. Entretanto, isso é uma simplificação exagerada, e há contextos nos quais a aprendizagem online pode ser usada de forma muito eficaz para apoiar ou desenvolver a aprendizagem experiencial, em todas as suas variações:

a) Aprendizagem híbrida ou invertida: embora sessões em grupos iniciem o processo e a conclusão do problema ou projeto geralmente aconteça em sala de aula ou laboratório, os alunos podem conduzir progressivamente a pesquisa e coleta de informações acessando recursos online, usando recursos multimídias para elaborar relatórios ou apresentações, e colaborando online com projetos em grupo ou criticando e avaliando uns aos outros.

b) Totalmente online: cada vez mais, professores acreditam que a aprendizagem experiencial pode ser aplicada integralmente online, pela combinação de ferramentas síncronas, como webconferências, e ferramentas assíncronas, como fóruns de discussão e ou mídias sociais para trabalhos em grupo, e-portfólios e multimídia para relatórios remotos para trabalhos com experimentos.

A aprendizagem online pode ser usada para simular condições reais e reduzir o tempo para dominar uma competência (BATES, 2016).

14.4 ESCOLHENDO AS ESTRATÉGIAS TECNOLÓGICAS CERTAS

Daunt (1998, p. 168-169) descreve as seguintes estratégias para escolher a tecnologia certa:

- Estabeleça sua necessidade e escolha a tecnologia. Daunt afirma que "um erro comum é começar com a tecnologia e depois encontrar um uso para ela". Ela informa que "suas necessidades devem sempre ditar qual (se houver) tecnologia deve ser usada".
- Observe a variedade de tecnologias. Não se deixe seduzir por apenas uma tecnologia ou mídia. Daunt informa que "nenhuma tecnologia é superior a todas as outras". Ela sugere que você se pergunte: "Quão disponível/acessível é essa tecnologia? Os alunos ficarão confortáveis em usá-la?"
- Inclua os usuários em seu processo de seleção. Daunt nos avisa que há risco de a implantação falhar por conta da resistência dos usuários à tecnologia. Ela acrescenta que "os tecnólogos são muito bons em conhecer a tecnologia, mas muitas vezes não têm experiência educacional. Eles deveriam fazer parte de sua equipe, mas lembre-se, eles estão vendo a tecnologia com um conjunto de valores diferente para os educadores".
- Considere as necessidades de seus alunos. Daunt acredita que, "assim como os professores precisam se sentir confortáveis com uma nova tecnologia, os alunos também".

Ao precisar vincular "design, entrega e estruturas organizacionais" em um esforço para implementar uma "abordagem coletiva" na educação a distância, Paquette-Frenette e Laroque (1995, p. 164) aconselham a seleção de tecnologia que seja:

1) mais fácil de usar e baseada nas competências adquiridas;
2) mais interativa em tempo real;

3) a menos cara para operar, instalar, comprar e manter;
4) mais fácil de conectar em redes para trabalho em grupo; e
5) mais fácil de conectar com as instalações existentes (nos níveis local, regional, provincial e nacional).

14.5 PLATAFORMAS E AMBIENTES DE GESTÃO DE APRENDIZAGEM VIRTUAL

A evolução tecnológica também afetou as plataformas de incorporação de serviços de *e-learning* disponíveis na internet. As mais antigas são para alguns autores – como Driscoll (2002) – designadas de EDP (*e-learning delivery plataforms*). Atualmente, as noções que reúnem maior consenso estabelecem a designação de duas plataformas distintas: sistemas de gestão de aprendizagem (*learning management system* – LMS) e sistemas de sestão de conteúdo de aprendizagem (*learning content management system* – LCMS).

Todavia, existem outros ambientes e conceitos que recentemente têm obtido força nesse contexto, como os Mooc (*massive open online courses*, ou cursos online abertos e massivos), que, mais do que incorporar serviços de *e-learning*, estabelecem-se como plataformas já vocacionadas para essa prática. Essas plataformas assumem uma relevância fulcral neste estudo, como será possível visualizar (SILVA, 2014).

14.5.1 SISTEMAS DE GESTÃO DE APRENDIZAGEM (LMS)

Segundo Silva (2014), a terminologia utilizada para representar os sistemas de gestão de aprendizagem (LMS) é muitas vezes equiparada a outras muito semelhantes, como ambiente virtual de aprendizagem (*virtual learning environment* – VLE), sistemas de gestão de cursos (*course managemente system* – CMS) e ambiente de aprendizagem controlado (*managed learning environment* – MLE). Alguns autores apontam mesmo algumas diferenças específicas entre essas noções (KEEGAN *et al.*, 2002; COLLIER, 2002), no entanto pouco significativas, sendo os seus objetivos principais muito semelhantes.

Essas ferramentas dinamizam a interatividade entre professor, aluno e restantes colaboradores e garantem um espaço virtual como comunidade de aprendizagem com comunicação, ferramentas de cooperação, monitorização e gestão administrativa (MARQUES; CARVALHO, 2009).

Como exemplos desses sistemas destacam-se o Blackboard, o Moodle e o Sakai. Alguns, como o Moodle, disponibilizam o seu serviço gratuitamente em open source, isto é, em código aberto, o que permite a sua fácil edição. Para as instituições de ensino existem atualmente serviços comerciais, denominados de fornecedores de serviços de aprendizagem (*learning service providers*), que disponibilizam os seus serviços para portais via *e-learning*.

14.5.2 SOFTWARE LMS

Os sistemas de gerenciamento de aprendizagem são usados por instituições acadêmicas e empresas para gerenciar, rastrear e ministrar cursos e programas de treinamento. É um dos setores de software de crescimento mais rápido da última década, sendo que hoje a indústria conta com centenas de ofertas concorrentes. Na Figura 14.1, há uma visão das opções mais populares, medidas por uma combinação de seu número total de clientes, usuários ativos e presença online.

Uma pesquisa publicada pela America Learning & Media elaborou uma lista com o Top 20 dos mais populares LMS *software solutions* do mercado. Assim, para a organização internacional Capterra (2016), o topo da lista é composto pelas soluções apresentadas na figura.

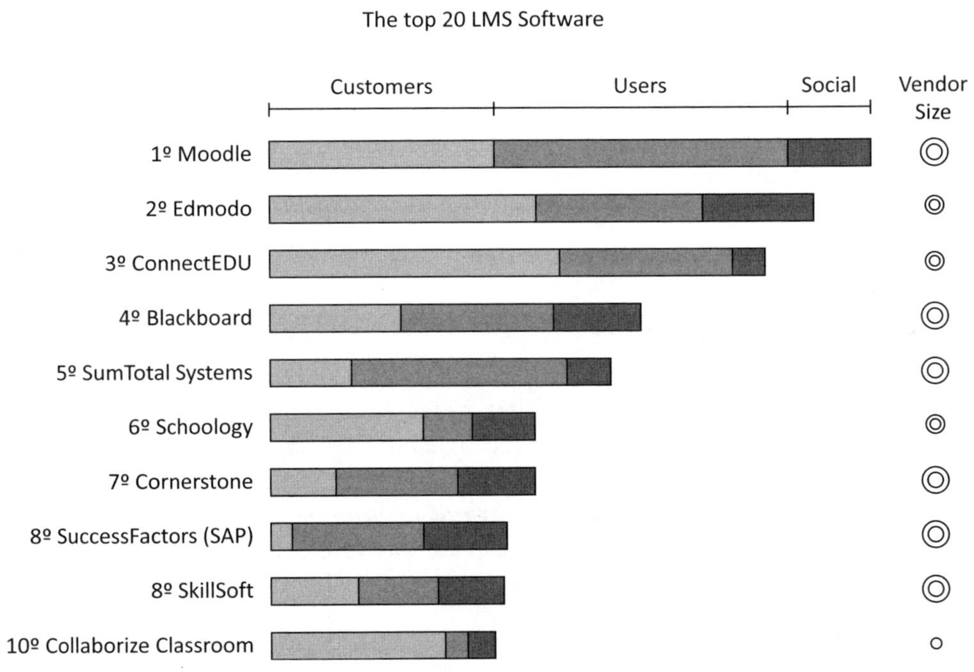

Figura 14.1 – Os LMS *software solutions* mais populares.

Fonte: Barrish (*s. d.*).

Após o ranking, nas posições seguintes seguem-se outras plataformas não representadas na Figura 14.1, respectivamente: Desire2Learn; NetDimensions, Docebo, Instructure, Interactyx, DigitalChalk, Latitude Learning, eFront, Çitmos e o Inquisiq r3.

14.5.3 CRITÉRIOS DE SELEÇÃO DE PLATAFORMAS

Existem diversas reflexões que devem ser tomadas quando se pretende lançar uma plataforma de cursos de aprendizagem, seja para um modelo de negócios ou para uma organização de ensino.

No estudo de Cação (2003), são representados vários critérios que devem ser equacionados na tomada de decisão, sendo a seguir representado uma sintetização adaptada dos critérios e ideias principais:

- Tecnologia – Aqui colocam-se questões no nível dos requisitos de infraestrutura de hardware e software que os usuários possam ter de dispor para a utilização da plataforma.
- Ferramentas da plataforma – Neste nível é necessário perceber quais são as ferramentas disponibilizadas na plataforma. É necessário avaliar também quais *standards* são cumpridos na produção de conteúdo, sabendo, por exemplo, se permitem adicionar *metatags*.
- Gestão de professores/formadores – A plataforma permite uma correta gestão de competências dos e-professores, de planos de evolução de carreira ou descrições de funções?
- Gestão de conteúdos – Neste patamar salienta-se a gestão do próprio conteúdo de ensino. É necessário averiguar a possibilidade de interfaces para a sua utilização, para a integração de catálogos, cursos, entre outros objetos de aprendizagem.
- Gestão de alunos/formandos – Importa também avaliar a integração do sistema com o uso dos próprios alunos, sobretudo na gestão de inscrição e pagamentos, no acesso a determinados conteúdos, ou, em outras palavras, a gestão do *workflow* de inscrições-autorizações e das funcionalidades CRM (*customer relationship management*).
- Modelo econômico – O preço é um dos fatores fundamentais na seleção de uma plataforma. Dependendo da disponibilidade financeira organizacional, é possível adquirir plataformas com poucos ou avolumados recursos.
- Relatórios – Por fim, importa avaliar a disponibilidade de relatórios relativos à produção de checklists antes e após a formação; à monitorização de atividades dos formadores e dos formandos; e à monitorização da utilização dos conteúdos, materiais e equipamentos.

Esses critérios permitem comparar plataformas de *e-learning*, com base em alguns dos princípios vistos anteriormente.

Para as três perspectivas de estudo das plataformas, foram assim encontradas as funcionalidades a observar indicadas na Figura 14.2.

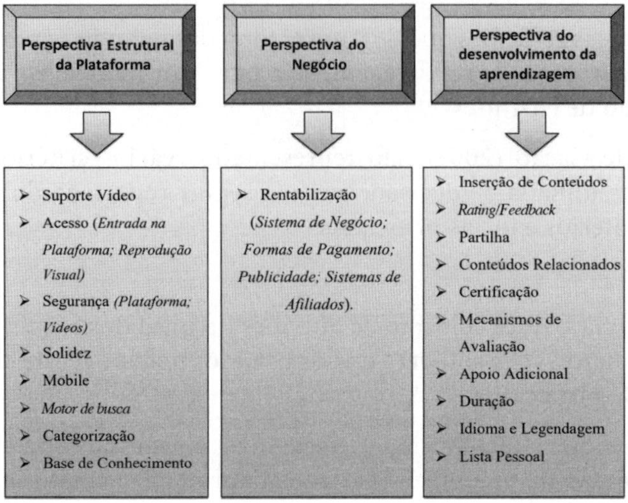

Figura 14.2 – Critérios presentes nas perspectivas de análise das plataformas.

Fonte: Silva (2014).

14.5.4 IDENTIFICAÇÃO DAS PLATAFORMAS

Conforme os critérios destacados, segue a identificação de plataformas desenvolvidas com o intuito de colaborar no desenvolvimento educacional de diversos níveis de escolaridades:

Khan Academy

Uma autêntica base de conhecimento para aprendizagem online em vídeo. Os números da presença da Khan Academy na internet são dominadores: mais de 200 milhões de videoaulas já realizadas. Criada em 2006, esta ONG estabelece como missão a atividade de "acelerar a educação para estudantes de todas as idades".

A plataforma apresenta uma variedade de aulas em vídeo gratuitas e uma comunidade em seu redor, disponível por meio de fóruns, *wikis* e canais de vídeo. As disciplinas do curso são divididas em aulas particulares, o que é um ponto positivo para os estudantes que procuram aprender um conteúdo específico sem ter que tirar um curso completo. O armazenamento dos vídeos é efetuado de acordo com um sistema externo, neste caso o uso do YouTube. A plataforma apresenta uma organização bastante consistente, sendo fácil e intuitivo procurar e selecionar uma determinada área que se pretenda aprender. Além disso, são presentes sistemas de feedback e avaliação de cursos, alguns mecanismos de integração com redes sociais, uma boa central de ajuda e um *template* responsivo que permite facilmente a sua utilização com o uso de um smartphone. A língua oficial da plataforma é o inglês, mas ela tem sido traduzida por diversas fundações para a língua portuguesa, sendo os seus conteúdos aplicados em diversas instituições de ensino (SILVA, 2014).

Open Learning

A plataforma Open Learning caracteriza-se como uma universidade aberta online", onde todos podem aprender e ensinar facilmente pela internet. Com um *layout* intuitivo e mecanismos didáticos robustos, a plataforma pretende facilitar o ensino a todos os estudantes oferecendo uma grande parte dos seus cursos gratuitamente.

É possível verificar na plataforma cursos para download por diferentes categorias, desde aprendizagem de negócios, línguas, engenharia, entre outros. Quando observamos um curso, podemos verificar a classificação dos estudantes que já o completaram, isto é, existe um sistema de feedback que enriquece o conhecimento do curso pelo possível futuro aluno.

Stanford University on Itunes

Um protocolo entre a gigante Apple e uma das mais prestigiadas universidades norte-americanas define esta plataforma de aprendizagem pela Internet. Para aceder aos seus conteúdos é obrigatório ter o software iTunes instalado num computador, o que, por um lado, beneficia a Apple, uma vez que existe maior utilização de uma das suas principais ferramentas da atualidade, mas, por outro lado, pode limitar alguns utilizadores.

Kutzotown On-Demand Online Learning

O portal Kutztown Online, em parceria com a Universidade da Pensilvânia, apresenta diversos conteúdos de ensino via *e-learning*, desenvolvidos sobretudo por essa instituição. Apesar do cariz educacional, a plataforma está também direcionada para quarenta atividades de negócios, sendo vários os conteúdos disponíveis sobre essa vertente.

EDX

A plataforma EDX é considerada uma verdadeira Mooc, tendo sido fundada por meio do Instituto de Tecnologia de Massachusetts e a Universidade de Harvard, em maio de 2012. Contando com 1,6 milhão de utilizadores segundo dados do próprio portal, a EDX apresenta gratuitamente cursos de mais de vinte faculdades.

Coursera

A Coursera é uma empresa de tecnologia educacional que estabeleceu parcerias com as melhores universidades e organizações em todo o mundo para oferecer cursos online que podem ser assistidos de forma gratuita. Como missão, os seus mentores vislumbram um futuro em que todos tenham acesso a uma educação de qualidade, com o auxílio do seu portal.

Udemy

A Udemy foi criada em 2007 e apresenta um papel fundamental neste estudo, uma vez que é uma das plataformas de aprendizagem online mais completas e com mais representação em todo o mundo. O seu sítio online obteve o seu lançamento oficial só em 2010, apresentando desde aí milhares de utilizadores registrados, segundo as informações presentes no portal.

Free World U

Bastante vocacionada para o ensino segundo a designação K-12 (ensino fundamental e médio), a plataforma Free World U apresenta um conjunto de cursos online que privilegiam a aprendizagem em vídeos e em *flashcards*. Para poder visualizar os conteúdos é condição imprescindível registrar-se no seu portal, ficando com acesso a uma área pessoal que permite consultar informações relevantes como o histórico dos cursos relacionados.

Apesar de a plataforma se intitular como uma organização sem fins lucrativos, ela apresenta duas modalidades de funcionamento: cursos gratuitos com livre acesso; e uma versão credenciada com um custo definido em três planos de mensalidade, com a vantagem de poder fazer testes de avaliação e de receber certificados.

CosmoLearning

A plataforma apresenta diretamente na sua *homepage* um conjunto de categorias, cursos e áreas por tópicos que permitem facilmente que os alunos escolham os conteúdos pretendidos. Os vídeos são armazenados em serviços externos (YouTube) e a inserção de conteúdo pode ser feita por professores qualificados mediante aprovação. Todavia, a plataforma peca pela sua quase inexistente conectividade social e pela ausência de mecanismos que poderiam dar mais dinâmica à aprendizagem.

Open Culture

Open Culture reúne uma lista de cursos universitários, na sua maioria gratuitos, num só sítio online. Eles podem ser consultados por meio de vídeos (armazenados externamente no YouTube) ou então pelo software iTunes.

Open Yale Courses

Com aulas em vídeo armazenadas no YouTube, iTunes e algumas em *streaming* interno, a plataforma Open Yale Courses oferece a todos os utilizadores da internet cursos de aprendizagem livres e gratuitos de cariz acadêmico, os quais muitas vezes são filmados na sua própria instituição (Yale College). Não é necessário qualquer registro para começar a aprender neste portal institucional.

Udacity

A Udacity é considerada uma universidade digital especializada em cursos de Ciências da Computação. O layout do website permite uma fácil navegação e está de acordo com as últimas tendências *web*.

A plataforma disponibiliza uma central de apoio bastante completa, com centro de FAQ's (perguntas frequentes), tutoriais e uma comunidade representada num fórum online onde é possível os alunos estudarem, colaborarem e trabalharem grupo. Muitos dos cursos são disponibilizados a preços acessíveis e outros até gratuitamente. A plataforma oferece ainda a possibilidade de o currículo dos alunos ser direcionado para as empresas parceiras, permitindo que alcancem sucesso também em nível profissional.

Academic Earth

Na plataforma é possível encontrar um conjunto diversificado de disciplinas científicas, mecanismos de feedback e de partilha de conteúdos por meio das principais redes sociais da atualidade e um motor de busca para pesquisa de conteúdo com diversas opções de filtragem de resultados.

Alison

Alison (*Advance Learning Interactive Systems Online*) é outra gigante de aprendizagem na internet em nível mundial. Lançada em 2007, a plataforma afirma já ter mais de 100 milhões de aulas realizadas, cinco milhões de horas de estudo completas e dois milhões de aptidões pessoais instruídas. Recebeu em 2010 o prémio de Inovação na Educação atribuído pela Unesco. Apesar de grande parte dos conteúdos na plataforma serem de cariz acadêmico, o foco desse portal está também na aprendizagem de competências profissionalizantes que sirvam para melhorar a aptidão dos alunos.

Webcast Berkeley

Com cursos armazenados externamente com o serviço do YouTube e em parceria com a Universidade da Califórnia, Berkeley, esta plataforma disponibiliza diversos conteúdos científicos provenientes maioritariamente dessa instituição.

Lynda

Trata-se de uma plataforma comercial que também é das mais rentáveis e movimentadas na internet: lynda.com. Este portal é especialista na oferta de conteúdos que permitem aumentar as habilidades e competências pessoais e profissionais dos usuários, disponibilizando mais de 2 mil cursos em videoaula.

Video Arts

A Video Arts é uma empresa que oferece diversas soluções de aprendizagem no mercado de *e-learning*. Na sua plataforma de aprendizagem online é disponibilizada uma série de *training videos* voltados principalmente para profissionais que pretendem melhorar as suas habilidades.

Learnist

A plataforma Learnist privilegia o importante contributo do vídeo para o processo de aprendizagem e disponibiliza os conteúdos gratuitamente com acesso total e livre. Destaca-se pela presença de um layout moderno, em que é possível verificar as categorias que dividem as áreas temáticas numa barra sempre visível no topo da página, facilitando a busca de conteúdo.

14.5.5 PLATAFORMAS INSTITUCIONAIS NO BRASIL

Além dessas, podem ser encontradas também plataformas institucionais no Brasil que oferecem apoio à educação:

Ministério da Educação (MEC)

Plataforma de recursos educacionais digitais com vídeos, animações e muitos outros recursos.[1]

Instituto Crescer

Disponibiliza diversos materiais para os professores como auxílio na utilização das novas tecnologias de ferramentas educacionais, como os disponíveis nos Guias Crescer em Rede, que podem ser baixados gratuitamente.

1 Disponível em: https://plataformaintegrada.mec.gov.br/home.

Google for Education

Hangouts (chamadas em voz e vídeo), Sala de Aula (gestão de aprendizagem), dicas para aprimorar o ensino a distância, criar aulas interativas e gerenciar trabalhos em grupo de forma virtual.

Schoology

Reúne uma série de recursos para apoiar escolas no plano de contingência; e um *ebook* que consultou quatorze educadores sobre como manter o aprendizado durante o fechamento de escolas. Todos os materiais estão disponíveis em inglês.

Edmodo

Com recursos disponíveis para professores, alunos e pais, a plataforma está promovendo webinários sobre como configurar classes para ensino a distância, elaborar atividades, avaliar os estudantes, desenvolver competências socioemocionais no ambiente online e promover viagens de campo virtuais.

ClassFlow

Plataforma que reúne diversos recursos como testes, questionários instantâneos e atividades para alunos; e comunidade aberta onde os professores podem encontrar materiais pedagógicos interativos, como aulas, planos dos departamentos, avaliações, guias didáticos e folhas de trabalho.

Nearpod

Plataforma de engajamento de alunos baseada na internet, que permite que os professores da escola gerem aulas personalizadas, deem notas, façam avaliações, sessões ao vivo e muito mais. Além de oferecer acesso temporário às escolas que estão lidando com o fechamento como forma de prevenção ao coronavírus, a Nearpod também tem realizado webinários para apoiar os planos de contingência.

Lesson App

Plataforma para criar e compartilhar planos de aula.

Seppo

Plataforma para criar jogos.

14.6 CONCLUSÃO

Se sua instituição já tem um ambiente virtual de aprendizagem, como Blackboard, Moodle, Cancas ou Desire2Learn, use-o. Não entre em discussões se é ou não a melhor ferramenta. Efetivamente, em termos funcionais há poucas diferenças importantes entre os principais AVAs. Os AVAs não são perfeitos, mas evoluíram ao longo dos últimos vinte anos e, em geral, são relativamente fáceis de usar, tanto por você quanto – o mais importante – pelos alunos (BATES, 2016).

Há flexibilidade suficiente em um ambiente virtual de aprendizagem para permitir que você possa ensinar de várias maneiras diferentes. Em particular, utilize o tempo para ser treinado em como usar o AVA.

Uma importante questão a ser considerada é se você precisa usar o AVA para tudo – mas essa questão só deve ser considerada se a instituição está disposta a apoiar alternativas como Wordpress ou Google Docs, caso contrário vai acabar gastando muito tempo lidando com questões de tecnologia pura.

O mesmo se aplica às tecnologias *web* síncronas, como Blackboard Collaborate, Adobe Connect ou Big Blue Botton. As diferenças na tecnologia não são nada em comparação com as diferentes maneiras pelas quais você pode usar essas ferramentas.

Não há um modelo de design "ideal" para todas as circunstâncias. É importante levar em consideração o contexto de ensino, no entanto alguns modelos são mais apropriados para o desenvolvimento das habilidades e conhecimentos necessários em uma era digital.

REFERÊNCIAS

BARRISH, J. *The Top 20 LMS software.* Disponível em: https://www.capterra.com/infographics/top-lms-software. Acesso em: 05 ago. 2021

BATES, A. W. (Tony). *Educar na era digital: design, ensino e aprendizagem.* São Paulo: Artesanato Educacional, 2016.

CAÇÃO, R. *O e-learning como oportunidade de negócio.* Sociedade Portuguesa de Inovação, 2003.

COLLIER, D. El método comparado: dos décadas de cambio. *In*: Sartori, Giovanni; Morlino, Leonardo. *La comparación en las ciencias sociales Madrid.* Alianza Editorial. 2002.

DAUNT, C. Introducing and implementing a new technology: some practical suggestions. *In*: NOUWENS, F. *Distance education*: crossing frontiers. Rockhampton, Australia: Central Queensland University, 1998. p. 167-271.

DRISCOLL, M. *Blended Learning*: Let's get beyond the hype. São Paulo, 2002. Disponível em:https://www.researchgate.net/publication/286029739_Blended_learning_Let%27s_get_beyond_the_hype.

EQUIPE LICEUM. *Ferramentas sincronas e assincronas.* São Paulo, 2020. Disponível em: https://blog.lyceum.com.br/ferramentas-sincronas-e-assincronas/. Acesso em: 31 mar. 2023.

KEEGAN, D. *et al. E-learning*: o papel dos sistemas de gestão de aprendizagem na Europa. Lisboa: Instituto para a Inovação na Formação, 2002.

MEANS, B. *et al.* Evaluation of evidence-based practices in online learning: a meta--analysis and review of online learning studies. *Washington, D.C.*: US Department of Education, 2009. Disponível em: http://www.ed.gov/rschstat/eval/tech/evidence-based-practices/finalreport.pdf. Acesso em: 31 mar. 2023.

PAQUETTE-FRENETTE, D. *Inrtergroup Dynamics in site-based distance courses*: Inclusion, alienation, and the hierarchy of presence. Disponível em: https://www.researchgate.net/publication/254396045_Intergroup_dynamics_in_site-based_distance_courses_Inclusion_alienation_and_the_hierarchy_of_presence.

PATSULA, J. P. *Practical guidelines for selecting media*: an international perspective. Disponível em: http://www.patsulamedia.com/usefo/usableword/report20020201_mediaselection_criteria.shtml. Acesso em: 31 mar. 2023.

PRENSKY, M. *Digital natives, digital immigrants.* [*S. l.*], 2012. Disponível em: http://www.marcprensky.com/writing/prensky%20- %20digital%20natives,%20digital%20 immigrants%20-%20part1.pdf. Acesso em: 20 dez. 2012.

SERVIÇO BRASILEIRO DE APOIO ÀS MICRO E PEQUENAS EMPRESAS (SEBRAE). *Dicas para o uso de tecnologias nas escolas.* Disponível em: https://www.sebrae.com.br/sites/PortalSebrae/artigos/dicas-para-o-uso-de-tecnologias-nas-escolas,e86f3756a05717 10VgnVCM1000004c00210aRCRD. Acesso em: 31 mar. 2023.

SILVA, R. T. R. *Estudo sobre plataformas de ensino online*: contributo para o desenvolvimento de uma plataforma de vídeo learning. Dissertação (Mestrado em Sistemas de Informação), Escola de Engenharia da Universidad

CAPÍTULO 15

A transformação do trabalho na Indústria 4.0

Luis Antonio Mendes de Mesquita Araujo

Robson Elias Bueno

Márcia Terra da Silva

A 4ª Revolução Industrial chegou para facilitar e potencializar os processos de produção, modificando a maneira de trabalhar e de conviver. A era digital nos desafia a novas experiências com tecnologias desenvolvidas recentemente e que avançam a cada dia.

No mundo do trabalho, a expansão do uso da internet tem puxado transformações fundamentais em vários eixos de análise. Serão analisadas aqui duas questões que afetam a vida no trabalho:

- A operação de novas tecnologias demanda a re-capacitação do operador? Quais competências são necessárias?
- As novas tecnologias podem potencializar a capacidade dos operadores, ou substituir a pessoa pela tecnologia, fragmentar as tarefas e alienar o operador do processo e do resultado do trabalho. Como saber qual rumo a 4ª Revolução Industrial está tomando?

15.1 AS MUDANÇAS DA 4ª REVOLUÇÃO INDUSTRIAL

Voltemos um pouco. Na 1ª Revolução Industrial, houve a substituição do processo artesanal, no qual o conhecimento, os meios de produção e a execução estão nas mãos do artesão, pela produção industrial, na qual os meios de produção são do capitalista e o trabalhador perde o domínio do conhecimento especializado. Nesse período, as máquinas a vapor permitiram potencializar o trabalho humano.

Na 2ª Revolução Industrial foram introduzidas técnicas de administração que permitiram otimizar a produção com processos e gestão. O produto e o processo passam a ser definidos por técnicos especialistas, e o trabalhador executa tarefas sobre as quais tem pouco controle. A Terceira Revolução foi mais abrangente, modificando não só o cenário nas fábricas, mas também nos escritórios. A introdução de componentes eletrônicos e informatizados na fábrica alavancou a automação. Nos escritórios, grande quantidade de datilógrafas e auxiliares de escritório foram substituídos por um computador. Por outro lado, métodos mais flexíveis e eficientes de gestão passaram a ser executados, não somente porque a tecnologia permitia, mas as competências necessárias para o trabalho também se transformaram. Assim, por exemplo, a datilógrafa de um escritório precisou assimilar o conhecimento da computação para usar editores de texto e aumentou a sua capacidade de produção.

Em resumo, o número de funcionários na produção foi se reduzindo com a evolução da tecnologia e dos modelos de gestão. Por outro lado, funções novas apareceram para dar apoio às tecnologias nascentes, como técnicos de análise do trabalho para a produção em massa, programadores e analistas de sistemas para a operação de computadores, técnicos de manutenção para os equipamentos automatizados. Assim, o trabalho foi se modificando e a qualificação dos trabalhadores também. Quando da Primeira Revolução, qualquer pessoa poderia ser empregada no processo, mesmo sem capacitação. Na Segunda, a padronização do processo exigia treinamento mínimo, não se exigia muito mais que saber ler. A Terceira Revolução necessitou de pessoas com mais senso crítico, comprometidas com seu empregador, conhecimento técnico e capacidade de assimilar os avanços da tecnologia.

As revoluções industriais anteriores permitiram que as empresas aumentassem a produção e obtivessem ganhos com a economia de escala. Agora, na 4ª Revolução Industrial, não só é possível manter essa natureza massiva como também fabricar linhas de produtos customizados, conforme necessidades de nichos de mercado, equilibrando o custo, personalização e qualidade.

Ainda nesse cenário, a integração e automação digital dos processos de manufatura implicam também uma automação da comunicação e cooperação, não só dentro das organizações, mas também ao longo da cadeia de suprimentos ou com seus clientes. Portanto, os trabalhadores serão responsáveis por um escopo de processo mais amplo e precisarão ser capazes de entender as relações entre os processos, os fluxos de informação, possíveis interrupções, bem como soluções potenciais (EROL *et al.*, 2016).

Assim, o trabalho mudou com a evolução dos sistemas de produção e o perfil dos trabalhadores foi se alterando, passando do trabalho manual para o intelectual

(AIRES; KEMPNER-MOREIRA; FREIRE, 2017), o que obrigou as empresas a terem uma maior responsabilidade com a formação de seus trabalhadores. É nesse sentido que se torna relevante questionar o que se espera do profissional nesta 4ª Revolução Industrial.

15.1.1 A FÁBRICA INTELIGENTE

O princípio-chave da Indústria 4.0 é a "fábrica inteligente". Nesse formato, as unidades de produção, antes passivas, tornam-se ativas graças à combinação de componentes digitais de ponta e sensores: são os verdadeiros "olhos, ouvidos, mãos e pés" de ferramentas, máquinas e veículos integrantes das plantas fabris. O comando desse conjunto fica sob a responsabilidade de uma central equipada com diversos sistemas de tecnologias de comunicação e informação e, na execução, pessoas trabalham lado a lado com robôs de serviço.

Um de seus pilares é a Internet das Coisas, que se refere a uma expansão das redes de conexão para vários outros objetos além do computador e ressalta a interconectividade como principal característica da fábrica inteligente. Outras tecnologias da Indústria 4.0 são o *Big Data Analytics*, cibersegurança, computação na nuvem, integração de sistemas, manufatura aditiva, realidade aumentada, simulação e sistemas autônomos, para as quais os trabalhadores, se munidos de conhecimento, habilidades e atitudes, poderão laborar apropriadamente na revolução industrial em curso.

Nesse cenário, em que a interconexão e a inteligência são palavras-chave, o mercado passou a requerer profissionais com necessidade de aprendizado. A transformação contínua necessita de perfis de profissionais que tenham disposição para estar sempre em busca de atualização. O grau de formação exigida é cada vez mais elevado, mesmo para funções mais básicas. Em contrapartida, as possibilidades de aprendizado cresceram exponencialmente nos dias de hoje, devido principalmente à evolução da educação a distância (EaD).

15.2 A VISÃO CENTRADA NO FATOR HUMANO

Será que a 4ª Revolução Industrial e a Indústria 4.0 mudaram para sempre os empregos na manufatura como os conhecemos? Bem, é provável que os aprimoramentos humanos e a integração de sistemas ciberfísicos criarão locais de trabalho radicalmente diferentes. Também é plausível que a automação (WINROTH; SÄFSTEN; STAHRE, 2007) e a conectividade (BÄRRING *et al.*, 2018) reduzam a necessidade de muitas tarefas tradicionais, ao mesmo tempo que adicionam demandas de habilidades muito maiores em muitas outras tarefas.

A 4ª Revolução Industrial marca um salto na produção industrial, ligando pessoas, máquinas e produtos, formando juntos um novo sistema de produção, que permite uma troca de informações mais rápida e direcionada. Essa mudança se move em direção a um futuro em que as pessoas irão colaborar com robôs e serão sustentadas por tecnologias *web* e sistemas de assistência inteligente em suas atividades de trabalho (GORECKY *et al.*, 2014).

As tecnologias digitais e industriais avançadas podem também ajudar as pessoas a se capacitar para se incorporar à força de trabalho de manufatura moderna. Enquanto isso, os desenvolvimentos técnicos que usam a conectividade para permitir a interação entre componentes, máquinas e humanos tornarão os sistemas de produção industrial mais enxutos, integrados, ágeis, rastreáveis e adaptáveis (ROMERO *et al.*, 2016).

A "fábrica inteligente" não admite empresas esvaziadas de seres humanos. Na verdade, é um ambiente que exige um contingente de pessoas altamente qualificadas, necessitando de adequada conjugação dos intervenientes tecnológicos. Os profissionais devem ser dotados de conhecimentos transversais, preparados para trabalhos desenvolvidos num processo integrado e capazes de tomar decisões fundamentadas em tempo real, com rapidez e a partir da visão do todo. Para isso, necessitam de conhecimento das operações, da tecnologia e do mercado e são vistos como primordiais para assegurar a maturidade da Indústria 4.0 em suas reais necessidades.

Trata-se de uma forma de trabalho completamente diferente do convencional, que exige novos modelos de formação e de treinamento continuado, orientados para a aprendizagem ao longo da vida, sendo que as inovações digitais não dão sinais de estagnação, mas sim de inovações ainda por vir.

Serão exigidos a supervisão de processos transversais, a capacidade de trabalhar em equipes dinâmicas, o gerenciamento de consideráveis volumes de dados digitais, além da tomada de decisões ágeis e flexíveis, seja para resolver problemas, seja para implantar inovações na cadeia produtiva.

Romero *et al.* (2016), em analogia ao termo principal, apresenta o conceito de "Operário 4.0": um trabalhador inteligente e habilidoso que executa o trabalho auxiliado pelas máquinas e que pode até mesmo configurar-se em uma nova filosofia de engenharia de produção na qual a automação é vista como um aprimoramento das capacidades físicas, sensoriais e cognitivas do homem.

De acordo com Romero *et al.* (2016), a evolução da integração de operadores com as tecnologias da época sofre uma primeira ruptura com o uso de ferramentas computacionais, como o CAD (*computer aided design*, ou projeto auxiliado por computador) e CNC (*computer numerical control*, ou controle numérico computadorizado) (ver a Figura 15.1). É a passagem da geração do Operador 1.0 para o Operador 2.0:

- Operador 1.0: definido como o trabalhador que conduz manualmente e de forma habilidosa o trabalho, com o suporte de ferramentas mecânicas e ferramentas manuais.
- Operador 2.0: definido como o trabalhador que realiza "trabalho assistido", com o suporte de ferramentas de computador, da tecnologia de informação e comunicação para auxiliar na concepção, análise e fabrico da maioria dos produtos. Utiliza também sistemas de informação empresarial.

- Operador 3.0: definido como o trabalhador envolvido no "trabalho cooperativo" com robôs e outras máquinas e ferramentas de computador, também conhecidas como colaboração homem-robô.
- Operador 4.0: definido como o "operador do futuro", sendo inteligente e qualificado. Representa uma nova filosofia de design e engenharia para sistemas de produção adaptáveis, em que o foco é o conceito da automação como a possibilidade de potencializar aspectos físicos, sensoriais e capacidades cognitivas do ser humano. A Figura 15.1 demonstra essa evolução.

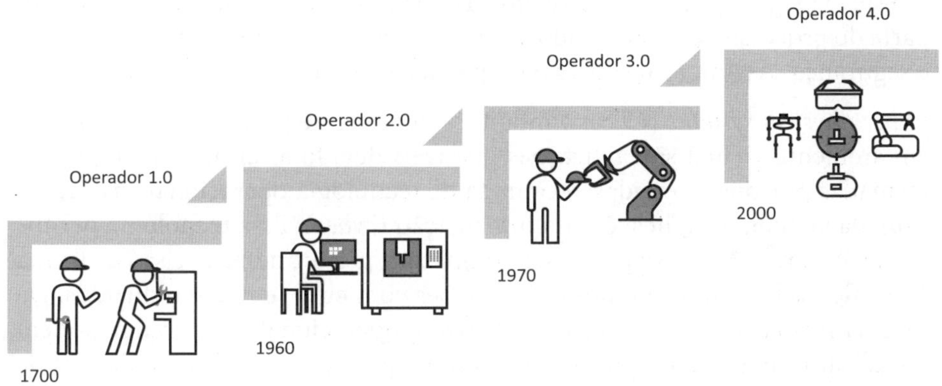

Figura 15.1 – Evolução do operador.

Fonte: adaptada de Romero *et al.* (2016).

15.2.1 COMPETÊNCIAS E TECNOLOGIAS 4.0

A tecnologias da Indústria 4.0 interagem entre si e toda a cadeia deve estar preparada para se integrar de maneira completa. E, para que haja a integração organizada entre os diversos setores produtivos e entre os diversos segmentos, há a necessidade da elaboração de modelos de referência de comunicação unificada e processos preparados para acompanhar todo o processo. A operação do sistema de produção engloba conceitos em várias áreas de conhecimento, como a automação industrial integrada e inteligente, cadeias produtivas e logística globalmente integradas, fornecimento de matéria-prima e energia, gestão de ativos e plantas industriais, combinando domínios que vão das mais variadas áreas da engenharia e da tecnologia da informação (CESÁRIO, 2017).

A seguir são elencadas algumas das principais tecnologias utilizadas pela fábrica inteligente, o aumento da capacidade do sistema de produção e do operador que ela possibilita e a respectiva necessidade da capacidade cognitiva ou habilidade e postura do operador ou profissional que a executa:

- *Análise crítica e conhecimento × Big Data Analytics*: a quantidade de dados gerados pelos clientes e usuários das empresas em si é uma grande riqueza para quem conseguir analisar criticamente e extrair conhecimento útil dessas informações, permitindo uma tomada de ação. Assim, torna-se relevante a capacidade de enxergar o que importa de fato, qual a tendência que está se desenhando, o que não foi dito explicitamente e que conclusão pode-se tirar dos acontecimentos.
- *Cyberseguranca*: a capacidade ou propriedade de um sistema de resistir a ataques externos, ataques estes com interesse de roubar dados ou causar danos a dados ou serviços de um sistema. Assim, no contexto das características pessoais, resiliência é a capacidade de "resistir à pressão sem entortar". A inovação exige capacidade de assumir riscos e lidar com fracassos, que fazem parte do processo de aprendizado. Não existe inovação numa zona de conforto e segurança. Assim, inovadores tem que necessariamente possuir resiliência.
- *Cyber physical systems (CPS)*: o monitoramento em tempo real e a simulação em ambiente virtual são aplicações possíveis devido às arquiteturas que são formadas por duas camadas: a camada de tecnologia operacional (física) e a camada virtual, de aplicações da informação (*cyber*). Essa tecnologia permitirá ao usuário o acesso a processos complexos, permitindo a decisão de forma ágil e flexível, além de ensaios e simulações com custo e riscos reduzidos. Da mesma forma que num centro de controle operacional, o operador poderá visualizar numa tela todo o sistema, mesmo que ele esteja afastado da área de produção. Por outro lado, a capacidade de entender os diagramas e relacionar com o que acontece no mundo físico não é automática, dependendo da preparação do operador para que ele tenha segurança das ações tomadas.
- *Cloud computing*: recursos computacionais (processamento, memória, armazenamento, *backup* etc.) de servidores compartilhados em vez de utilizar os recursos de hardware local. Em resumo, os dados e aplicações podem estar em qualquer lugar do mundo. Essa tecnologia também permite o trabalho colaborativo entre técnicos em diferentes partes do mundo, o que pede pessoas com mente globalizada, abertos às diferenças culturais, capazes de se adequar às diferentes culturas organizacionais, respeitando seus valores de origem. Também é necessária a capacidade de se comunicar e cooperar em times distribuídos pelo globo todo e estar inteirado com as notícias internacionais.
- *Internet of Things (Iot)*: Definida como a rede formada por sensores e atuadores que se comunicam entre si por meio da internet, devemos entender que atividades antes rotineiras e isoladas passam a englobar o controle de operações automatizadas e em equipes. Em vez de hierarquias e relações de trabalhos de longo prazo, cada vez mais existirá contratos por demanda, relações que duram o tempo de projeto. O trabalho em rede demanda, além da excelência técnica, capacidade de gestão de tempo, gestão financeira, marketing, em resumo, empreendedorismo. Competências essas que nem sempre são desenvolvidas nos cursos superiores.

- *Impressão 3D*: dois objetivos são alcançados: a fabricação customizada em escala (customização em massa) e a prototipagem rápida. A prototipagem rápida aumenta a velocidade da inovação, de tal forma que não dá tempo de haver maturidade; tudo está sempre em teste e se torna obsoleto antes de amadurecer. Nesse cenário, a prototipagem e as metodologias ágeis têm muito em comum e são fundamentais para o profissional do futuro.
- *Realidade aumentada e virtual*: pela perspectiva das competências, a questão é: somos realmente capazes de perceber a realidade como ela é? Na filosofia, na física e na neurociência, a resposta é muito clara: certamente não! Fisicamente nossos sentidos só percebem uma pequena parte das propriedades de um objeto ou acontecimento, e nosso cérebro, com bases nesses estímulos, tenta montar uma imagem minimamente coerente, aproveitando experiências e memórias. Mas a realidade aumentada e a realidade virtual introduzem a capacidade de olhar para um equipamento e "ver" sua produção na última hora ou a sua temperatura ou o seu manual.
- *Conhecimentos integrados para sistemas integrados*: a capacitação dos profissionais se dá muitas vezes por meio de ensino tradicional, baseado na divisão das disciplinas e do conhecimento, enquanto a demanda no mundo digitalizado é por um profissional capaz de construir conexões entre diferentes saberes. Mais do que aprofundar uma área de conhecimento, se pede que esse profissional seja capaz de integrar teoria e experiências diversas.

15.2.2 INTERAÇÃO HOMEM-MÁQUINA

O impacto provocado pela Indústria 4.0 no trabalho é a maior interação entre o homem e a máquina, trazendo, segundo o Boston Consulting Group (2015), significativas mudanças para a natureza do trabalho industrial e para a estrutura organizacional das firmas. Esse novo modelo de interatividade é viabilizado pelo surgimento dos *cyber physical systems*, os quais possibilitam a construção de uma nova forma de organização do trabalho caracterizada pela integração entre o homem, a máquina e a tecnologia.

Para Romero *et al.* (2016), as ferramentas e tecnologias que permitem ao homem "dialogar" com a máquina, principalmente pelo uso de dispositivos móveis como smartphones, tablets e *smartglasses*, possibilitam controles operacionais por meio de telas sensíveis ao toque, reconhecimento de voz e reconhecimento de gestos, tornando o trabalho mais intuitivo, imediato e eficiente.

O Boston Consulting Group (2015) lista alguns exemplos nos quais essa maior interação proporcionará benefícios ao trabalhador e à organização, destacando-se:

- Produção assistida por robôs: robôs flexíveis e humanóides podem ajudar a mitigar os efeitos físicos de tarefas repetitivas e desgastantes, proporcionando um trabalho ergonomicamente mais correto, além de ser útil em países com a força de trabalho mais idosa, permitindo assim que as pessoas nessas condições possam continuar trabalhando por mais tempo de forma segura e saudável.
- Manutenção preditiva: o trabalho dos técnicos de manutenção de máquinas será essencialmente preditivo e o serviço poderá ocorrer de forma remota. Essa produtividade reduzirá drasticamente o tempo de inatividade da máquina e o tempo levado pelo profissional em sua manutenção.
- Controle operacional: os avanços da Indústria 4.0 possibilitarão que um operador se responsabilize por várias máquinas.

Medidas de operação-padrão para qualquer tipo de tarefas e dados serão mostradas em tempo real em telas e óculos, permitindo que o monitoramento da qualidade da performance do produto e da máquina seja realizado por meio de consultas em um sistema automatizado. Exigir-se-á, assim, menos treinamento específico sobre o funcionamento das máquinas e mais na capacidade de utilizar dispositivos digitais e softwares para acessar um repositório de conhecimento virtual. A Figura 15.2 apresenta a interface homem-máquina.

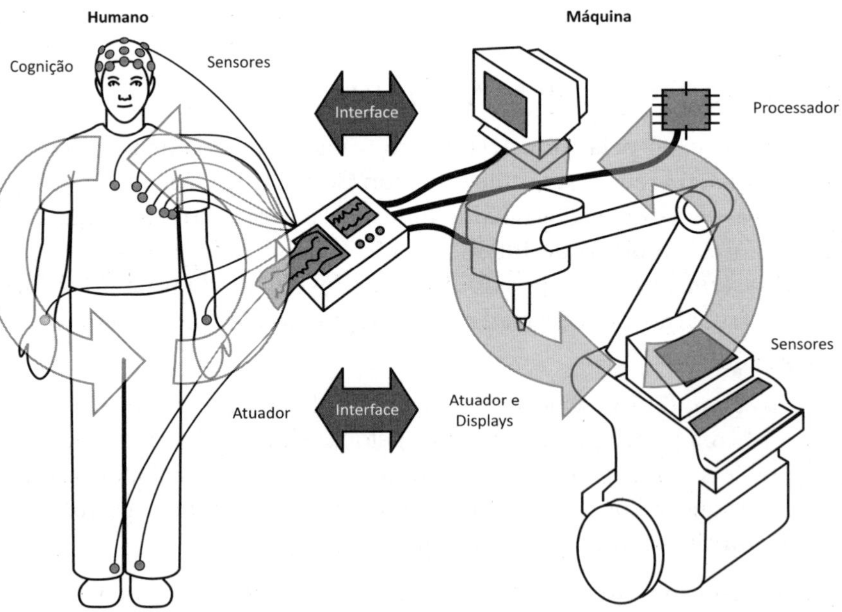

Figura 15.2 – Interface homem-máquina.

Fonte: adaptada de Micro/Nano Soft Biomechanics Laboratory (2018).

15.3 EMPREGO OU DESEMPREGO

Se, por um lado, as novas tecnologias e as empresas inovadoras oferecem novos produtos e serviços que poderiam melhorar a vida de muitos, por outro, essas mesmas tecnologias e sistemas que os suportam também poderiam criar impactos indesejáveis, desde o desemprego generalizado e a maior disparidade de desigualdade, tópicos discutidos anteriormente, até os perigos de sistemas automatizados de armas e novos ciber-riscos (SCHWAB, 2016, p. 69).

Os novos ambientes de trabalho, como a "fábrica ciberfísica", afetarão diretamente o operador e a natureza do seu trabalho, criando novas interações não apenas entre humanos e máquinas, mas também com as novas formas de organização do trabalho.

O impacto nos postos de trabalho é o mais polêmico efeito da Indústria 4.0. Os debates têm sido polarizados por aqueles que acreditam em oportunidades ilimitadas de novos empregos e aqueles que preveem maciça substituição da mão de obra e o desaparecimento de postos de trabalho (WORLD ECONOMIC FORUM, 2017).

Não é exagero, portanto, falar que a Indústria 4.0 pode ser a grande responsável por prover o fenômeno do desemprego tecnológico, que é aquele causado pelo uso intenso de tecnologias tornando obsoleto o trabalho humano. Tal evento é, sem dúvida, um problema iminente que criará maiores desigualdades e um abismo entre o retorno ao trabalho e o retorno ao capital (PETERS, 2016; SALENTO, 2017).

Essa questão pode ser compreendida a partir da pesquisa realizada pelo Boston Consulting Group (2015), na qual é possível identificar algumas transformações geradas pela tecnologia no ambiente de produção e como elas afetarão a redução e a criação de empregos em determinadas áreas de atuação. O Quadro 15.1 exemplifica as transformações do mercado de trabalho.

Quadro 15.1 – Transformações do emprego

Transformação 4.0	Redução de Empregos	Criação de Empregos
Utilização do *Big Data* no controle de qualidade	Especialistas em controle de qualidade	Analistas de dados industriais
Utilização de robôs, veículos autônomos e impressoras 3D nas linhas de produção	Operadores de produção, montagem e embalagem; pessoal da logística	Coordenadores de robôs; engenheiros e especialistas em pesquisa e desenvolvimento
Redes de suprimentos e linhas de produção autônomas e inteligentes	Especialistas em planejamento de produção	Especialistas em modelagem e interpretação de dados
Manutenção preditiva automatizada	Técnicos de manutenção tradicionais	Analistas de dados, sistemas e tecnologia da informação

Fonte: adaptado de Boston Consulting Group (2015).

A carência do desenvolvimento de competências e habilidades é um seguimento lógico da geração de empregos que exigem uma maior qualificação. Apropriando-se do termo utilizado por Edwards e Ramirez (2016), trata-se de uma "reciclagem" do trabalhador, na qual, de forma semelhante às três primeiras revoluções industriais, esta quarta exige ajustamento às novas tecnologias e às mudanças organizacionais que elas provocam, com vistas a manter as condições de empregabilidade.

15.3.1 CAPACIDADE COGNITIVA

O trabalhador ressurge como a personagem fundamental no cenário da Indústria 4.0, mesmo com o risco gerado pela automatização das máquinas. O novo perfil exigirá capacidades cognitivas que vão englobar capacidades técnicas e humanas. Ele terá que processar informações, recorrendo a recursos tecnológicos, a fim de aplicar o conhecimento resultante desse processo na sua rotina de trabalho. De acordo com Sales e Burnham (2015), a cognição é a capacidade humana de construção ativa do conhecimento que acontece no processo de interação com o outro, considerando o meio, a história, a cultura, as relações, a percepção, os sentimentos e as emoções, em que os símbolos construídos culturalmente, em especial a linguagem, atuam como mediadores do próprio processo de construção do conhecimento e da capacidade de pensar própria do ser humano.

Segundo Gatti (2005), as habilidades cognitivas são capacidades que tornam o indivíduo competente e lhe possibilitam interagir simbolicamente com seu meio ambiente. Essas habilidades formam a estrutura fundamental do ser humano, permitindo discriminar entre objetos, fatos ou estímulos, identificar e classificar conceitos, identificar e construir problemas, aplicar regras e resolver problemas.

Medeiros, Aranha e Nunes (2017) citam três grupos de competências cognitivas:

- Processos cognitivos e estratégias, tendo como principais aspectos: pensamento crítico, resolução de problemas, análise, raciocínio/argumentação, interpretação, tomada de decisão e aprendizagem.
- Conhecimento, tendo como principais aspectos: alfabetização em informação (investigação usando evidências e reconhecendo fontes confiáveis), alfabetização em tecnologia da informação e das comunicações, comunicação oral e escrita e escuta ativa.
- Criatividade e inovação.

De acordo com Romero *et al.* (2016) a capacidade cognitiva é a capacidade do operador de realizar tarefas (por exemplo, percepção, memória, raciocínio, decisão, resposta motora etc.) necessárias para o trabalho e sob certas configurações operacionais.

Como as fábricas da Indústria 4.0 serão ambientes de trabalho cada vez mais dinâmicos devido ao aumento da necessidade de flexibilidade e adaptabilidade dos sistemas de produção, haverá uma exigência cognitiva para que o operador consiga executar essas tarefas mentais, como aquelas fornecidas por tecnologias de realidade aumentada (AR) ou interfaces homem-máquina (HMI).

Assim, a capacidade cognitiva é o mecanismo que o trabalhador utiliza para entender, assimilar, relacionar e ligar-se com o exterior e o seu interior, desenvolvendo a habilidade mental para adquirir conhecimentos, ideias, experiências e interpretá-los. Desenvolver competências cognitivas na Indústria 4.0 é fundamental para o processo de formação de conhecimento e capacitação para o cumprimento de tarefas. O desenvolvimento de habilidades cognitivas tem como base os processos de aprendizagem, os quais se evidenciam por mudanças relativamente permanentes nos conhecimentos ou comportamentos e ações das pessoas, mudanças estas devido à experiência, ou seja, às relações sociais e objetais que os indivíduos experimentam na sua história de vida (MEDEIROS; ARANHA; NUNES, 2017).

O processo de aprendizagem, segundo Schuh *et al.* (2015), é influenciado por três fatores: características do produto com o qual se trabalha, conhecimento sobre o processo industrial e aptidões pessoais para adquirir informação, sendo esse o primeiro nível de influência. Os aspectos técnicos e organizacionais, como a disposição de ferramentas, o idioma dos manuais, a quantidade de peças de um produto e a sua complexidade, são capazes de interferir nos elementos do primeiro nível de forma a facilitar ou a dificultar a aprendizagem.

Complementando com um estudo realizado pela revista *Exame* (COMO..., 2016), foram descritas algumas competências gerais que englobam o desenvolvimento da capacidade cognitiva e são importantes tendo em vista o que já foi abordado do cenário e exigências da Indústria 4.0:

- Visão técnica: formação acadêmica em áreas como a engenharia informática ou automação, entender as tecnologias utilizadas na indústria e a Internet das Coisas será um diferencial.
- Multidisciplinaridade: ter um conhecimento mais diversificado e ser especializado em diversas áreas será um diferencial. É preciso entender sobre várias áreas para dominar o processo industrial;
- Colaboração: capacidade de comunicar e de ter um bom relacionamento profissional com os outros trabalhadores, ajudando-os na resolução de problemas ou a atingirem um objetivo. Está relacionada com a contribuição de ideias e conteúdos e a partilha de conhecimentos.
- Idioma: é essencial para a comunicação com outros países no sentido de troca de informações, realizações de treinos externos e participação em cursos de atualização.

- Espírito crítico: está relacionado com a capacidade analítica de interligar dados e tomar decisões a partir de informações extraídas de máquinas e aplicativos em tempo real.
- Flexibilidade: capacidade de adaptação a mudanças, a novas funções e a inovações.

15.3.2 A ESTRUTURA ORGANIZACIONAL DA CORPORAÇÃO

É importante ressaltar que as mudanças no perfil do trabalhador estão relacionadas com a forma organizacional da empresa e não só com a tecnologia adotada. A necessidade de alinhamento entre estratégia, cultura organizacional, estrutura, pessoas, tarefas e tecnologia é uma questão clássica, tendo sido defendida por vários autores (MINTZBERG; QUINN, 1998). Assim, a transformação digital do sistema de produção faz parte de uma transformação organizacional da empresa como um todo, isto é, faz parte da estratégia e possibilita a entrada em outros mercados, demanda profissionais capacitados para operar a nova tecnologia e muda as tarefas de produção.

Empresas que se destacam por terem avançado na implantação dessas tecnologias têm a estratégia voltada para a inovação e procuram integrar a estratégia digital à estratégia corporativa. A estrutura é ágil: as pessoas e as funções se organizam por projetos, de maneira que a comunicação flui sem barreiras e as decisões são tomadas em várias partes da organização e implantadas rapidamente, sendo importante que as pessoas trabalhem bem em equipes multifuncionais. Além disso, é central na sua cultura a capacidade de aceitar a mudança e de tolerar os erros.

Para manter-se à frente na Transformação Digital, essas empresas assumem riscos. Por isso, elas contam com a criatividade, capacidade de aprendizagem e comportamento colaborativo de sua força de trabalho para gerar soluções e implantá-las rapidamente (KIRON *et al.*, 2016). Assim, apesar da importância atribuída à gestão da tecnologia para a empresa digital, a gestão de pessoas aparece fortalecida principalmente quanto à captação de talentos, ao incentivo ao desenvolvimento constante de suas habilidades e ao cultivo de cultura coerente com essa escolha estratégica.

15.4 CONSIDERAÇÕES FINAIS

É provável que as tecnologias da 4ª Revolução Industrial sofram do paradoxo clássico ou ironia da automação, como sugerido por Bainbridge (1983): "quanto mais você automatiza, mais você tem que confiar nos humanos para resolver problemas imprevistos e anomalias que ocorrem em qualquer sistema complexo". O desafio da gestão do profissional 4.0 é a tentativa de capacitar a futura força de trabalho a lidar com a complexidade, complementando e aprimorando, em vez de substituir as capacidades e habilidades humanas.

Os novos avanços tecnológicos da Indústria 4.0 influenciarão os setores industriais a acompanharem e a investirem em mudanças referentes às competências cognitivas do trabalhador e à organização dos postos de trabalho. Essa transformação exige uma compreensão teórica e prática por parte de todos os envolvidos no ambiente organizacional.

O desenvolvimento da ligação do homem à automação nos sistemas de trabalho oferecerá vantagens para a sustentabilidade social da força de trabalho na Indústria 4.0, em termos de melhoria da excelência operacional, segurança e saúde, satisfação, motivação, inclusão e aprendizagem contínua.

O profissional do futuro será aquele que estiver apto para as mudanças, sendo flexível e com alto poder de adaptação às novas exigências tecnológicas impulsionadas pela Indústria 4.0. Novas competências serão incorporadas a esse perfil, buscando o aprendizado contínuo desse profissional.

Nesse sentido, a formação tradicional dos profissionais pode ser um grande diferencial dos currículos, bem como o processo de continuidade de suas qualificações. Aliada às escolas tradicionais, emerge uma série de novas formas de capacitação baseadas na internet e em experiências de trabalho, também vistas como formas interessantes de prover uma capacitação para o ambiente inovador das fábricas inteligentes. Em um ambiente em que a capacidade técnica dá lugar à atitude, as pessoas precisam cada vez mais se dedicar ao conhecimento, por meio de um planejamento adequado, com metas bem sustentadas, eliminando o preceito de que o trabalho é um sacrifício. Perseguir os sonhos, acreditando sempre, é fundamental para a formação e o desenvolvimento não só profissional, mas também humano.

Assim, conclui-se que a Indústria 4.0 se pode traduzir numa oportunidade significativa para que os meios de aprendizagem sejam repensados e alinhados com o novo perfil requerido, sendo bem mais do que apenas tecnologia, mas também um modelo organizacional que deverá valorizar o desenvolvimento dos recursos humanos. Perante um cenário em constante evolução, será necessário estar em constante atualização teórica e treinamento, sendo imprescindível estar preparado para gerenciar todas as ferramentas tecnológicas citadas ao longo deste trabalho.

REFERÊNCIAS

AIRES, R. W. A.; KEMPNER-MOREIRA, F. K.; FREIRE, P. S. Indústria 4.0: competências requeridas aos profissionais da quarta revolução industrial. *In*: CONGRESSO INTERNACIONAL DE CONHECIMENTO E INOVAÇÃO (CIKI). *Anais*... Foz do Iguaçu: UFSC, 2017.

BAINBRIDGE, L. Ironies of automation. *In*: Analysis, design and evaluation of man-machine systems (p. 129-135). Pergamon, 1983.

BÄRRING, M. *et al.* 5G enabled manufacturing evaluation for data-driven decision--making. *In*: 51st CIRP CONFERENCE ON MANUFACTURING SYSTEM. *Procedia CIRP*, v. 72, p. 266-271, 2018.

BOSTON CONSULTING GROUP. Man and machine in Industry 4.0: how will technology transform the industrial workforce through 2025? *BCG Perspectives*, 2015. Disponível em: https://www.bcgperspectives.com/content/articles/technology-business-transformation engineered-products-infrastructure-man-machine-industry-4/. Acesso em: 15 maio 2020.

CESÁRIO, J. M. *Indústria 4.0*. TLC Brazil: Tecnology Leadership Council Brazil. [*S. l.*], mar. 2017. Disponível em: https://www.ibm.com/developerworks/community/blogs/tlcbr/entry/mp283?lang=e. Acesso em: 15 maio 2020.

EDWARDS, P.; RAMIREZ, P. When should workers embrace or resist new technology? *New Technology, Work and Employment*, v. 31, n. 2, p. 99-113, 2016. DOI: https://dx.doi.org/10.1111/ntwe.12067. Disponível em: https://onlinelibrary.wiley.com/doi/10.1111/ntwe.12067. Acesso em: 1 abr. 2023.

EROL, S. *et al.* Wilfried Sihn Tangible Industry 4.0: a scenario-based approach to learning for the future of production. *In*: *6th CIRP Conference on Learning Factories*. [*S. l.*]: Elsevier, 2016.

GATTI, B. Habilidades cognitivas y competencias sociales. *Enunciación*, v. 10, p. 123-132, 2005.

GORECKY, D. *et al.* Human-machine interaction in the era of industry 4.0. *In*: 2014 12TH IEEE INTERNATIONAL CONFERENCE ON INDUSTRIAL INFORMATICS (INDIN). *Proceedings*... [*S. l.*]: IEEE, 2014. p. 289-294.

KIRON, D. *et al. Aligning the organization for its digital future*. MIT Sloan Management Review, v. 58, n. 1, 2016.

MEDEIROS, H. B.; ARANHA, E. H. S.; NUNES, I. D. Avaliação de habilidades e competências baseada em evidências e jogos digitais. *In*: VI CONGRESSO BRASILEIRO DE INFORMÁTICA NA EDUCAÇÃO (CBIE 2017). VI JORNADA DE ATUALIZAÇÃO EM INFORMÁTICA NA EDUCAÇÃO (JAIE 2017). [*S. l.*], 2017. Disponível em: http://www.br-ie.org/pub/index.php/pie/article/view/7212/5012. Acesso em: 10 maio 2020.

MICRO/NANO SOFT BIOMECHANICS LABORATORY. *Human-machine interface*. [*S. l.*], 2018. Disponível em: https://sites.google.com/site/yoonresearchgroup/research/human-machine-interface-hmi. Acesso em: 20 jul. 2020.

MINTZBERG, H.; QUINN, J. B. *O processo da estratégia*. Porto Alegre: Bookman, 2001.

PETERS, M. A. *Technological unemployment: educating for the fourth industrial revolution. Educational Philosophy and Theory*, v. 49, n. 1, 2016. DOI: https://dx.doi.org/10.1080/00131857.2016.1177412. Disponível em: https://www.tandfonline.com/doi/full/10.1080/00131857.2016.1177412. Acesso em: 1 abr. 2023.

COMO será o profissional da indústria 4.0? *Revista Exame*, São Paulo, 2016. Disponível em: https://exame.abril.com.br/tecnologia/como-sera-oprofissional-da-industria-4-0/. Acesso em: 6 jun. 2020.

ROMERO, D. *et al.* Towards a human-centered reference architecture for state-of--the-art balanced automation systems: human-automation symbiosis. *In*: UMEDA, S. *et al. Innovative production management for sustainable growth, service, manufacturing and resilient value chain.* [*S. l.*]: International Federation for Information Processing (IFIP)/Springer, 2015. AICT 460, Part II, p. 556-566.

ROMERO, D. *et al.* The Operator 4.0: human cyber-physical systems & adaptive automation towards human-automation symbiosis work systems. *IFIP Advances in Information and Communication Technology*, 2016.

SALENTO, A. Digitalisation and the regulation of work: theoretical issues and normative challenges. *AI & Society*, p. 1-10, 2017. DOI: https://dx.doi.org/10.1007/s00146-017-0738-z. Disponível em: https://link.springer.com/article/10.1007/s00146-017-0738-z. Acesso em: 1 abr. 2023.

SALES, M. V. S.; BURNHAM, T. F. Cognição e formação: uma reflexão complexa. *International Journal of Knowledge Engineering and Management*, v. 3, p. 65-86, 2015.

SCHUH, G. *et al.* Promoting work-based learning through Industry 4.0. *In*: THE 5TH CONFERENCE ON LEARNING FACTORIES. *Procedia CIRP*, Aachen, v. 32, p. 82-87, 2015.

SCHWAB, K. *The fourth industrial revolution*. São Paulo: Edipro, 2016.

WASCHULL, S. *et al.* Work design in future industrial production: Transforming towards cyber-physical systems. Computers and Industrial Engineering, v. 139, Jan. 2020. DOI: https://dx.doi.org/10.1016/j.cie.2019.01.053. Disponível em: https://www.sciencedirect.com/science/article/abs/pii/S0360835219300683?via%3Dihub. Acesso em: 1 abr. 2023.

WINROTH, M.; SÄFSTEN, K.; STAHRE, J. Automation strategies: existing theory or ad hoc decisions? *International Journal of Manufacturing Technology and Management*, v. 11, n. 1, p. 98-114, 2007.

WORLD ECONOMIC FORUM. *Realizing human potential in the fourth industrial revolution*: an agenda for leaders to shape the future of education, gender and work. White Paper. Genebra, 2017. Disponível em: https://www.weforum.org/whitepapers/realizing-human-potential-inthe-fourth-industrial-revolution/. Acesso em: 17 abr. 2020.

CAPÍTULO 16
Cidades inteligentes

Helton Almeida dos Santos
Jair Gustavo de Mello Torres
Pedro Luiz de Oliveira Costa Neto
Silvia Helena Bonilla

16.1 INTRODUÇÃO

Cidades inteligentes representam um modelo conceitual de desenvolvimento urbano com base na utilização de capital humano, coletivo e tecnológico para o desenvolvimento de aglomerações urbanas (ANGELIDOU, 2015).

Apesar do seu recente aumento de popularidade, as cidades inteligentes (*smart cities*) não são uma ideia nova. A história recente das cidades inteligentes é dividida em duas grandes partes: "futuros urbanos" e a "economia do conhecimento e da inovação". No segmento de "futuros urbanos", a tecnologia sempre desempenhou um papel importante em visões prospectivas sobre a cidade do futuro. Já na vertente da "economia do conhecimento e da inovação", os recentes avanços tecnológicos introduziram um novo nível de capacidade de gestão do conhecimento e inovação no contexto urbano (ANGELIDOU, 2015).

As primeiras ideias coerentes sobre o futuro da sociedade, economia e assentamentos urbanos sob o efeito do avanço da tecnologia surgiram na década de 1850. A mais conhecida é a visão de uma cidade saudável e funcional, como resposta às insalubres cidades da 1ª Revolução Industrial, ilustrada por Ebenezer Howard em seu livro *As cidades-jardim do amanhã* (*Garden cities of to-morrow*) de 1898. Esse trabalho foi o primeiro a apresentar a concepção de uma cidade ideal na era industrial. As ideias de Howard procuraram equilibrar as necessidades individuais e da comunidade no contexto de um sistema econômico capitalista e de práticas de planejamento (ANGELIDOU, 2015).

O segmento da economia do conhecimento é o que, ao longo da primeira metade do século XX, gradualmente substituiu a economia pós-industrial, sendo o século XXI chamado de "século do conhecimento" e de "século do aprendizado". A Segunda Guerra Mundial foi a primeira ocasião na história que resultou no desenvolvimento de cidades focadas no uso da tecnologia como facilitador do conhecimento e da inovação. Essas cidades abrigavam pesquisas científicas e técnicas em um local isolado, com a missão de realizar pesquisa e desenvolvimento relacionados à guerra (ANGELIDOU, 2015; TOWNSEND; PANG; WEDDLE, 2009).

Bletchley Park, em 1939, no Reino Unido, foi, segundo Komninos (2011), a primeira cidade inteligente a ser implementada com o objetivo de se beneficiar do fluxo de conhecimento e informação no contexto de proximidade espacial. Essa "cidade científica" acumulou pesquisadores de criptografia contratados para decifrar os códigos alemães, sendo que, no pico dos trabalhos, 12 mil pessoas viviam e trabalhavam no Bletchley Park. Aqui, pela primeira vez, a inteligência individual, coletiva e de máquinas foi combinada em nível comunitário, proporcionando um acordo físico com maior capacidade de solução de problemas, respostas mais rápidas, procedimentos de melhor qualidade e custos operacionais mais baixos (ANGELIDOU, 2015).

Nos anos seguintes, surgiram assentamentos que acumularam grandes empresas manufatureiras, muitas vezes incluindo atividades de pesquisa e desenvolvimento entre suas operações. O Vale do Silício, na década de 1950, florescendo na Universidade de Stanford e em suas empresas recém-formadas, é provavelmente o exemplo mais conhecido desse tipo (ANGELIDOU, 2015).

O filósofo grego Aristóteles (384-322 a.C.) estava ciente da função da cidade muito além de apenas fornecer condições ideais para promover o desenvolvimento e criar prosperidade. Segundo ele, o objetivo da cidade certamente abrange a existência física e a sobrevivência, mas também é mais do que isso; a melhor cidade é aquela que é feliz e age com perfeição. Aristóteles entendeu a cidade principalmente como uma sociedade, e a felicidade como um bem coletivo que deveria permeá-la. Portanto, se a cidade inteligente pretende ser vista como um modelo de excelência, o termo não deixa dúvidas de que a promoção do bem-estar e a felicidade de seus moradores é um princípio norteador e um de seus principais desafios (LARA; COSTA; FURLANI, 2016).

As cidades devem ser flexíveis e responder aos desejos e necessidades de seus cidadãos. As aldeias europeias na época medieval tendiam a ser pequenas, com cerca de uma milha de raio. Dentro dessa área geográfica, as pessoas viviam, trabalhavam, brincavam e rezavam. Uma das limitações práticas para o crescimento era a água: aldeias não próximas a rios normalmente tinham um poço de água limpa na praça principal (COSTA; OLIVEIRA, 2017).

Séculos mais tarde, em meados do século XIX, o imperador francês Napoleão III contratou o então prefeito de Bordeaux, Georges-Eugène Haussmann, para redesenhar Paris em 1860 como uma coleção de quatro distritos de cerca de uma milha de raio cada. Em cada um desses distritos, as pessoas podiam (e ainda podem agora) viver, trabalhar e brincar. A principal mudança foi provocada pela chegada do carro no século XX. As cidades foram segregadas espacialmente em áreas residenciais, comerciais e de entretenimento, enquanto as pessoas transitavam entre elas em carros. O resultado final é o que vemos hoje: engarrafamentos, poluição, acidentes e problemas urbanos (COSTA; OLIVEIRA, 2017).

Atualmente, a cidade de Paris está mais uma vez à frente no planejamento urbano do século XXI, graças ao projeto A Cidade dos 15 Minutos, conceito lançado pelo cientista franco-colombiano Carlos Moreno e posto em prática pela prefeita Anne Hidalgo. A ideia é que cada cidadão tenha todos os serviços básicos (alimentação, lazer, cultura etc.) a apenas quinze minutos de sua casa, evitando deslocamentos aos centros urbanos para evitar lotação nos horários de pico.

Segundo a Organização das Nações Unidas (ONU), em 2018, 55,3% da população mundial vivia em assentamentos urbanos. Até 2030, as áreas urbanas são projetadas para abrigar 60% das pessoas no mundo e uma em cada três pessoas viverá em cidades com pelo menos meio milhão de habitantes. Compreender as principais tendências na urbanização que deverão se desenvolver nos próximos anos é crucial para a implementação da Agenda 2030 da ONU para o Desenvolvimento Sustentável (UNITED NATIONS, 2019).

A Agenda 2030 da ONU apresenta um novo cenário em que a sustentabilidade está no centro da estratégia de desenvolvimento global. Na agenda foi detalhado o Objetivo de Desenvolvimento Sustentável 11, "Tornar as cidades e os assentamentos humanos inclusivos, seguros, resilientes e sustentáveis", estabelecendo dez metas e quatorze indicadores. Mas, em todas essas instruções para as cidades, em nenhum momento mencionou-se que se deveria ter cidades inteligentes, apesar do uso crescente do termo (ALLAM; NEWMAN, 2018; CEGARRA-NAVARRO *et al.*, 2018).

Aparentemente, a razão dessa omissão é que as cidades inteligentes são vistas como sendo essencialmente uma guerra de mercado entre diferentes empresas multinacionais no espaço de informação, comunicação e tecnologia (TIC). A solução, conforme definida na Agenda 2030, é que as cidades adotem as metas e indicadores dos ODS e determinem como integrar as oportunidades tecnológicas que estão surgindo, como a cidade inteligente. A tecnologia inerente às cidades inteligentes promete eficiências e opções que podem permitir que as cidades sejam mais "inclusivas, seguras, resilientes e sustentáveis", conforme exigido pela agenda da ONU, incluindo o patrimônio cultural (ALLAM; NEWMAN, 2018).

Em 2016, uma iniciativa chamada *Society 5.0* foi proposta pelo governo japonês em seu 5º Plano Básico de Ciência e Tecnologia, com uma visão para a criação de uma "supersociedade inteligente". A iniciativa *Society 5.0* procura criar uma sociedade sustentável para a segurança e o bem-estar humano por meio de um sistema ciberfísico. Ela está bem alinhada para cumprir de maneira proativa os ODS das Nações Unidas para acabar com a pobreza, proteger o planeta e garantir prosperidade para todos por meio da criação da *Society 5.0* (SHIROISHI; UCHIYAMA; SUZUKI, 2018).

As soluções "empurradas" da tecnologia falharam em envolver os cidadãos e as autoridades públicas que não se apropriaram dos serviços "inteligentes". Os desafios urbanos são maiores e exigem uma transformação mais radical. Com isso, surgiu a segunda geração de cidades inteligentes, que considera o elemento humano como a dimensão mais importante em sua formação, as cidades humanas e inteligentes. As cidades são humanas e inteligentes quando toda a comunidade participa da transformação urbana em um ecossistema de inovação por meio da interação, colaboração e *co*design.

16.2 DEFINIÇÕES DE CIDADES INTELIGENTES E CIDADES SUSTENTÁVEIS

Em 2005, o cofundador do MIT Media Lab, Nicholas Negroponte, anunciou um projeto ambicioso, o One Laptop per Child, com o objetivo ousado de implantar milhões de *laptops* para crianças nos países em desenvolvimento por menos de US$ 100 por unidade. Em 2012, o grupo havia enviado cerca de 2,5 milhões de computadores para mais de quarenta países (AMESAR, 2021). No mesmo período, a Nokia e seus concorrentes venderam mais de 2,5 bilhões de telefones celulares, quase dobrando o número de assinantes em todo o mundo, de pouco mais de 3 bilhões em 2006 para 5,9 bilhões em 2011 (ICT, 2011).

A economista-chefe do The World Bank, Christine Zhen-Wei Qiang, argumenta que os telefones celulares fizeram uma diferença maior e mais rapidamente na vida de mais pessoas do que qualquer tecnologia anterior (QIANG, 2009). Tornaram-se ferramentas indispensáveis para o trabalho, educação e saúde.

Atualmente, as cidades do mundo todo estão empregando tecnologia para enfrentar os desafios atemporais do governo e os problemas crescentes colocados por assentamentos humanos de tamanho e complexidade anteriormente inimagináveis. Em Chicago, os sensores de GPS em limpa-neves alimentam um mapa em tempo real de "rastreador", que todos podem acessar. Em Zaragoza, Espanha, um "cartão de cidadão" pode levá-lo à rede wi-fi gratuita em toda a cidade, desbloquear um compartilhamento de bicicleta, conferir um livro da biblioteca e pagar sua viagem de ônibus para casa. Em Nova York, um grupo guerrilheiro de cidadãos-cientistas instalou sensores em esgotos locais para alertar quando o escoamento de águas pluviais sobrecarregar o sistema, despejando resíduos nos cursos de água locais (TOWNSEND, 2014).

Enquanto barões da tecnologia, empreendedores, prefeitos e uma vanguarda emergente de *hackers* cívicos tentam moldar essa nova fronteira, as *smart cities* consideram as motivações, aspirações e deficiências de todos, oferecendo um novo ambiente cívico para guiar nossos esforços à medida que construímos o futuro juntos, um clique de cada vez (TOWNSEND, 2014). Nesse cenário, o conceito de cidade inteligente é um dispositivo estratégico para abranger modernos fatores de produção urbana (CARAGLIU; DEL BO; NIJKAMP, 2011)

O apelo da chamada cidade inteligente tem sido utilizado em estratégias de desenvolvimento urbano e relaciona a utilização de tecnologia para minimizar os desafios causados pelo aumento da urbanização (SUTRIADI, 2018). A União Europeia define *smart city* como um lugar onde as redes e serviços tradicionais se tornam mais eficientes com o uso de tecnologias digitais e de telecomunicações para o benefício de seus habitantes e negócios (COMISSÃO EUROPEIA, 2014). De acordo com o *Cities in Motion Index*, do IESE Business School, na Espanha, o nível de inteligência de uma cidade é indicado por dez dimensões, de acordo com o fluxo de interação, para dar uma resposta às necessidades sociais e econômica da sociedade, que são: *economia, capital humano, tecnologia, meio ambiente, alcance internacional, coesão social, mobilidade e transporte, governança, planejamento urbano e gestão pública* (IESE, 2017).

A definição de cidades inteligentes segue vários caminhos. Alguns artigos, por exemplo, o "ICT and sustainability in smart cities management" (BIFULCO *et al.*, 2016), com mais de oitenta citações, indicado na base de pesquisa Scopus, no ano de 2020, publicado no *International Journal of Public Sector Management* em 2016, tem o objetivo de contribuir com a literatura sobre cidades inteligentes, destacando uma visão além da tecnológica que enquadra as tecnologias da informação e comunicação (TIC) e a sustentabilidade como elementos gerais.

Os resultados, em uma perspectiva prática, indicam que os gestores das cidades podem optar por aproveitar as TIC para melhorar os serviços e, consequentemente, a qualidade de vida, levando a objetivos de sustentabilidade. Devem ser levadas em consideração no planejamento de intervenções devido às características decorrentes de cada local (BIFULCO *et al.*, 2016).

O artigo "The IoT for smart sustainable cities of the future: an analytical framework for sensor-based big data applications for environmental sustainability" (BIBRI, 2018), também com mais de oitenta citações em 2020, teve como objetivo revisar e sintetizar a literatura relevante para identificar e discutir aplicativos de *Big Data* baseados em sensores de última geração, habilitados pela IoT para sustentabilidade ambiental e plataformas de processamento de dados relacionadas e modelos de computação no contexto de cidades sustentáveis e inteligentes do futuro.

As conclusões nos direcionam ao fato de que o potencial inexplorado da IoT e da análise de *Big Data* relacionada é evidente e precisa ser explorado e desbloqueado para atingir o nível exigido de sustentabilidade ambiental no contexto das cidades inteligentes e sustentáveis do futuro.

Esse recurso tecnológico de aplicativos de *Big Data* baseados em sensores de última geração habilitados pela IoT aumentará os efeitos dos conceitos de cidades inteligentes e sustentáveis do futuro que devam combinar recursos de design urbano e aplicativos da Internet das Coisas para melhorar sua contribuição para as metas de desenvolvimento ambientalmente sustentável. A ideia de cidades inteligentes e sustentáveis é alavancar a IoT e a analítica de *Big Data* relacionada a outras tecnologias, na transição necessária para o desenvolvimento ambientalmente sustentável, mesclando as paisagens urbanas de formação e físicas de maneira a sustentar sua contribuição para a sustentabilidade ambiental (BIBRI, 2018).

O artigo "Does smart city policy lead to sustainability of cities?" (YIGITCANLAR; KAMRUZZAMAN, 2018), com mais de cinquenta citações em 2020, publicado no *Land Use Policy*, utiliza como base o conhecimento dos autores de cidades inteligentes do Reino Unido, avaliando uma relação causal entre a inteligência da cidade e a sustentabilidade.

As descobertas reveladas nesse estudo sugerem que, nas cidades investigadas no contexto do Reino Unido, não há fortes evidências: a) de uma correlação positiva entre adoção de tecnologia e resultados sustentáveis; b) de que o impacto da inteligência das cidades nas emissões de CO2 muda ao longo do tempo. Em outras palavras, apesar de sua promessa, até agora, as práticas de cidades inteligentes nas cidades do Reino Unido falharam em dar uma contribuição considerável à agenda de sustentabilidade além da retórica (YIGITCANLAR; KAMRUZZAMAN, 2018).

Komninos (2016) destaca que nas cidades inteligentes há necessidade de estratégia e liderança, políticas e planos estratégicos que integrem iniciativas de baixo para cima no nível da empresa ou organização com projetos planejados por várias partes interessadas sob uma visão coerente para o futuro dos ecossistemas que compõem cada cidade. Ou seja, conceitos de inteligente e sustentável precisam ser reunidos por meio de soluções projetadas localmente e práticas de planejamento estratégico (incluindo implementação estratégica de tecnologias urbanas inteligentes adequadas) para um desenvolvimento urbano verdadeiramente inteligente e sustentável, consequentemente levando à formação de cidades inteligentes e sustentáveis (KOMNINOS, 2016).

Por fim, o artigo "Exposing smart cities and eco-cities: Frankenstein urbanism and the sustainability challenges of the experimental city" (CUGURULLO, 2018), com mais de oitenta citações no ano de 2020, publicado no *Sage Journal*, faz uma análise empírica pela análise de dois estudos de caso, o da cidade de Masdar, em Abu Dhabi, como exemplo de um projeto de eco cidade, e Hong Kong, como exemplo de uma iniciativa de cidade inteligente em larga escala. O artigo, conforme o autor, está enquadrado no conceito de experimentação urbana e busca contribuir para os debates contemporâneos no campo do urbanismo experimental, desenvolvendo a teoria do urbanismo de *Frankenstein*, cuja dinâmica é ilustrada usando o romance de Mary Shelley como uma metáfora para experimentos malsucedidos, gerados pela união forçada de diferentes partes que não condizem.

A conclusão do autor inicia com a citação das palavras do Dr. Victor Frankenstein, quando descreve os resultados de dois anos de trabalho árduo e solidão, relatando que não há nada de errado com as peças únicas que formam o produto final de seu experimento, e que o que faz da criatura de *Frankenstein* um monstro é a falta de conexão entre os elementos heterogêneos que foram unidos em um único artefato, o que causa falha no experimento.

Da mesma forma, quando observado com foco na experimentação urbana, os projetos das cidades de Masdar e de Hong Kong podem ser vistos como experimentos que se encaixam em diferentes espaços, infraestruturas e tecnologias, para criar um único assentamento urbano. No aspecto individual, funcionam bem, mas, analisando o todo, desestabilizam o experimento. No caso da cidade de Masdar, por exemplo, o PRT (*Personal Rapid Transit*), também chamado *podcar*, é um modo de transporte público com pequenos veículos automatizados que operam em uma rede de vias-guia; o carro elétrico atende às expectativas, mas a difusão do PRT atrapalha tanto o desenvolvimento do carro elétrico quanto a ideia de *car-free* (sem carro), destinado a criar baixo carbono, espaços sociais verdes. No caso de Hong Kong, redes inteligentes de dados circulam informações em tempo real, e sensores e medidores monitoram a produção e o consumo de energia, mas esses serviços ocorrem em edifícios de alta tecnologia, desconectados do ambiente natural e construído ao redor, e tendem a promover a desigualdade social e a perda de biodiversidade (CUGURULLO, 2018).

Com essas citações de artigos, as definições de cidades inteligentes e cidades sustentáveis geram muitas variáveis de uma verdadeira definição; há conflitos e dicotomias, que necessitam de avaliações multidimensionais, dada a complexidade das questões urbanas. Constata-se que a aproximação de um objetivo pode dificultar o alcance de outro. Enquanto diferentes abordagens e conceitos não forem estudados juntos, os conflitos não serão evidentes (BERARDI, 2015).

O ODS 11 tem como principal objetivo tornar as cidades e os assentamentos humanos inclusivos, seguros, resilientes e sustentáveis, considerando que a pobreza extrema muitas vezes se concentra nas megalópoles com mais de 10 milhões de habitantes, as desigualdades sociais acabam sendo mais acentuadas e a violência se torna uma consequência das discrepâncias no acesso pleno à cidade. Transformar significativamente a construção e a gestão dos espaços urbanos é essencial para que o desenvolvimento sustentável seja alcançado. Temas relacionados à urbanização, como mobilidade, gestão de resíduos sólidos e saneamento, estão incluídos nas metas do ODS 11, bem como o planejamento e aumento de resiliência dos assentamentos humanos, levando em conta as necessidades diferenciadas das áreas rurais, periurbanas e urbana (MAAROOF, 2018).

16.3 O CIDADÃO NO CENTRO DO PROCESSO E REGIÕES DE APRENDIZAGEM

Nos últimos anos, muitas cidades criaram e implementaram políticas e programas destinados a transformá-las em "cidades inteligentes". Para esse fim, as administrações municipais, muitas vezes em parceria com empresas, adotaram uma variedade de tecnologias em rede para mediar o gerenciamento dos serviços da cidade e regular a vida da cidade (por exemplo, sistemas operacionais da cidade, salas de controle urbano, sistemas coordenados de resposta à gestão de emergências, sistemas inteligentes de transporte , redes inteligentes, iluminação inteligente, redes de sensores etc.). Essas iniciativas de cidades inteligentes promoveram formas de governança algorítmica que controlam e disciplinam os cidadãos. Em resposta a essas críticas, os desenvolvedores, promotores e implementadores de tecnologias e iniciativas de cidades inteligentes procuraram reposicioná-las como centradas na cidadania ou na comunidade (CARDULLO; KITCHIN, 2018).

Acadêmicos e formuladores de políticas adotaram o envolvimento dos cidadãos como chave para o sucesso nas iniciativas de cidades inteligentes e no desenvolvimento urbano (SCHUURMAN; BACCARNE; MAREZ, 2012). Para fins de participação na concepção da cidade, há uma enorme sobrecarga de tempo e interesse exigidos e, portanto, é preciso criar processos que permitam que os cidadãos interessados tenham impacto em termos de sua participação (BATTY *et al.*, 2012).

O engajamento dos cidadãos se refere às maneiras pelas quais eles participam da vida de uma comunidade, a fim de melhorar as condições para os outros ou para ajudar a moldar o futuro da comunidade (CEGARRA-NAVARRO; GARCIA-PEREZ; MORENO-CEGARRA, 2014). O engajamento do cidadão ou, mais comumente, o engajamento cívico refere-se às diferentes formas pelas quais os cidadãos participam da vida de uma comunidade, a fim de melhorar as condições dos outros ou ajudar a moldar o futuro da comunidade (MUELLER *et al.*, 2018).

É essencial que os cidadãos se engajem na geração de ideias para construir um ambiente de confiança entre comunidade e governança. O surgimento de uma nova estrutura de governança na qual cidadãos e governantes se envolvam em ouvir e conversar entre si é fundamental para a implementação do conceito de cidade humana inteligente (OLIVEIRA; CAMPOLARGO, 2015). Esse visão é baseada na transição do conceito de governo para o de governança, em que o cidadão tem envolvimento ativo nas questões públicas (MURGANTE; BORRUSO, 2014).

Arnkil *et al.* (2010) apresentam o conceito de *quadruple helix*, que estende a tradicional *triple helix* do setor público e privado e as universidades com os cidadãos (usuários), como mostra a Figura 16.1. Os cidadãos podem ser incluídos de diversas maneiras, de meros informantes a catalisadores cruciais no processo de inovação e coprodução.

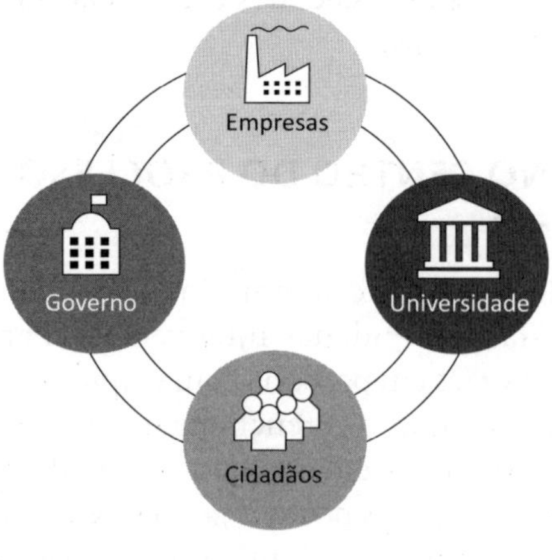

Figura 16.1 – Os cidadãos podem ser incluídos de diversas maneiras, de meros informantes a catalisadores cruciais no processo de inovação e coprodução.

Fonte: adaptada de Arnkil *et al.* (2010).

Uma vez que a participação pública tenha sido estabelecida, a escolha dos administradores não é necessariamente incluir o público, e sim o quão inclusivo se é em termos de qualidade de interação e potencial de impacto (BUCKWALTER, 2014). Uma vantagem significativa desse conceito, do ponto de vista da governança, é o fato de que o *co*design e a coprodução de soluções eliminam a "carga" dos processos de administração da cidade, que se tornam mais leves e transparentes. Essa é uma vantagem importante para a administração da cidade, que tem o potencial de permitir a criação de serviços humanamente inteligentes, sem ter que fazer investimentos significativos (OLIVEIRA; CAMPOLARGO, 2015).

Para evoluir em direção às cidades humanas e inteligentes, os gestores das cidades precisam construir confiança com a comunidade e testar a colaboração e a participação dos cidadãos. Para tanto, é importante identificar as diferentes necessidades da comunidade, estabelecendo contato com os cidadãos. Na maioria das vezes, a administração da cidade recebe *feedback* apenas de um pequeno número de cidadãos, por isso é importante colocar em prática estratégias para "ouvir e falar" para todos os grupos de cidadãos (OLIVEIRA; CAMPOLARGO, 2015).

No que ainda é uma das tipologias mais citadas de participação cidadã, Sherry Arnstein descreveu uma série de interações cidadão-administrador representando vários degraus em uma escada. Cardullo e Kitchin (2018) propõem um modelo conceitual baseado na escada de Arnstein (2019) para entender as diversas maneiras pelas quais a cidade inteligente enquadra os cidadãos. Os autores usaram esse modelo para medir a inclusão, participação e empoderamento de cidadãos em iniciativas de cidades inteligentes em Dublin, na Irlanda, conforme apresentado no Quadro 16.1.

Quadro 16.1 – A escada de Arnstein (2019) da participação do cidadão no planejamento público na cidade inteligente

Forma e nível de participação		Função	Envolvimento do cidadão	Discurso/ Enquadramento político	Modalidade	Exemplos de Dublin
Poder do cidadão	Controle do cidadão	Líder, membro	Ideias, visão, liderança, propriedade, criar	Direitos, cidadania social/política	Inclusivo, *bottom-up*, coletivo, autonomia, experimental	Código da Irlanda, *tog*
	Poder delegado	Tomador de decisão, autor				*Civic hacking*, *hackathons*, *living labs*, Dublin Beta
	Parceria	Cocriador	Negociar, produzir	Participação, cocriação		
Tokenismo	Colocação	Proponente	Sugerir		De cima para baixo, paternalismo cívico, administração, obrigado a ter sucesso	Conserte sua rua, rede consultiva inteligente de Dublin
	Consulta	Participante, testador, *player*	*Feedback*	Engajamento cívico		CIVIQ, estádio inteligente
	Informando	Beneficiário				Dublinked, painel de Dublin, RTPI
Consumismo	Escolha	Residente, consumidor	Procurar, consumir, agir	Capitalismo, mercado		Edifício inteligente/distrito inteligente Medidores inteligentes, mídia móvel/locativa
Não participação	Terapia	Paciente, aluno, usuário, produto, ponto de dados	Dirigido, controlado	Mordomia, tecnocracia, paternalismo		Dublin Bikes, Smart Dublin
	Manipulação					Controle de tráfego

Fonte: adaptado de Cardullo e Kitchin (2018).

A inteligência espacial é o ingrediente que torna as cidades inteligentes. A inteligência espacial é feita por processos informacionais, cognitivos e de inovação, que ocorrem nas cidades e permitem que cidadãos e organizações lidem com mais eficiência com os desafios que enfrentam. Refere-se à capacidade de uma comunidade ou cidade de combinar seu capital intelectual, instituições para colaboração e infraestrutura inteligente para configurar funções de conhecimento que aperfeiçoam o uso de recursos em uma ampla gama de setores e desafios da cidade (KOMNINOS, 2018).

Nas cidades inteligentes, a inteligência emerge da aglomeração e integração de três tipos de inteligência: a) inteligência humana, inventividade, criatividade e capital intelectual da população da cidade; b) inteligência coletiva, organizada pelas organizações e instituições da cidade, com base em regras de colaboração e capital social; c) inteligência de máquina, oferecida por infraestrutura pública inteligente e em toda a cidade, ambiente virtual e inteligente. Essas formas de inteligência estão interconectadas (KOMNINOS, 2018).

16.4 CIDADES HUMANAS E INTELIGENTES

O conceito da cidade inteligente foi criado pela indústria tradicional de TIC com o objetivo de explorar uma nova oportunidade de mercado (OLIVEIRA; CAMPOLARGO, 2015). A primeira geração de cidades inteligentes foi promovida pelas maiores empresas de software e hardware do mundo. Para essas empresas, o componente tecnológico é a chave para suas concepções de cidades inteligentes (ALBINO; BERARDI; DANGELICO, 2015).

A consultoria PWC, em seu relatório *Creating the smart cities of the future*, projeta um aumento constante no desenvolvimento de cidades inteligentes em todo o mundo nos próximos anos, com o valor total do mercado global de cidades inteligentes projetado para ultrapassar US$ 2,5 trilhões até 2025 (PWC, 2019) (Figura 16.2).

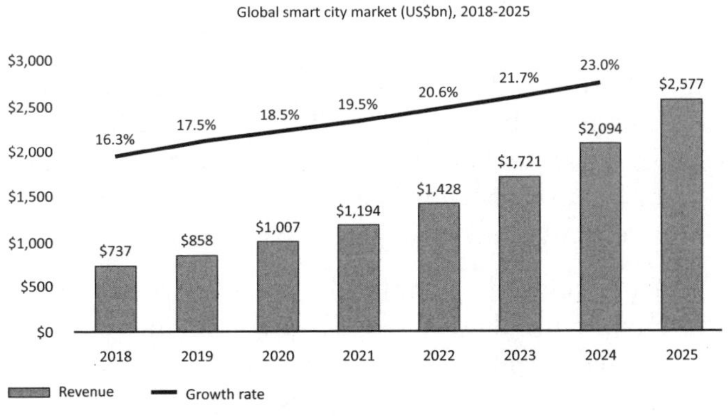

Figura 16.2 – Mercado global de cidades inteligentes projetado.

Fonte: PWC (2019).

Angelidou (2015) examinou os planos de cidades inteligentes de quinze grandes cidades do mundo e mostrou como o foco está principalmente nas aplicações das TIC como um fator que pode melhorar os sistemas urbanos e, em última análise, promover a inovação urbana. Uma revisão crítica do projeto implementado, no entanto, destaca a falta de abordagens envolvendo a população e uma desconsideração geral das condições locais das cidades, em claro contraste com os princípios (teóricos) das políticas e práticas da cidade inteligente.

Costa e Oliveira (2017) concluíram, após uma análise de um grande número de implementações de cidades inteligentes, que uma simples implementação do conceito, apesar de ser um passo importante, falha na exploração da dimensão mais importante das cidades, que é seu capital humano e social, o qual está disponível em todos os cidadãos e coletivamente na sociedade.

Os atuais desafios urbanos são complexos e exigem uma transformação mais radical. As soluções de vanguarda tecnológica não conseguiram envolver os cidadãos e as autoridades públicas, que não se apropriaram dos serviços dito inteligentes (OLIVEIRA; CAMPOLARGO, 2015).

Embora útil, a tecnologia não deve ser o foco central. Uma cidade inteligente deve ser também humana, devendo abordar antes de tudo as pessoas e suas necessidades. Em seguida, vem a tecnologia e apenas em conexão direta com essas necessidades (COSTA; OLIVEIRA, 2017). Com o advento das cidades inteligentes, surge uma nova forma de gentrificação relacionada à exclusão de parcela da população que não possui habilidades suficientes para lidar com a tecnologia.

Essa nova forma de gentrificação (digital) não tem nada a ver com o alto custo dos imóveis ou com o custo de vida em si, mas sim com a exclusão de certas pessoas do processo de desenvolvimento da cidade (ARAÚJO; GUIMARÃES; XAVIER, 2018). O termo gentrificação é atribuído originalmente à socióloga Ruth Glass, que em 1964 utilizou a expressão para descrever um processo iniciado em 1950 no centro de Londres, quando algumas áreas residenciais deterioradas, tradicionalmente ocupadas por operários, estavam sendo transformadas em áreas residenciais para grupos de *status* socioeconômico mais elevado (GEVEHR; BERTI, 2017).

Segundo a União Europeia (UE), o fosso digital está relacionado a fatores como: nível de renda, analfabetismo digital e domicílio (DAVIES, 2015). Nam e Pardo (2011) mesclam o primeiro e o terceiro fator no que descrevem como uma segregação dupla (social e espacial) dos espaços urbanos. Eles reforçam que a digitalização impensada pode resultar em maior marginalização de bairros pobres.

A pesquisa TIC Domicílios, do Comitê Gestor da Internet no Brasil (CGI.br), que tem como objetivo medir o uso das tecnologias nos domicílios brasileiros e pela população com 10 anos ou mais, demonstra o crescimento do número de domicílios com acesso à internet no país ao longo dos últimos anos, com cerca de 67% do total de domicílios conectados em 2018, o que representa 46,5 milhões de domicílios. No entanto, a desigualdade é característica marcante desse crescimento, tanto nos aspectos socioeconômicos quanto regionais (BRASIL, 2020). A Figura 16.3 mostra o total de usuários por tipo de dispositivo utilizado para acesso à internet.

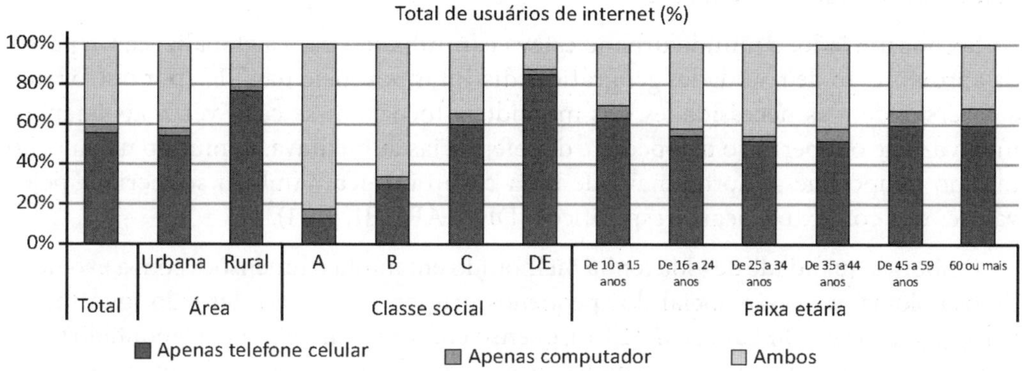

Figura 16.3 – Total de usuários de internet por dispositivo utilizado para acesso individual.

Fonte: Brasil (2020).

Em se tratando de acesso às tecnologias digitais, observa-se que a inclusão social passa pela inclusão digital, que deve ser entendida como a disponibilização, acesso e uso das tecnologias computacionais, especialmente da internet, visando à construção do conhecimento e à consolidação da autonomia e da cidadania (ARAÚJO; GUIMARÃES; XAVIER, 2018).

As pessoas são o centro da discussão de vários autores, dos contemporâneos e diretamente envolvidos com o assunto, como os urbanistas Fred Kent e Jan Gehl, até o dramaturgo inglês William Shakespeare, que já no século XVII ressaltava a importância das pessoas nas cidades perguntando, na tragédia *Coriolano*, "o que é a cidade, senão as pessoas?".

A tecnologia não pode transformar a cidade sem capital humano, tornando necessário investir nessa dimensão por meio da capacidade de aprendizagem, educação, atração e retenção de pessoas talentosas de outras localidades (NEIROTTI *et al.*, 2014). Na era da economia do conhecimento, as cidades que possuem boas infraestruturas tecnológicas e redes de comunicação e, em particular, recursos humanos têm mais potencial para se tornarem líderes ativas no novo ambiente (YANG, 2012).

A Organisation for Economic Co-operation and Development (OCDE) mostra que, na economia do conhecimento, a região com indivíduos mais instruídos tem economia mais forte e que, em termos da relação entre inclusão ou exclusão social e aprendizagem, os níveis educacionais mais baixos estão associados ao desemprego (YANG, 2012). Os profissionais do conhecimento estão se tornando cada vez mais sofisticados sobre as qualidades que eles e suas famílias exigem (KNIGHT, 1995). A IBM indica que um forte sistema educacional focado na aprendizagem ao longo da vida é extremamente importante nos esforços de uma cidade para atrair e reter trabalhadores qualificados e diversos e ajuda a melhorar a atratividade geral da cidade e a qualidade de vida (YANG, 2012).

Se, por um lado, o mundo urbano estava caminhando para a globalização, a partir da aproximação de realidades geográficas distintas por meio das TIC, por outro lado, a diversidade e as necessidades dos indivíduos tornavam-se cada vez mais latentes, uma vez que o repertório de opções e de referências aumentava. O mundo urbano, ao mesmo tempo que se aproximava de uma cultura única, também se recriava pelos valores dos contextos locais e específicos (DE MARCHI, 2011).

Embora a qualidade de vida tenha melhorado em muitas dimensões com a evolução da tecnologia, a coesão social dos pequenos grupos não parece ter sido igualmente beneficiada. Segundo Lara *et al.* (2016), é senso comum e um fenômeno apontado pelos cientistas sociais que as comunidades locais da vizinhança estão desaparecendo na sociedade atual como um efeito colateral do crescimento e da densificação das cidades.

A transformação de uma cidade que busca se tornar mais inteligente deve partir da premissa de integrar os desejos, interesses e necessidades atuais ou potenciais de seus cidadãos, o que pode ou não envolver infraestrutura tecnológica (RIZZO *et al.*, 2013).

Com isso surgiu a segunda geração de cidades inteligentes, que considera o elemento humano como a dimensão mais importante em sua formação, passando-se a valorizar as cidades humanas e inteligentes (*human smart cities*). As cidades são humanas e inteligentes quando toda a comunidade participa da transformação urbana em um ecossistema de inovação. O governo da cidade apoia a implementação desse ecossistema de inovação urbana, que aplica *co*design e coprodução de serviços e processos de inovação social e tecnológica, a fim de resolver problemas reais.

Esse novo conceito não contradiz o conceito tradicional, mas propõe o seu desenvolvimento em maior coerência com os interesses e necessidades reais dos cidadãos (OLIVEIRA; CAMPOLARGO, 2015). A abordagem é baseada na transição do conceito de governo para o de governança, em que o cidadão tem envolvimento ativo nas questões públicas (MURGANTE; BORRUSO, 2014).

As cidades humanas e inteligentes usam a tecnologia como um facilitador para conectar e envolver o governo e os cidadãos, com o objetivo de reconstruir, recriar e motivar as comunidades urbanas, estimulando e apoiando suas atividades de colaboração. Isso leva a um aumento conjunto do bem-estar social. As pessoas, e não a tecnologia, são os verdadeiros atores da "inteligência" urbana (COSTA; OLIVEIRA, 2017). A tecnologia pode ser utilizada nas cidades para capacitar os cidadãos, adaptando essas tecnologias às suas necessidades, em vez de adaptar suas vidas às exigências tecnológicas (ALBINO; BERARDI; DANGELICO, 2015).

No âmbito da sociedade de informação, o conceito de cidadania está atrelado aos desafios oriundos do progresso das tecnologias digitais, que reconfiguram o padrão das relações sociais, o que leva parte da literatura a definir como um novo tipo de cidadania. Portanto, a cidadania digital também apresenta alguns desafios como a exclusão digital, questões de segurança e excesso de informação (ARAÚJO; GUIMARÃES; XAVIER, 2018).

A operacionalização por trás da visão da cidade humana e inteligente é uma abordagem de projeto que começa a partir de microexperimentos para a solução de problemas da comunidade local (RIZZO; DESERTI; COBANLI, 2015). O grande desafio pela frente é envolver a esfera pública na vida cívica e não instalar a infraestrutura ou adotar novas tecnologias (OLIVEIRA; CAMPOLARGO, 2015).

E é importante salientar que a implementação da cidade humana e inteligente pode ser feita com o uso de tecnologia simples e nem sempre requer infraestruturas sofisticadas e complexas. Esse fato é relevante principalmente no que diz respeito à escalabilidade da solução. Soluções simples e criativas podem emergir das comunidades locais, o que permite, por exemplo, que as grandes cidades ampliem suas estratégias e incluam amplas áreas metropolitanas ou pequenas cidades para integrar novas estratégias. Essa é uma vantagem importante para as administrações municipais, que permite a criação de serviços humanamente inteligentes, sem a necessidade de investimentos significativos (COSTA; OLIVEIRA, 2017).

16.5 TECNOLOGIAS UTILIZADAS EM CIDADES HUMANAS E INTELIGENTES

No passado, era difícil ou mesmo impossível combinar dispositivos digitais, como smartphones, sensores e atuadores. Reunir suas informações para o gerenciamento diário de atividades e planejamento de desenvolvimento de longo prazo na cidade é essencial. Por exemplo, algumas informações de transporte público, como a localização em tempo real e horários de chegada em cada ponto, e outras informações também importantes, como a ocupação de vagas em estacionamentos, engarrafamentos, condições meteorológicas, as condições da poluição do ar e sonora, contaminação da água, consumo de energia, etc. Todas essas informações devem ser coletadas continuamente e, para esse fim, diferentes tecnologias têm sido aplicadas com recursos para possibilitar essa coleta (TALARI *et al.*, 2017).

As pesquisas sobre cidades inteligentes são um desafio para todos os pesquisadores que se dedicam a esse estudo e as contribuições contínuas estão sendo trazidas com conceitos e arquiteturas em diferentes cenários. O progresso tecnológico em ordem cronológica aponta que as arquiteturas de *smart city* ainda não fornecem nenhum modelo abrangente que integra todas as cidades inteligentes e suas funcionalidades esperadas, como padronização ou coleta de dados global. Além disso, avanços contínuos em tecnologia e inovação estão trazendo novos desafios para o *smart implantation* (implantações inteligentes) das cidades, mesmo exacerbada pelas contínuas demandas dos cidadãos em relação à entrega imediata de serviços (SINAEEPOURFARD *et al.*, 2016).

O desenvolvimento de variadas arquiteturas de cidade inteligente tem sido desenvolvido para enfrentar muitos dos atuais problemas das cidades. Como os problemas variam para cada cidade, cada arquitetura é desenvolvida para atender separadamente os problemas. Portanto, cada cidade tem seu próprio contexto socioeconômico e uma arquitetura geral não é suficiente para atender os requerimentos tecnológicos de cada cidade (NAVIA, 2016).

Os principais requisitos na implementação de uma arquitetura para uma cidade inteligente são apresentados por da Silva *et al.* (2013) e listados a seguir:

- interoperabilidade de objetos;
- políticas de sustentabilidade ambiental;
- monitoramento em tempo real;
- armazenamento e consulta eficiente de dados históricos;
- coleção de dados do ambiente por meio de tecnologias de comunicações móveis;
- infraestrutura altamente disponível;
- políticas de privacidade de coleção e uso dos dados;
- processamento e sensoriamento distribuído;
- gestão urbana integrada e da composição de serviços;
- aspectos sociais e a qualidade de vida dos cidadãos;
- flexibilidade para alterações, adaptações e extensões;
- negócios de fornecimento de serviços e infraestrutura.

Nesse sentido, não existe uma arquitetura de referência que possa ser considerada como efetiva, uma vez que cada arquitetura é desenhada com propósitos específicos, adequados para resolver problemas de uma determinada cidade. Assim, segundo os autores, nenhuma das dezessete arquiteturas analisadas satisfazem os requerimentos supramencionados na implementação de uma arquitetura para cidade inteligente (DA SILVA *et al.*, 2013).

No Quadro 16.2 são apresentadas diferentes arquiteturas usadas pelas cidades que implementaram diversos serviços no contexto de cidade inteligente: a arquitetura orientada a serviços, a orientada a eventos e a de múltiplas camadas. Essa seleção da arquitetura é independente do enfoque tecnológico, do tipo de organização da cidade inteligente (pública, parcerias públicas/privadas ou privada) e do modelo de negócios (ANTHOPOULOS; FITSILIS, 2014).

Quadro 16.2 – Arquiteturas para cidade inteligente

Cidades	Arquitetura
Cidades inteligentes europeias	Sistema inteligente de medidas urbanas
Cidades na Holanda	Arquitetura orientada a serviços
Espanha, Coréia, Málaga, Polônia, entre outras	Arquitetura de múltiplas camadas: rede, conteúdo, inteligência e serviços online
Helsinki, Kyoto	Arquitetura de múltiplas camadas: informação, interface, interação
Dubai	Arquitetura de múltiplas camadas: infraestrutura, dados, aplicação
Barcelona	Arquitetura de múltiplas camadas: códigos, nós, infraestrutura e ambiente
Blacksburg Electronic Village	Arquitetura de múltiplas camadas: infraestrutura, conteúdo, comunidade
Amsterdam	Arquitetura de múltiplas camadas
Singapura	Arquitetura de múltiplas camadas: infraestrutura TICs, infraestrutura cognitiva, serviços e clientes
Santander	Arquitetura de múltiplas camadas: Conteúdo, IoT, benefícios
União Europeia	Arquitetura orientada a eventos

Fonte: adaptado de Anthopoulos e Fitsilis (2014).

Para exemplificar uma proposta de arquitetura tecnológica da *smart city* e seus componentes, é apresentado na Figura 16.4 o desenho de uma arquitetura organizada em camadas. Essas camadas são definidas como camada de detecção, camada de rede, camada de *middleware* e a camada de aplicativo (OHAMMAD, 2021). A camada de detecção consiste em uma ampla rede de sensores espalhados por toda a cidade, responsável, por meio de diferentes tipos de sensores, câmeras de vigilância, GPS, dispositivos inteligentes, telefones inteligentes, veículos inteligentes, serviços de *web* e outros. A camada de rede conecta a camada de detecção à camada de *middleware* por meio de um conjunto de tecnologias de comunicação, como redes celulares, redes de satélite, wi-fi, *ethernet* ou qualquer outro tipo de tecnologia que permite conexão. A camada de *middleware* contém a estrutura principal destinada à organização e centralização dos dados coletados, bem como fornecendo uma plataforma para um acesso fácil e geralmente aberto à informação. E a camada de aplicativo fornece o conjunto de serviços adequados para cidadãos, governantes ou outros consumidores aos quais a informação passa a ter interesse e seja autorizada (GAUR *et al.*, 2015).

Achamos importante uma melhor explicação da camada *middleware* neste exemplo. Essa camada é o software que se encontra entre o sistema operacional e os aplicativos nele executados e permite a comunicação e o gerenciamento de dados para os aplicativos. Muitas vezes, o *middleware* é chamado de "encanamento", uma vez que ele conecta dois aplicativos para que os dados e bancos de dados possam ser facilmente transportados através do "cano". O *middleware* permite que os usuários executem solicitações como enviar formulários em um navegador da *web* ou permitir que o servidor *web* apresente páginas dinâmicas da *web* com base no perfil de um usuário (MICROSOFT AZURE, 2021).

Na Figura 16.4, apresentamos um exemplo em que utilizamos quatro camadas (camada de detecção, camada de rede, camada de *middleware* e a camada de aplicativo), escolhido de uma forma didática para melhor explicação das camadas e seus respectivos componentes.

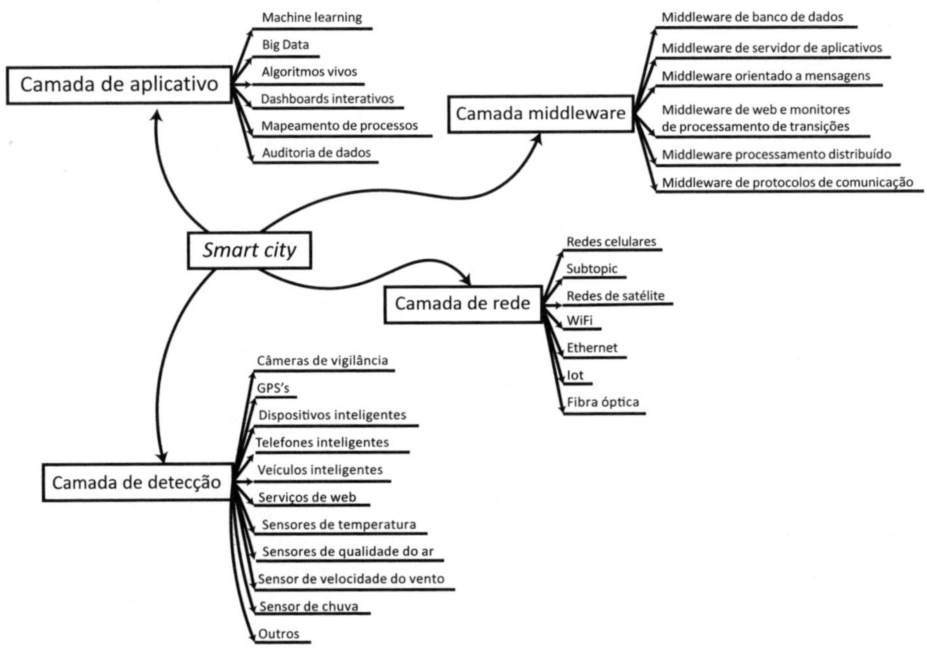

Figura 16.4 – Representação de uma adaptação da arquitetura tecnológica da *smart city.*

Fonte: M. Ma (2013).

De uma forma geral, a arquitetura de cidade inteligente está diretamente ligada à adaptação necessária para atender os tipos de serviços, tecnologias e os tipos de dispositivos focados na solução de distintas necessidades em cada cidade, não existindo um padrão ou norma geral. Entretanto, o uso adequado dos dados, dada a importância de prever e atuar em tempo real no ambiente urbano, monitorando, integrando e processando corretamente os dados é o ponto central de grande parte dos trabalhos encontrados na literatura especializada. Dessa forma, finalmente poderá atender as necessidades por meio dos serviços de recomendações ou de tomadas de decisões úteis nas atividades diárias.

REFERÊNCIAS

ALBINO, V.; BERARDI, U.; DANGELICO, R. M. Smart cities: definitions, dimensions, performance, and initiatives. *Journal of Urban Technology*, v. 22, n. 1, p. 3-21, 2 jan. 2015. DOI: http://dx.doi.org/10.1080/10630732.2014.942092. Disponível em: https://www.tandfonline.com/doi/full/10.1080/10630732.2014.942092. Acesso em: 2 abr. 2023.

ALLAM, Z.; NEWMAN, P. Redefining the smart city: culture, metabolism and governance. *Smart Cities*, v. 1, n. 1, p. 4-25, 20 jul. 2018. DOI: http://dx.doi.org/10.3390/smartcities1010002. Disponível em: https://www.mdpi.com/2624-6511/1/1/2. Acesso em: 2 abr. 2023.

AMESAR, M. Laptops alone can't bridge the digital divide, MIT Technology Review, 2021. Disponivel: https://www.technologyreview.com/2021/10/27/1037173/laptop-per-child-digital-divide/. Acesso em: 17 abr. 2013.

ANGELIDOU, M. Smart cities: a conjuncture of four forces: a conjuncture of four forces. *Cities*, v. 47, p. 95-106, set. 2015. DOI: http://dx.doi.org/10.1016/j.cities.2015.05.004. Disponível em: https://www.sciencedirect.com/science/article/abs/pii/S0264275115000633?via%3Dihub. Acesso em: 2 abr. 2023.

ANTHOPOULOS, L.; FITSILIS, P. Exploring architectural and organizational features in smart cities. *In*: ADVANCED COMMUNICATION TECHNOLOGY (ICACT), 2014 16th INTERNATIONAL CONFERENCE ON ADVANCED COMMUNICATIONS TECHNOLOGY. [*S. l.*]: IEEE, 2014. p. 190-195.

ARAÚJO, D. da S.; GUIMARÃES, P. B. V.; XAVIER, Y. M. de A. Perspectivas sobre políticas públicas de inclusão digital e fomento às cidades inteligentes. *Revista do Direito*, v. 3, n. 56, p. 33-44, 3 set. 2018. DOI: http://dx.doi.org/10.17058/rdunisc.v3i56.12465. Disponível em: https://online.unisc.br/seer/index.php/direito/article/view/12465. Acesso em: 2 abr. 2023.

ARNKIL, R. *et al.* Exploring the quadruple helix. *In*: *Report of Quadruple Helix Research for the CLIQ Project*. Tampere: Work Research Centre, University of Tampere, 2010.

ARNSTEIN, S. R. A ladder of citizen participation. *Journal of the American Planning Association*, v. 85, n. 1, p. 24-34, 2 jan. 2019. DOI: http://dx.doi.org/10.1080/01944363.2018.1559388. Disponível em: https://www.tandfonline.com/doi/full/10.1080/01944363.2018.1559388. Acesso em: 2 abr. 2023.

BATTY, M. *et al.* Smart cities of the future. *The European Physical Journal Special Topics*, v. 214, n. 1, p. 481-518, nov. 2012. DOI: http://dx.doi.org/10.1140/epjst/e2012-01703-3. Disponível em: https://link.springer.com/article/10.1140/epjst/e2012-01703-3. Acesso em: 2 abr. 2023.

BERARDI, U.; MONFAREDZADEH, T. Beneath the smart city: dichotomy between sustainability and competitiveness. *International Journal of Sustainable Building Technology and Urban Development*, v. 6, 2015.

BIBRI, S. E. The IoT for smart sustainable cities of the future: an analytical framework for sensor-based big data applications for environmental sustainability. *Sustainable Cities and Society*, v. 38, 2018.

BIFULCO, F. *et al.* ICT and sustainability in smart cities management. *International Journal of Public Sector Management*, 2016.

BRASIL. Comitê Gestor da Internet no Brasil. *Pesquisa sobre o uso das tecnologias de informação e comunicação nos domicílios brasileiros*: TIC Domicílios 2018. São Paulo: Cgi.br, 2020.

BUCKWALTER, N. D. The potential for public empowerment through government-organized participation. *Public Administration Review*, v. 74, n. 5, p. 573-584, 9 jul. 2014. DOI: http://dx.doi.org/10.1111/puar.12217. Disponível em: https://onlinelibrary.wiley.com/doi/10.1111/puar.12217. Acesso em: 2 abr. 2023.

CARAGLIU, A.; DEL BO, C.; NIJKAMP, P. Smart cities in Europe. *Journal of Urban Technology*, v. 18, n. 2, p. 65-82, 2011.

CARDULLO, P.; KITCHIN, R. Being a "citizen" in the smart city: up and down the scaffold of smart citizen participation in Dublin, Ireland. *Geojournal*, v. 84, n. 1, p.1-13, 12 jan. 2018. Disponível em: https://link.springer.com/article/10.1007/s10708-018-9845-8. Acesso em: 15 abr. 2023.

CEGARRA-NAVARRO, J. G.; GARCIA-PEREZ, A.; MORENO-CEGARRA, J. L. Technology knowledge and governance: empowering citizen engagement and participation. *Government Information Quarterly*, v. 31, n. 4, p. 660-668, out. 2014. DOI: http://dx.doi.org/10.1016/j.giq.2014.07.001. Disponível em: https://www.sciencedirect.com/science/article/abs/pii/S0740624X14001208?via%3Dihub. Acesso em: 2 abr. 2023.

CEGARRA-NAVARRO, J.-G. *et al.* Knowledge-based, smart and sustainable cities: a provocation for a conceptual framework. *Journal of Open Innovation: Technology, Market, and Complexity*, v. 4, n. 1, p. 1-17, 13 fev. 2018. DOI: http://dx.doi.org/10.1186/s40852-018-0087-2. Disponível em: https://jopeninnovation.springeropen.com/articles/10.1186/s40852-018-0087-2. Acesso em: 2 abr. 2023.

COMISSÃO EUROPEIA. *Compreender as políticas da União Europeia*: agenda digital. Bruxelas, 2014.

COSTA, E. M. da; OLIVEIRA, Á. de (org.). Humane smart cities. *In*: FRODEMAN, R. *The Oxford handbook of interdisciplinarity*. 2. ed. Oxford: Oxford University Press, 2017. cap. 17, p. 228-240. DOI: http://dx.doi.org/10.1093/oxfordhb/9780198733522.013.19. Disponível em: https://academic.oup.com/edited-volume/27968/chapter-abstract/2115 89971?redirectedFrom=fulltext. Acesso em: 21 jun. 2020.

CUGURULLO, F. Exposing smart cities and eco-cities: Frankenstein urbanism and the sustainability challenges of the experimental city. *Environment and Planning A: Economy and Space*, v. 50, n. 1, p. 73-92, 2018

DA SILVA, W. M. *et al.* Smart cities software architectures: a survey. *In*: *Proceedings of the 28th Annual ACM Symposium on Applied Computing*. [*S. l.*]: ACM, 2013. p. 1722-1727.

DAVIES, R. *e-Government*: Using technology to improve public services and democratic participation. [*S. l.*]: European Parliamentary Research Service, 2015.

DE MARCHI, P. M. Interface entre cidade e tecnologia: a experiência do espaço tecnológico. *Revista Brasileira de Gestão Urbana*, v. 3, n. 1, p. 27-39, 2011.

GAUR, A. *et al.* Smart city architecture and its applications based on IoT. *Procedia Computer Science*, v. 52, p. 1089-1094, 2015.

GEVEHR, D. L.; BERTI, F. Gentrificação: uma discussão conceitual. *Revista Políticas Públicas & Cidades*, v. 5, n. 1, p. 2359-1552, 2017.

ICT, Enhancing Learning Through Technology, *International Conference, ICT 2011*, Hong Kong, July 11-13, 2011. Proceedings, Springer.

IESE. *IESE Cities in motion index*: cities economy general urban governance. [*S. l.*], 2017. Disponível em: https://blog.iese.edu/cities-challenges-and- management/2017/05 /25/164/#:~:text=New%20York%20City%20(United%20States,and%20governance%20 (sixth%20place). Acesso em: 2 abr. 2023.

KNIGHT, R. V. Knowledge-based development: policy and planning implications for cities: policy and planning implications for cities. *Urban Studies*, v. 32, n. 2, p. 225-260, mar. 1995. DOI: http://dx.doi.org/10.1080/00420989550013068. Disponível em: https://journals.sagepub.com/doi/10.1080/00420989550013068. Acesso em: 2 abr. 2023.

KOMNINOS, N. Intelligent cities: variable geometries of spatial intelligence. *Intelligent Buildings International*, v. 3, n. 3, p. 172-188, jul. 2011.

KOMNINOS, N. Smart environments and smart growth. *International Journal of Knowledge-Based Development*, v. 7, n. 3, p. 240-263, 2016.

KOMNINOS, N. Architectures of intelligence in smart cities: pathways to problem--solving and innovation. *Editorial Board*, 2018.

LARA, A. *et al.* Smartness that matters: towards a comprehensive and human-centred characterisation of smart cities. *Journal of Open Innovation: Technology, Market, and Complexity*, v. 2, n. 1, p. 1-13, 23 jun. 2016. Disponível em: https://www.sciencedirect.com/science/article/pii/S2199853122003043. Acesso em: 2 abr. 2023.

MAAROOF, A. *Big Data and the 2030 Agenda for Sustainable Development, 2018.* Disponível em: https://www.un.org/en/global-issues/big-data-for-sustainable-development. Acesso em: 15 abr. 2023.

MICROSOFT AZURE. *O que é middleware?* Disponível em: https://azure.microsoft.com/pt-br/overview/what-is-middleware/#:~:text=O%20middleware%20%C3%A9%20o%20software,de%20dados%20para%20aplicativos%20distribu%C3%ADdos. Acesso em: 31 mar. 2021.

MUELLER, J. *et al.* Citizen design science: a strategy for crowd-creative urban design. *Cities*, v. 72, p. 181-188, fev. 2018. DOI: http://dx.doi.org/10.1016/j.cities.2017.08.018. Disponível em: https://www.sciencedirect.com/science/article/pii/S0264275117304365?via%3Dihub. Acesso em: 2 abr. 2023.

MURGANTE, B.; BORRUSO, G. Smart city or smurfs city. *Computational science and its applications*, p. 738-749, 2014. DOI: http://dx.doi.org/10.1007/978-3- 319-09129-7_53. Disponível em: https://link.springer.com/chapter/10.1007/978-3-319-09129-7_53. Acesso em: 2 abr. 2023.

NAM, T.; PARDO, T. A. Conceptualizing smart city with dimensions of technology, people, and institutions. *In*: *Proceedings of the 12th Annual International Digital Government Research Conference On Digital Government Innovation in Challenging Times.* [*S. l.*]: ACM Press, 2011. p. 282-291. DOI: https://dx.doi.org/10.1145/2037556.2037602. Disponível em: https://dl.acm.org/doi/10.1145/2037556.2037602. Acesso em: 15 abr. 2023.

NAVIA, T.; VANESSA, M. *Cidade inteligente*: modelo organizacional e tecnologias a partir de uma perspectiva de dados urbanos. Campinas, 2016.

NEIROTTI, P. *et al.* Current trends in Smart City initiatives: some stylised facts. *Cities*, v. 38, p. 25-36, jun. 2014. DOI: http://dx.doi.org/10.1016/j.cities.2013.12.010. Disponível em: https://www.sciencedirect.com/science/article/abs/pii/S0264275113001935?via%3Dihub. Acesso em: 2 abr. 2023.

OLIVEIRA, A.; CAMPOLARGO, M. From Smart Cities to Human Smart Cities. *In*: *2015 48th Hawaii International Conference on System Sciences.* [*S. l.*], IEEE, jan. 2015. p. 2336-2344. DOI: http://dx.doi.org/10.1109/hicss.2015.281. Disponível em: https://ieeexplore.ieee.org/document/7070095. Acesso em: 2 abr. 2023.

OLIVEIRA, Á. de; CAMPOLARGO, M.; MARTINS, M. Constructing human smart cities. Communications. *In*: *Computer and Information Science.* [*S. l.*]: Springer International Publishing, 2015. p. 32-49. DOI: http://dx.doi.org/10.1007/978-3-319-27753-0_3. Disponível em: https://link.springer.com/chapter/10.1007/978-3-319-2775 3-0_3. Acesso em: 2 abr. 2023.

PWC. *Creating the smart cities of the future*: a three-tier development model for digital transformation of citizen services. London: Pwc, 2019.

QIANG, C. Z.-W. Mobile telephony: a transformational tool for growth and development. *Private Sector & Development*, Proparco, Nov. 2009. Disponível em: http://www.ffem.fr/jahia/webdav/site/proparco/shared/PORTAILS/Secteur_prive_developpement/PDF/SPD4_PDF/Christine-Zhen-Wei-Qiang-World-Bank-Mobile--Telephony-A-Transformational-Tool-for-Growth-and-Development.pdf. Acesso em: 2 abr. 2023.

RIZZO, F.; DESERTI, A.; COBANLI, O. Design and social innovation for the development of human smart cities. *Nordes*, Estocolmo, v. 1, n. 6, p. 1-8, jun. 2015. Disponível em: https://archive.nordes.org/index.php/n13/article/view/383. Acesso em: 21 jun. 2020.

RIZZO, F. *et al.* The living lab approach to codesign solutions for human smart cities: lessons learnt from Periphèria Project. *In*: *Proceedings of Co-create Conference.* [*S. l.*], 2013. p. 673-684.

SHORFUZZAMAN, M.; HOSSAIN, M. S.; ALHAMID, M. F. S. M. Towards the sustainable development of smart cities through mass video surveillance: A response to the Covid-19 pandemic. Sustainable Cities and Society, v. 64, 2021.

SCHUURMAN, D.; BACCARNE, B.; MAREZ, L. dc. Smart ideas for Smart Cities: investigating crowdsourcing for generating and selecting ideas for ICT innovation in a city context. *Journal of Theoretical and Applied Electronic Commerce Research*, v. 7, n. 3, p. 11-12, 2012. DOI: http://dx.doi.org/10.4067/s0718-18762012000300006. Disponível em: https://www.scielo.cl/scielo.php?script=sci_arttext&pid=S0718-18762012000300006&lng=en&nrm=iso&tlng=en. Acesso em: 2 abr. 2023.

SHIROISHI, Y.; UCHIYAMA, K.; SUZUKI, N. Society 5.0: for human security and well-being. *Computer*, v. 51, n. 7, p. 91-95, jul. 2018. DOI: http://dx.doi.org/10.1109/mc.2018.3011041. Disponível em: https://ieeexplore.ieee.org/document/8423130. Acesso em: 2 abr. 2023.

SINAEEPOURFARD, A. *et al.* Estimating Smart City sensors data generation current and future data in the city of Barcelona. *In*: THE 15TH IFIP ANNUAL MEDITERRANEAN AD HOC NETWORKING WORKSHOP, 2016.

SUTRIADI, R. Defining smart city, smart region, smart village, and technopolis as aninnovative concept in indonesia's urban and regional development themes to reach sustainability. *IOP Conference Series: Earth and Environmental Science*, v. 202, 2018.

TALARI, S. *et al.* A review of smart cities based on the Internet of Things concept. *Energies*, v. 10, n. 4, 2017.

TOWNSEND, A., Pang, A. S.-K., Weddle, R. *Future knowledge ecosystems; the next twenty years of technology-led economic development.* Institute for the Future, 2009.

TOWNSEND, A. M. *Smart Cities*: Big Data, civic, hackers, and the quest for a new utopia. New York: W. W. Norton & Company, 2014

UNITED NATIONS (ONU). *Population division of the Department of Economic and Social Affairs*. [*S. l.*], 2019. Disponível em: https://population.un.org/wup/. Acesso em: 1 dez. 2019.

YANG, J. An overview of building learning cities as a strategy for promoting lifelong learning. *Journal of Adult and Continuing Education*, v. 18, n. 2, p. 97-113, set. 2012. DOI: http://dx.doi.org/10.7227/jace.18.2.8. Disponível em: https://journals.sagepub.com/doi/10.7227/JACE.18.2.8. Acesso em: 2 abr. 2023.

YIGITCANLAR, T.; KAMRUZZAMAN, M. Does smart city policy lead to sustainability of cities? *Land Use Policy*, Australia, 2018.

Sobre os autores

Abelino Reis Guimarães Neto

Graduado em Ciências Econômicas, pós-graduado em Administração, Finanças Empresariais e Negócios. Diretor Administrativo e Professor de ensino superior nas áreas de Economia, Finanças e Contabilidade na Fatec Baixada Santista Rubens Lara. Sócio-fundador da AR Consultoria Empresarial e Financeira na qual atua na consultoria de micro e pequenos negócios: Orientação e Planejamento Financeiro, definição e aplicação de ferramentas de Gestão, no fluxo de pagamentos de títulos e responsabilidades financeiras, tais como: fluxo de caixa, controle de expansão, planejamento de vendas, análises de recebimento, cartões e custódias, processos logísticos, gestão de contratos de serviços terceirizados.

Benedito Cristiano Petroni

Pós-doutorando em Engenharia de Produção e pós-graduando em Direito Digital. Doutor em Engenharia de Produção, mestre em Sistemas de Computação, pós-graduação em Design e Aplicações para Internet e graduação em Análise e Desenvolvimento de Sistemas. Coordenador do Curso de Graduação em Defesa Cibernética na Fatec Jundiaí. Membro do Comitê ABNT/CB-021/CE 021 – Blockchain e Tecnologias de Registro Distribuídas. Perito Judicial em Tecnologia da Informação e Sistemas de Informação. Desenvolve assessoria e consultoria forense computacional, laudos periciais e pareceres técnicos.

Fernanda Alves de Araújo

Mestre (2021) em Engenharia de Produção pela Universidade Paulista (UNIP), com especialização (2017) em Gestão Estratégica de Negócios pela Universidade Presbiteriana Mackenzie; graduada (2015) em Gestão da Produção Industrial pelo Instituto Federal de São Paulo (IFSP) e em (2010) Logística pela Faculdade de Tecnologia de São Paulo (Fatec). É gerente de negócios na UPS Brasil. Tem mais de quinze anos de experiência na área de engenharia de transportes, com ênfase em logística e comércio exterior. Atuou em: logística internacional, projetos, desenvolvimento e melhoria de processos, liderança, entre outros. Na área acadêmica, é pesquisadora das tecnologias logísticas e desenvolve, como projeto principal, o estudo da logística *last-mile* e suas vertentes.

Flávio Amadeu Bernardini

É graduado (2007) em Matemática pelas Faculdades Integradas de Ciências Humanas Saúde e Educação de Guarulhos, pós-graduado (2015) em Automação Industrial pela Faculdade SENAI de Tecnologia Mecatrônica (UniSENAI) e mestre (2021) em Engenharia de Produção pela Universidade Paulista UNIP. É instrutor de práticas profissionais na área de Eletroeletrônica no SENAI – Departamento Regional de São Paulo. Tem experiência na área de Manutenção Eletrônica.

Helton Almeida dos Santos

Engenheiro Eletricista pela Universidade de Mogi das Cruzes (UMC) e Engenheiro de Segurança do Trabalho pela Universidade Candido Mendes Rio de Janeiro (UCAM). Mestre em Engenharia Elétrica pela Escola Politécnica da Universidade de São Paulo (Poli-USP) e doutor em Engenharia de Produção pela Universidade Paulista (UNIP). É coordenador e professor em Engenharia de Controle e Automação da UNIP, coordenador e professor do Centro Paula Souza (CPS) nos cursos técnicos de Eletrônica, Eletrotécnico e Automação e Controle, também é consultor em Engenharia Elétrica e Segurança do Trabalhos na Empresa HAS Soluções e Serviços. Tem experiência na área de Engenharia Elétrica e Segurança do Trabalho, atua também com Cidades Inteligentes e Sustentabilidade.

Jair Minoro Abe

Bacharel e mestre em Matemática, doutor em Filosofia e livre-docente pela Universidade de São Paulo (USP). Foi coordenador da área de Lógica e Teoria da Ciência do Instituto de Estudos Avançados da USP, desde sua criação até 2019, onde também atuou como professor-visitante. Foi professor-visitante, pesquisador colaborador, ou conferencista em vários países da América Latina, Europa e Australásia. Considerado um dos pioneiros na aplicação das lógicas paraconsistentes, tem formado vários pesquisadores, alguns deles com projeção internacional. É professor titular da Universidade Paulista (UNIP) e membro sênior do IEEE.

Jacqueline Zonichenn dos Reis

Doutora em Engenharia de Produção pela Universidade Paulista (UNIP), MBA Executivo pelo Ibmec, pós-graduada em Gerência de Telecomunicações, bacharel em Administração de Sistemas de Informação, técnica em Informática Industrial pelo Centro Federal de Educação Tecnológica de Minas Gerais (Cefet-MG). Tem três anos de experiência como docente no ensino superior e vinte e seis anos de experiência na área de Telecomunicações, com atuação nas áreas técnica e comercial. É Arquiteta de Operações para clientes globais na Orange Business, empresa do grupo multinacional France Telecom. No magistério superior, leciona as disciplinas de Organização de Computadores e de Redes de Computadores para os cursos de TI e ADS da UNIP. Possui certificações Cisco, Fortinet e ITIL V4.

Jair Gustavo de Mello Torres

É graduado (2006) em Engenharia Elétrica pela Universidade Estadual Paulista Júlio de Mesquita Filho (UNESP), mestre (2013) em Engenharia Mecânica pela Universidade de Taubaté (UNITAU), especialização (2016) em Gestão Educacional (Uniclaretiano) e doutor em Engenharia de Produção pela Universidade Paulista (UNIP). Foi membro do Conselho de Mobilidade Urbana da Prefeitura de São José dos Campos, São Paulo, de 2019 a 2022, atuou em diversas câmaras técnicas. Foi coautor do relatório técnico "Ruas Completas no Brasil – Promovendo uma mudança de paradigma", coordenado pelo WRI Brasil. Atua há mais de doze anos em design e implementação de projetos de Educação Corporativa em empresas nacionais e multinacionais pelo Senac-SP. Integra o time de Empreendedorismo, Sustentabilidade e Inovação do Senac-SP.

João Gilberto Mendes dos Reis

Tecnólogo em Logística com ênfase em Transportes pela Faculdade de Tecnologia da Zona Leste (FATEC ZL), é mestre e doutor em Engenharia de Produção pela Universidade Paulista (UNIP). Tem pós-doutorado em Engenharia de Produção pela UNIP e em Engenharia Industrial pela Universidade do Porto (UP). É professor titular do Programa de Pós-graduação em Engenharia de Produção da UNIP na área de Logística e Mobilidade. Também é professor assistente da Universidade Presbiteriana Mackenzie em Logística nos cursos de EaD. Tem experiência na área de Engenharia de Produção e Logística. É coordenador do Grupo de Pesquisa CNPq/RESUP e tem desenvolvido diversas pesquisas e trabalhos sobre logística em diversas áreas como Agronegócios, Transportes e Mobilidade Urbana.

José Benedito Sacomano (org.)

É graduado (1968) em Engenharia Civil, mestre (1983) e doutor (1990) em Engenharia Mecânica pela Universidade de São Paulo (USP). É professor titular da Universidade Paulista (UNIP) e orientador de mestrado e doutorado. Tem experiência na área de engenharia de produção, com ênfase em planejamento, projeto e controle de sistemas de produção. É fundador e pesquisador do Laboratório da Indústria 4.0 (Lab 4.0) do Núcleo de Inovação Tecnológica da UNIP.

José Geraldo Basante

Pós-doutorado em Engenharia da Produção. Graduado em Ciências Contábeis pela Faculdade de Administração e Ciências Contábeis Campos Salles, mestre em Ciências Contábeis e Atuariais pela Pontifícia Universidade Católica de São Paulo (PUC-SP) e doutor em Educação pela PUC-SP. Membro do Núcleo Docente Estruturante da Universidade Cruzeiro do Sul e professor nos cursos de Gestão Financeira e Logística. Contador do Instituto Federal de São Paulo (IFSP). Tem experiência na área de Gestão de Custos, Controladoria e Educação a Distância. Atuação e desenvolvimento nos seguintes seguimentos: competitividade, estratégias, gestão, globalização, IFRS, Nicsp e Estratégias de Mercado.

Luis Antonio Mendes de Mesquita Araujo

Doutor (2022) e mestre (2016) em Engenharia de Produção pela Universidade Paulista (UNIP), graduado (2006) em Administração pela Universidade Federal do Piauí (UFPI). É professor na Universidade Estadual do Maranhão (UEMA).

Márcia Terra da Silva (org.)

Engenheira de Produção pela Universidade de São Paulo (USP), mestre em Administração pela Fundação Getúlio Vargas (FGV) e doutora pela Escola Politécnica da Universidade de São Paulo (POLI-USP). Foi docente da USP durante 30 anos, atuando no ensino da graduação e pós-graduação. Nesse período, participou de projetos de extensão em diversas empresas, o que forneceu a base para seus estudos em gestão das operações de serviços. Desde 2014 é professora titular do Programa de Pós graduação em Engenharia de Produção da Universidade de São Paulo (UNIP), onde pesquisa a Indústria 4.0 e a servitização da manufatura. Como resultado, tem publicações sobre os impactos do avanço tecnológico em três frentes: na organização da produção e do trabalho, na gestão de serviços e na servitização das manufaturas.

Marcos de Oliveira Morais

Pós-doutorado em Engenharia de Produção com linha de pesquisa em gestão do conhecimento e inovação tecnológica. Qualidade e inovação. Doutor e mestre em Engenharia de Produção, pós-graduado MBA em Gestão da Qualidade, em Engenharia de Produção, em Pedagogia Empresarial e Educação Corporativa, graduado em Gestão da Qualidade. Tem experiência na área de Administração, com ênfase em Qualidade e Produtividade, atua há vinte e seis anos no setor industrial. É gerente Industrial, atua no processo fabril, realizando melhorias, gerando maior produtividade e redução de desperdícios em empresas metalúrgicas do segmento automotivo e linha branca. Docente na área de Metal Mecânica, Gestão da Qualidade e Logística. Consultor nas áreas de Gestão da Qualidade e Gestão Industrial.

Pedro José Gabriel Ferreira

Engenheiro de Controle e Automação, mestre e doutor em Engenharia de Produção pela Universidade Paulista (UNIP). Cursou Strategic Sourcing, Power BI e Lean Six Sigma. Implantou mais de cem laboratórios no Brasil. Fundador do Lab 4.0 e FabLab na UNIP, onde coordena o curso de Engenharia Básico e ministra aulas. Autor de livros nas áreas de mecânica dos fluidos, desenho técnico e física. Apresentou trabalhos em países como Inglaterra, Portugal e Estados Unidos, onde foi premiado. Parceiro de pesquisadores da Universidade de Sojo no Japão. Atua na indústria e no ramo educacional na excelência operacional e negociação de insumos, serviços e máquinas para produção. Gestor de manutenção industrial há mais de 20 anos. Participou do projeto de implantação do software de gestão de manutenção IBM® Maximo e do ERP Oracle na Ultragaz.

Pedro Luiz de Oliveira Costa Neto

Engenheiro de Aeronáutica (1962) pelo Instituto Tecnológico de Aeronáutica (ITA), passou, após a exercer o magistério, por algumas instituições acadêmicas. É mestre e doutor em Engenharia de Produção pela Escola Politécnica da USP (Poli-USP), onde é aposentado. É *master of science* pela Universidade de Stanford, Califórnia. É professor do Programa de Pós-Graduação em Engenharia de Produção da Universidade Paulista (UNIP).

Robson Elias Bueno

Doutorando em Engenharia de Produção. Mestre em Engenharia de Produção pela Universidade Paulista (UNIP). Licenciado em Docência do Ensino pelo Centro Paula Souza (CPS); licenciado em Matemática pela Faculdade Oswaldo Cruz; pós-graduado em Administração de Empresas pela Fundação Armando Alvares Penteado (FAAP); bacharel em Administração de Empresas pela Universidade de Mogi das Cruzes (UMC). Experiência de 30 anos nas áreas de Recursos Humanos e Logística. Atua como consultor de Logística e de Recursos Humanos. Coordenador de Curso do Centro Paula Souza da área de Gestão/Negócios.

Rodrigo Franco Gonçalves (org.)

Bacharel em Física, mestre e doutor em Engenharia de Produção. Professor do Programa de Pós-graduação em Engenharia de Produção da Universidade Paulista (UNIP) e da Escola Politécnica da Universidade de São Paulo (Poli-USP). Professor de pós-graduação e MBA da USP em Tecnologia da Informação e Empreendedorismo. Bolsista produtividade em Desenvolvimento Tecnológico do CNPq. Como consultor, trabalha com tecnologia da informação, análise de processos de negócio, transformação digital e inovação tecnológica, Indústria 4.0, engenharia de software e hipermídia, e engenharia econômica e financeira.

Rodrigo Rodrigues

Mestre em Engenharia de Produção, especialização *Lato Sensu* em Segurança da Informação e graduado em Redes de Comunicação de Dados. Mais de 25 anos de experiência, notadamente nas áreas de governança, gestão e gerenciamento de projetos e TI, bem como na implantação de infraestrutura de TI e suporte a ambientes de alta disponibilidade. Consultor em Segurança da Informação e Privacidade de Dados sob práticas alinhadas ao PMI, compliance com Normas ISO 27001, 27005 e TISAX, Leis GDPR/LGPD e guias de boas práticas COBIT e ITIL. Docente do Ensino Superior em cursos de Bacharelado e Tecnólogo, leciona em disciplinas do segmento de governança, gestão, gerenciamento e infraestrutura da TI.

Silvia Helena Bonilla (org.)

Graduada em Química (1988) e em Química Farmacêutica (1992) pela Facultad de Química da Universidad de La República Uruguay e doutora (2001) em Ciências pela Universidade de São Paulo (USP). Professora titular da Universidade Paulista (UNIP). Atuou na área de produção e meio ambiente, principalmente nos seguintes temas: produção mais limpa e ecologia industrial, desenvolvimento de novas tecnologias mais limpas e indicadores ambientais. Sua experiência inicial na área de fisico-química, especificamente em células a combustível e a fabricação de eletrocatalisadores para uso em células de metanol direto, facilitou a criação de uma interface com o tema de produção mais limpa. Sua formação permitiu que atuasse no estudo do comportamento de eletrodos sólidos, metais e semicondutores.

Tiago Resende Pacheco

Mestre (2020) em Agronegócios pela Universidade Federal da Grande Dourados (UFGD), tecnólogo (2018) em Análise e Desenvolvimento de Sistemas pelo Instituto Federal de Mato Grosso do Sul (IFMS), Turismólogo (2008) pela Faculdade de Turismo de Nova Andradina (FINAN). Atuou como Agente Fiscal Agropecuário na Agência Estadual de Defesa Sanitária Animal e Vegetal de Mato Grosso do Sul (IAGRO), de 2006 a 2013, como Técnico em Agropecuária no IFMS, de 2014 a 2018), e como Analista de Tecnologia da Informação (Programador e Gerente de Projeto) na Universidade Federal de Mato Grosso do Sul (UFMS), de 2018 a 2019.

Impressão e Acabamento
Bartiragráfica
(011) 4393-2911